给孩子美的阅读
故事

黄国光　蔡　媛 | 编著
HUANG GUOGUANG
CAI YUAN

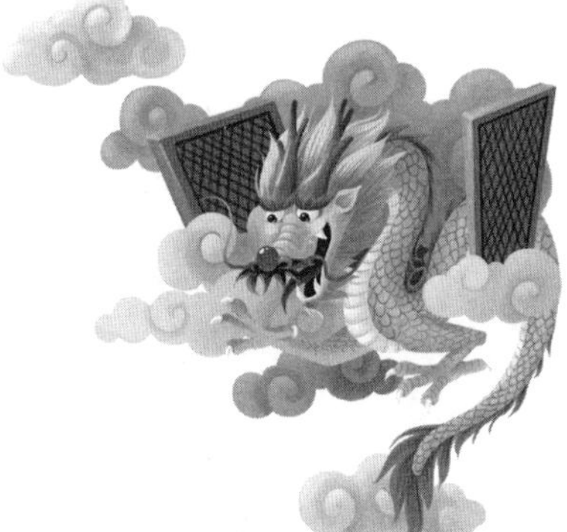

天地出版社 | TIANDI PRESS

图书在版编目（CIP）数据

成语故事 / 黄国光，蔡媛编著．— 成都：天地出版社，2022.1
（给孩子美的阅读）
ISBN 978-7-5455-6615-4

Ⅰ．①成… Ⅱ．①黄… ②蔡… Ⅲ．①汉语—成语—故事—儿童读物 Ⅳ．①H136.31-49

中国版本图书馆 CIP 数据核字（2021）第 204119 号

CHENGYU GUSHI
成语故事

出品人　杨　政
编　著　黄国光　蔡　媛
责任编辑　李　蕊　江秀伟
装帧设计　宋双成
责任印制　董建臣

出版发行　天地出版社
（成都市槐树街 2 号　邮政编码：610014）
（北京市方庄芳群园 3 区 3 号　邮政编码：100078）
网　址　http://www.tiandiph.com
电子邮箱　tianditg@163.com
经　销　新华文轩出版传媒股份有限公司

印　刷　三河市冠宏印刷装订有限公司
版　次　2022 年 1 月第 1 版
印　次　2022 年 1 月第 1 次印刷
开　本　880mm × 1300mm　1/32
印　张　12.5
字　数　300 千
定　价　32.00 元
书　号　ISBN 978-7-5455-6615-4

咨询电话：（028）87734639（总编室）
购书热线：（010）67693207（营销中心）

前　言

成语作为语言的重要组成部分，比起一般的词语来具有非常明显的长处，它言简意赅，凝练含蓄，结构谨严，表现力强，富有哲理性。因此，成语在人们的语言交流和交往中发挥着重要而又不可替代的作用。

正确运用成语的前提是对成语有深入的了解。

成语结构上的特性——它固定的结构形式，是不能随意变换的。这一结构上的定型性，也就意味着成语作为一个完整的语言单位的完整性不仅表现在形式上，更体现在内容上。也就是说，任何成语都有其特定的意义，不能望文生义。而要想真正理解成语的特定含义，即成语的字面含义的引申义或比喻义，就要通过故事来了解成语的来龙去脉。

作为历史积淀的成语，其背后含义深远的故事，集中地体现了中华民族的智慧，是中华民族优秀的文化遗产，是语言的精华、文明的积淀、历史的缩影，更是传承中华文明的重要纽带。

这本书作为一本成语故事集，汇集了经典的成语及与其相关的故事。每个成语的释义和故事内容深入浅出、生动有趣、耐人寻味，使大家在阅读成语故事的同时，了解历史、通达事理、学习知识、积累优美的语言素材……

本书中每个成语又辅以注音，以帮助大家正确读成语。

目录
CONTENTS

C

D

E

F

G

Q

R

S

T

W

X

Y

Z

A

爱屋及乌

【拼音】ài wū jí wū

【解释】因为爱一个人而连带爱他屋上的乌鸦。比喻爱一个人而连带地关心到与他有关的人或物。

【成语故事】

商朝末年，纣王穷奢极欲，残暴无道。西方诸侯的首领姬昌决心推翻商朝统治，于是积极练兵备战，准备东进，可惜他没有实现愿望就逝世了。姬昌死后，他的儿子姬发继位称王，世称周武王。周武王在军师姜太公、弟弟周公及召公的辅佐下，联合诸侯，出兵讨伐纣王。双方在牧野交兵。这时纣王已经失尽人心，军队纷纷倒戈，终于大败。商朝都城朝歌很快被周军攻克。纣王自焚，商朝灭亡。

纣王死后，武王心中并不安宁，感到天下还没有安定。于是，他召见姜太公，问道："进了殷都，对旧王朝的士众应该怎么处置呢？"

"我听说过这样的话：如果喜爱那个人，就连同他屋上的乌鸦也喜爱；如果不喜欢那个人，就连带厌恶他家的墙壁篱笆。这意思很明显，是说杀尽全部敌对分子，一个也不留。大王你看怎么样？"姜太公说。

武王认为不能这样。这时召公上前说："我听说过：有罪的，要杀；无罪的，让他们活。应当把有罪的人都杀死，不让他们留下残余力量。大王你看怎么样？"

武王认为也不行。这时周公上前说道："我看应当让各人都回到自己的家里，各自耕种自己的田地。君王不要偏爱自己旧时朋友和亲属，要用仁政来感化天下的人。"

武王听了非常高兴，心中豁然开朗，觉得天下可以从此安定了。

后来，武王就照周公说的那样做，天下果然很快安定下来，民心归附，西周也更强大了。

安然无恙

【拼音】ān rán wú yàng

【解释】恙：病。原指人平安没有疾病。现泛指事物平安未遭损害或人并无疾病。

【成语故事】

公元前 266 年，赵国国君赵惠文王去世，他的儿子太子丹继位，即赵孝成王。由于孝成王还年轻，所以国家大事由他的母亲赵威后负责处理。赵威后是一个贤明而有见识的女人。她刚刚主持国事的时候，秦国加剧了对赵国的进攻。赵国危急，向齐国求救。齐国要赵威后把她的小儿子长安君送到齐国做人质，然后才肯出兵。赵威后舍不得小儿子离开，但是听了大臣触龙的意见，还是把长安君送到了齐国。齐国这才出兵帮助赵国打退了秦军。

有一次，齐王派使者带着信到赵国问候赵威后。威后还没有拆信就问使者："齐国的收成不坏吧（岁亦无恙耶）？老百姓平安吗（民亦无恙耶）？齐王身体健康吗（王亦无恙耶）？”

齐国使者听了心里很不高兴，说：“我受齐王派遣来问候您，现在您不先问齐王，却先问收成和百姓，难道要把低贱的放在前面，把尊贵的放在后面吗？”

威后微微一笑，说：“不是的。如果没有收成，怎么会有百姓？如果没有百姓，怎么会有君主？难道问候时可以舍弃根本而只问枝节吗？”

齐国使者听了，竟一时说不出话来。

这则“无恙”的典故，后来演化为成语“安然无恙”。

安如泰山

【拼音】ān rú tài shān

【解释】形容像泰山一样稳固，不可动摇。

【成语故事】

枚乘，字叔，西汉淮阴（今属江苏）人，是汉代著名的文学家。汉景帝时，他在吴王刘濞府中担任郎中（文学侍从）。

吴国是当时诸侯国中的大国，吴王刘濞野心很大，对中央政权心怀怨望，暗中图谋叛乱。汉景帝任用富有才能的政治家晁错为御史大夫，晁错主张削减各诸侯国的领地，加强中央的权力和威信，巩固国家的统一。刘濞看到一些诸侯王纷纷被削减了领地，知道自己也在所难免，于是联络楚、赵、胶西、胶东等七国的诸侯王阴谋策划叛乱。

枚乘清醒地意识到刘濞阴谋反叛的祸害，写了《上书谏吴王》，对刘濞进行劝谏。在谏书中，他说："您要是能够听取忠臣的话，一切祸害都可以避免。如果一定要照自己所想的那样去做，那是比叠鸡蛋还要危险、比上天还要艰难的；不过，如果能尽快改变原来的主意，这比翻一下手掌还容易，也能使地位比泰山还稳固。"

但刘濞执迷不悟，加快了阴谋活动。于是，枚乘只得离开吴国，到梁孝王刘武那里做了门客。

公元前154年，刘濞联络楚、赵、胶西、胶东等七国诸侯王，以"清君侧，诛晁错"为名，起兵叛乱。历史上称其为"吴楚七国之乱"。

汉景帝听信谗言，杀了晁错，向诸侯王们表示歉意。这时，枚乘又写了《上书重谏吴王》，劝刘濞罢兵。刘濞还是不肯回头。不久，汉朝大将周亚夫率领军队打败了吴楚叛军。楚王刘戊自杀，吴王刘濞逃到东越被杀，其余五个诸侯王也自杀或被杀。最终这场叛乱彻底失败。

七国之乱平定之后，枚乘因写了《上书谏吴王》，具有远见卓识而名声大振。

按兵不动

【拼音】àn bīng bù dòng

【解释】按：止住。使军队暂不行动。现也指暂不开展工作。

【成语故事】

春秋末年，晋国东部的卫国是个弱小的诸侯国，表面上是与晋国结盟，实际上却是完全听命于晋国，不住地给晋国进贡财物。当时任卫国国君的卫灵公不愿长久处于屈辱的地位，便与齐景公缔结盟约，才与晋国断绝了关系。

晋国执政大臣赵鞅不能容忍卫国背叛晋国的行为，于是立即调集军队，打算袭击卫国的都城帝丘，以迫使卫灵公屈服。在出发前，他先派大夫史墨到卫国去暗中了解情况，并命他在一个月内回国。

不料，一个月过去了，史墨没有按时回国。赵鞅不知他出了什么事，心神不定。有人猜测，可能史墨已被卫国人擒住杀掉，又建议说，卫国是个小国，没有多少军事力量，晋国的大军一到，卫国的国君会不战自降，因此请赵鞅下令出兵。

赵鞅不同意这个建议。他认为，卫灵公既然敢与同盟国断绝往来，一定会做好充分准备，不能草率行事，坚持要等史墨回来再考虑出兵的问题。

过了半年，史墨终于回来了。赵鞅问他为什么在卫国待了那么长时间，史墨回答说："要想得到利益，却很可能得到害处，恐怕您还没有觉察出来吧！现在，卫国已任命被陷害过的贤臣蘧伯玉为相国，这就使卫灵公在国内赢得了民心。"

接着，史墨又讲述了卫灵公为了激励国人反抗晋国而采用的方法。卫灵公派大夫王孙贾向国人宣告说，晋国已命令卫国，凡是不止一个女儿的人家，都要抽出一个人送到晋国去当人质。消息传开后，卫国到处是痛哭声和愤恨声。

为了使国人相信这是事实，灵公又让王孙贾抽选出一批宗室大夫的女儿，准备送往晋国。结果，出发那天，成千上万的百姓不让她们去晋国当人质，并愤慨地表示要和来犯的晋军抗争到底，宁死不屈。

史墨还提供了一个动向：孔子已到卫国，他的弟子子贡给灵公出谋划策。最后史墨说："卫国现在贤臣很多，民气旺盛。国君非常重视贤臣的意见，采纳他们的计谋。若想用武力使卫国屈服，恐怕要付出很大的代价！"

赵鞅听了史墨说的情况，认为进攻卫国的时机还不成熟，于是下令军队暂不行动，等待时机。

按图索骥

【拼音】àn tú suǒ jì

【解释】索：找；骥：良马。按照画像去寻找好马。比喻办事墨守成规，也指按照线索去寻求。

【成语故事】

春秋时，秦国的伯乐很善于鉴别马匹。他把自己识马的知识和经验写成了一本书，叫《相马经》。书中图文并茂地介绍了各类马匹。

他儿子熟读这本书后，以为学到了父亲的本领，便拿着《相马经》按书上的图画到处去找好马。

有次他见到一只癞蛤蟆，前额刚好与《相马经》上的好马特征相符，便以为找到了一匹千里马，他马上跑去告诉父亲。伯乐知道儿子愚钝，便逗趣地说："这匹马太会跳了，不好驾驭。"

暗度陈仓

【拼音】àn dù chén cāng

【解释】度：越过；陈仓：古县名，在今陕西宝鸡市东。现指用造假象的手段来达到某种目的或暗中进行活动。

【成语故事】

楚汉相争时，项羽凭借强大的实力，违背先入关中者为王的约定，自立为西楚霸王，把汉中和巴蜀一带封给先入关中的刘邦。刘邦听从谋士张良的计策，到汉中时，人马过后烧毁沿途的栈道，表明自己不会再回关中了。项羽从此放松了对刘邦的警惕。后来，刘邦拜韩信为大将，命士兵修复原来被烧毁的栈道，装作要从栈道出击进攻关中的样子，实际上却带领主力部队抄小道趁守将不备袭击了陈仓，进而攻入咸阳，占领了关中，揭开了楚汉大战的序幕。

B

八面威风

【拼音】bā miàn wēi fēng

【解释】威风：声势或气势令人敬畏。各个方面都很威风。形容神气足，声势盛。

【成语故事】

元朝末年，朝廷极为腐败，各地农民纷纷举起义旗，反抗朝廷统治。这时朱元璋已领兵攻下江北一带，正准备继续南下。

在过年那天，他与大将徐达同乘一条小船，想要从长江北岸渡过长江。船主是一对老夫妻，船夫知道船上坐着的是朱元璋，便高声喊着号子庆贺道："圣天子六龙护驾，大将军八面威风。"

朱元璋明白这是向帝王祝贺的话，心里非常高兴，和徐达彼此心照不宣。

后来朱元璋统一中原，建立了明朝，成为历史上闻名的明太祖。成为皇帝后，朱元璋命人找到当年的船夫，给了他封赏，又吩咐他将那只小船涂上朱红色，以示有功。

拔山举鼎

【拼音】bá shān jǔ dǐng

【解释】形容力量超人或气势雄伟。

【成语故事】

项羽，名籍，秦末下相（今江苏宿迁西南）人。少年时，项羽不喜欢读书写字，改学击剑后，也不肯好好学剑。叔父项梁很生气，项羽说："学写字只要能记姓名就够了。击剑是对付个把人的，也不值得学，我要学习抵敌万人的本领。"于是项梁教他兵法，他很高兴，但也只求略知大意，不肯认真钻研。

据说，项羽二十二三岁时，身体魁梧，体格强壮，能把几百斤重的鼎举起来。

后来，项羽起兵反秦，接着又同刘邦争夺天下，从二十三岁开始，奋战了八年，最后被刘邦等包围在垓下，自刎于乌江。

自刎前，在四面楚歌的那天晚上，项羽在营帐中对着爱妾虞姬和叫骓的名马，慷慨高唱道："力拔山兮气盖世，时不利兮骓不逝！骓不逝兮可奈何！虞兮虞兮奈若何！"

拔帜易帜

【拼音】bá zhì yì zhì

【解释】帜：旗帜。易：换。比喻推翻别人，自己取而代之。

【成语故事】

韩信被刘邦拜为大将后，率领汉军攻占了魏国和代国，接着又在张耳的协助下，带了几万士兵东下井陉，攻击赵国。赵王和主将陈餘在井陉口聚集了二十万大军阻挡。

赵国谋士李左车建议陈餘拨给他三万人马，从小路出发，一面出其不意地截取汉军的后勤装备及粮食，一面据险艰守。这样的话，不到十天就可以取下韩信和张耳的头颅。

陈餘是个读书人，不爱使用阴谋诡计，认为韩信的兵不过数千，经过千里行军，定已非常疲惫，可以直接予以攻击，因此没有采纳李左车的计谋。

韩信手下的人探听到这个消息后，韩信十分高兴，于是放心东下井陉。汉军进军到离井陉口三十里之处，韩信下令休息。半夜里，他选出两千名轻骑兵，让他们每人拿着一面红色旗帜，从小道来到井陉口山后隐蔽起来，对他们说："我将另派一支军队与赵军对垒，并假装败退。这样，赵军必定倾巢而出，前来追击。你们趁此机会快速进入赵营，拔掉赵军的旗帜，换上我们汉军的红色旗帜。"

接着，韩信又派出一支一万人的军队，叫他们背水摆开阵势。赵军见汉军排出兵法上最忌讳的背水之阵，都哈哈大笑，以为汉军自己断了后路。

天刚亮，韩信就指挥这一万人的军队向井陉口进发，赵军立即打开营门迎击。交战了一段时间后，韩信、张耳命士兵丢掉旗鼓，向水边退去。士兵退到水边阵地，再也无法后退，只得拼死作战。

这时，隐蔽在山后的两千汉军，趁赵营无人守卫，快速冲进赵营，飞快地拔掉赵军旗帜，换上了汉军的红色旗帜。而在水边作战的赵军，因遇到背水一战的汉军的顽强抵抗，无法取胜，想返回营地，却见那里全是汉军的红旗，以为赵王已被汉军抓住，顿时军心大乱，各自逃命。接着，汉军两面夹击赵军，结果主将陈餘被杀，赵王被活捉。

白头如新

【拼音】bái tóu rú xīn

【解释】白头：头发白了。新：新交。指交朋友彼此不了解，相处时间虽久，但仍跟刚认识一样。

【成语故事】

西汉时期，邹阳有一次受人诬陷，被梁孝王关进监牢，等待受死。邹阳十分激愤，他在狱中给梁孝王写了一封信，信中列举事实说明：“待人真诚就不会被人怀疑，纯粹是一句空话。”

他写道：“荆轲冒死为燕太子丹去行刺秦始皇，可是太子丹还一度怀疑他胆小畏惧，不敢立即出发。卞和将宝玉献给楚王，可是楚王硬说他犯了欺君之罪，下令砍掉他的脚。李斯尽力辅助秦始皇执政，使秦国富强，结果被秦二世处死。所以谚语说：‘有白头如新，倾盖如故。’双方互不了解，即使交往一辈子，头发都白了，也还是像刚认识时一样；真正相互了解，即使是初交，也会像老朋友一样。”

梁孝王读了邹阳的信后，很受感动，立即把他释放了，并作为贵宾接待。

百步穿杨

【拼音】bǎi bù chuān yáng

【解释】射中一百步以外的杨柳的叶子。形容箭法或枪法十分高超。

【成语故事】

秦国的名将白起，领兵前去攻打魏国。魏国有个名叫苏厉的谋士获悉后，赶紧去见周朝的天子，提醒他说：“如果魏国被秦军占领，您的处境就危险了。”原来，这时周朝的国君名义上是天子，实际上对各诸侯国已没有管辖权了。魏国如果被秦国攻灭，秦国的势力将更强大，对周天子的威胁也会更大。周天子问苏厉该怎么办，苏厉建议周天子赶快派人去劝说白起停止进攻，并给白起讲一个故事。苏厉推荐了一个讲给白起的故事：

楚国有个著名的弓箭手，名叫养由基。此人年轻时就勇力过人，练就了一手好箭法。当时还有一个名叫潘虎的勇士，也擅长射箭。一天，两人在场地上比试射箭，许多人都围着观看。靶子设在五十步外，那里撑起一块板，板上有一个红心。潘虎拉开强弓，一连三箭都正中红心，博得围观的人一片喝彩声。潘虎扬扬得意地向养由基拱拱手，表示请他指教。养由基环视一下四周，说："射五十步外的红心，目标太近、太大了，还是射百步外的柳叶吧！"说罢，他指着百步外的一棵杨柳树，叫人在树上选一片叶子，涂上红色作为靶子。接着，他拉开弓，"嗖"的一箭射去，只见箭镞正好贯穿那片柳叶的中心。在场的人都惊呆了，潘虎自知没有这样高强的本领，但又不相信养由基箭箭都能射穿柳叶，便走到那棵杨柳树下，选了三片柳叶，在上面用颜色编上号，请养由基按编号次序射箭。养由基向前走了几步，看清了编号，然后退到百步之外，拉开弓，"嗖""嗖""嗖"三箭，分别射中三片编上号码的柳叶。这一来，喝彩声雷动，潘虎也心服口服。就在一片喝彩声中，有个人在养由基身旁冷冷地说："喂，有了百步穿杨的本领，就可以跟我学射箭了！"养由基听此人口气这么大，不禁生气地转过身去，问道："你准备怎样教我射箭？"那人平静地说："我并不是来教你怎样弯弓射箭的，而是来提醒你该怎样保持射箭名声的。你是否想过，一旦你力气用尽，只要一箭不中，你那百发百中的名声就会受到影响。一个真正善于射箭的人，应当注意保住名声！"养由基听了这番话，觉得很有道理，于是再三向他道谢。

周天子派去的人，就按照苏厉所说，向白起讲了上面这个故事。白起听后，想到要保持自己百战百胜的名气，不能轻易出战，便借口有病，停止了向魏国的进攻。这个故事还引申出另一则成语"百发百中"。

百尺竿头

【拼音】bǎi chǐ gān tóu

【解释】竿头：桅杆或杂技长竿的顶端。比喻极高的官位和功名，或学问、事业很高的成就。

【成语故事】

宋朝时，长沙有位高僧名叫景岑，号招贤大师。这位大师佛学造诣高深，时常到各地去传道讲经。

一天，招贤大师应邀到一座佛寺的法堂上讲经。前来听讲的僧人很多，大师讲得深入浅出，娓娓动听，众人深受感染。法堂内除大师的声音外，一片寂静。

招贤大师讲经完毕后，一名僧人站立起来，向他行了一个礼，然后提了几个问题，请求大师解答。大师还了礼，慢慢地作答起来。

那僧人听到不懂处，又向大师提问，于是两人一问一答，气氛亲切自然。

听讲的人发现，他俩谈论的是有关佛教的最高境界——十方世界的内容。为了说明十方世界究竟是怎么回事，招贤大师当场出示了一份偈帖。所谓偈帖，就是佛教中记载唱词的本子。但见大师指着上面的一段文字念唱道：百丈的竹竿并不算高，尚需更进一步，十方世界才算是真正的高峰。

“百尺竿头”这则成语也称“百丈竿头”。

百感交集

【拼音】bǎi gǎn jiāo jí

【解释】感：感想。交：同时发生。各种感触同时出现。形容感触很多，心情复杂。

【成语故事】

卫玠，字叔宝，河东安邑（今山西夏县北）人，晋怀帝时任太子洗马（太子的侍从官）。他熟读《易经》《老子》，说的话常常含有深刻意义。

西晋时期，统治阶级内部矛盾重重。持续十六年之久的“八王之乱”给国家和人民造成了深重的灾难。北方的匈奴贵族刘渊乘机起兵入侵。晋怀帝永嘉三年（公元 309 年），匈奴军队两次长驱直入，一直打到西晋都城洛阳，但都被西晋军队击退。

面对动荡不安的时局，卫玠决心把家迁往南方。他的哥哥卫璪在朝廷担任官职，母亲不忍心和卫璪分离，卫玠劝她要以家族大计为重，最终说服母亲同意南迁。永嘉四年，卫玠告别哥哥，离开洛阳，带着母亲和妻子一起南下。

卫玠一向体弱多病，一路上长途跋涉，餐风饮露，经受了千辛万苦。在将要渡长江的时候，他的神情容貌都显得憔悴不堪。他对左右的人说：“见到这白茫茫的江水，心里不由得百感交集。只要是一个有感情的人，又有谁能排遣这万千的思绪和感慨呢！”

由于社会动荡，卫玠南迁后也没能够安居乐业。过江后不久，妻子不幸亡故。他辗转到达建康（今江苏南京），于永嘉六年病逝，年仅二十七岁。

百闻不如一见

【拼音】bǎi wén bù rú yī jiàn

【解释】闻：听见。听得再多，也不如亲眼见一次。

【成语故事】

西汉宣帝时期，羌人在边界作乱，攻城夺地，烧杀抢掠。宣帝召集群臣计议，询问谁愿领兵前去拒敌。

七十六岁的老将赵充国，曾在边界和羌人打过几十年的交道。他自告奋勇，甘愿担当这一重任。宣帝问他要派多少兵马，他说：“听别人讲一百次，不如亲眼一见。用兵是很难在遥远的地方谋划好的，我愿意亲自到那里去看看，然后确定攻守计划，画好作战地图，再向陛下上奏。”

经宣帝同意，赵充国带领一队人马出发了。队伍渡过黄河，遇到羌人的小股军队。赵充国下令冲击，捉到不少俘虏。兵士们准备乘胜追击，赵充国阻拦说：“我军长途跋涉到此，不可远追。如果遭到敌兵伏击，就要吃大亏！”

部下听了，都很佩服老将的见识。赵充国观察了地形，又从俘虏口中得知敌人内部的情况，了解到敌军的兵力部署，然后制定出屯兵把守、整治边境、分化瓦解羌人的策略，上奏宣帝。

不久，朝廷就派兵平定了羌人的侵扰，安定了西北边疆。

班门弄斧

【拼音】bān mén nòng fǔ

【解释】在鲁班门前舞弄斧子。比喻在行家面前卖弄本领，不自量力。

【成语故事】

明朝有个文人叫梅之焕。有一回，他到当涂（今属安徽）太白镇唐代大诗人李白的墓地去游览。只见四周的墙壁上，涂涂抹抹全是游人写的诗，这些诗都很低劣。他也提起笔来写了一首：采石江边一堆土，李白之名高千古。来来往往一首诗，鲁班门前弄大斧。

这几句诗的意思是说李白是千古有名的诗人，而这些来来往往的人偏偏要在大诗人面前炫耀自己的文采，岂不就像在鲁班的门前耍弄斧头一样可笑吗？

鲁班是春秋时期有名的巧匠。他有很多发明创造，是我国木匠、泥瓦匠的“祖师”，他的名字也就成了内行人的代称。

半途而废

【拼音】bàn tú ér fèi

【解释】废：停止。指做事不能坚持到底，中途停止，有始无终。

【成语故事】

东汉时，河南郡有一个叫乐羊子的人，他的妻子很贤惠。

一天，乐羊子在路上拾到一块金子，回家后拿给妻子看。妻子说："我听说有志向的人不喝'盗泉'的水，因为它的名字令人厌恶；廉正的人宁可饿死，也不吃别人施舍的食物。更何况拾取别人失去的东西，这样会玷污品行。"乐羊子听了妻子的话，非常惭愧，就把那块金子扔到野外，然后到远方去寻师求学了。

一年后，乐羊子归来。妻子问他为何回家，乐羊子说："出门时间长了，想家，没有其他缘故。"妻子听罢，操起一把刀走到织布机前说："这织机上织的绢帛产自蚕茧，成于织机。一根丝一根丝地积累起来，才有一寸长；一寸寸地积累下去，才有一丈，乃至一匹。今天，如果我将它割断，就会前功尽弃，从前的时间也就白白浪费掉了。"

妻子接着又说："读书也是这样，你积累学问，应该每天获得新的知识，从而使自己的品行日益完美。如果半路上跑回来，那和割断织丝有什么两样呢？"

乐羊子被妻子说的话深深感动，于是又去继续学业，一连七年没有回过家。

抱残守缺

【拼音】bào cán shǒu quē

【解释】抱着残缺陈旧的东西不放。形容思想保守，不求改进。

【成语故事】

这个成语初作“保残守缺”，来源于《汉书·刘歆传》：“犹欲保残守缺，挟恐见破之私意，而无从善服义之公心。”

西汉时，有一个叫刘歆的人，是著名学者刘向的儿子，曾拜为黄门郎（内廷侍从官）。后来与刘向共同掌管校勘和整理典籍，进行学术研究。在校勘工作中，他阅读了不少秘藏的古籍，发现了一本古文《春秋左氏传》，爱不释手。经过研究，刘歆认为这是一份珍贵的文献资料，便建议为《春秋左氏传》等古籍建立学官。汉哀帝（刘欣）知道此事后，就命刘歆与五经博士讲论《春秋左氏传》等一批古书的义理。但诸博士既不同意为《春秋左氏传》等古籍建立学官，又不肯讨论研究此事。刘歆对众博士的这种态度很气愤，给管博士的太常写了一封公文，对此提出了批评和抗议。

刘歆的信中写道：这些博士不学无术，孤陋寡闻，怀着害怕别人识破他们的私意，没有服从真理的公心，所以抱残守缺，因循守旧，而不肯探求新的学问。由于刘歆的信言辞痛切，引起了博士们的怨恨，并因此遭到了诽谤。后来，刘歆自请到地方做了个小官。

抱薪救火

【拼音】bào xīn jiù huǒ

【解释】薪：柴草。抱着柴草去救火。比喻用错误的方法去消除灾祸，结果反而使灾祸更大。

【成语故事】

战国末年，秦国采取远交近攻的政策，不断吞并邻近的国家，以扩大自己的领土。其中，秦国曾经三次进攻魏国，占领了魏国许多土地，魏国军民也伤亡惨重。

有一回，秦国又派兵攻打魏国，魏国于是请韩、赵两国援助，可惜兵力太弱，最后还是被打败了。大将段干子提议把南阳割让给秦国求和，战略家苏代却持反对意见，他说："秦国想并吞魏国，只割让土地是无法满足秦国的野心的——就像抱着柴火去救火，柴没烧完，火是不会灭的。"

可是魏王不听苏代的劝阻，还是把南阳割让给秦国求和。最后真的就像苏代说的一样，秦国根本不知足，仍然继续攻打魏国，掠夺了魏国更多城池，最后弱小的魏国就被秦国消灭了。

背道而驰

【拼音】bèi dào ér chí

【解释】背：背向。驰：奔跑。朝相反的方向跑去。比喻方向和目的完全相反。

【成语故事】

战国时代，魏国的臣子季梁，奉命出使外国，可是他在路途中听到魏王准备要攻打赵国邯郸的消息，就赶紧回国去劝魏王。

匆忙回国的季梁对魏王说："我在太行山下，看到一个驾着车子的人，他赶着马想要去北边，说他准备到楚国去。"魏王说："楚国应该是向南走的，为什么他要往北走呢？"

季梁回答说："我也这么跟他说的啊！可是，他认为他的马是匹好马，速度非常快，加上他也带了足够的钱，而且车夫经验丰富，所以他觉得没有什么好担心的。因此，他不听我的劝告，就继续往北走了。"魏王听了之后，哈哈大笑说："这个人是个疯子。虽然他有很多好的条件，但是他却往反方向走，怎么可能到达目的地呢。"

接着季梁就告诉魏王说："大王说的话一点儿也没错。但是，像大王现在这样一直攻打附近的国家，这种举动也会让大王离称霸的目标越来越远，这不也是和那个往反方向去的人一样吗？"

背水一战

【拼音】bèi shuǐ yī zhàn

【解释】背水：背对河水。指处于绝境之中，为求出路而决一死战。

【成语故事】

韩信，淮阴（今属江苏淮安）人，是汉王刘邦手下的大将。为了打败项羽，他为刘邦定计，先攻取了关中，然后东渡黄河，打败并俘虏了背叛刘邦、听命于项羽的魏王豹，接着往东攻打赵王歇。

韩信的部队要通过一道极窄的山口——井陉口。赵王手下的谋士李左车主张一面堵住井陉口，一面派兵抄小路切断汉军的辎重粮草，韩信的远征部队没有后援，一定会败走。但大将陈餘不听，仗着兵力优势，坚持要与汉军正面作战。

韩信了解到这一情况后，非常高兴。他命令部队在离井陉三十里的地方安营，到了半夜，只让将士们吃了些点心，告诉他们打了胜仗再吃饱饭。随后，他派出两千轻骑兵从小路隐蔽前进，要他们在赵军离开营地后迅速冲入赵军营地，拔掉赵军的旗帜，换上汉军的旗帜；又派一万军队故意背靠河水排列阵势来引诱赵军。

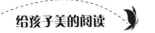

到了天明，韩信率军发动进攻，双方展开激战。不一会儿，汉军假意败回水边阵地，赵军全部离开营地，前来追击。这时，韩信命令主力部队出击，背水一战的士兵因为没有退路，也回身猛扑敌军。赵军无法取胜，正要回营，竟发现营中已遍插汉军旗帜，于是四散奔逃。汉军乘胜追击，打了一个大胜仗。

在庆祝胜利的时候，将领们问韩信："兵法上说，列阵可以背靠山，前面可以临水泽。这次您让我们背靠水排阵，还说打败赵军再饱饱地吃一顿。我们当时不相信，然而最终真的取胜了，这是一种什么策略呢？"

韩信笑着说："这也是兵法上有的，只是你们没有注意到罢了。兵法上不是说'陷之死地而后生，置之亡地而后存'吗？如果是有退路的地方，士兵都逃散了，怎么能让他们拼命呢？"

比肩接踵

【拼音】bǐ jiān jiē zhǒng

【解释】又作"比肩继踵"。肩挨着肩，脚挨着脚，形容人多拥挤。

【成语故事】

春秋时期，齐国的国相晏婴有一次出访楚国。楚灵王知道晏婴长得矮小，就和大臣们定计，想戏辱他。

晏婴到了楚国郢都，发现城门紧闭。一个楚国的卫兵把晏婴领到一扇新开的小门前，请他从小门进城。晏婴冷笑一声，说："这是狗洞，出使狗国从这儿进；我出使楚国，怎能从这里进！"楚灵王反被晏婴戏辱，只得大开城门，迎晏婴进城。

楚灵王还想戏弄晏婴，在接见时，第一句话就问："难道齐国没有人了吗？"晏婴大声回答："我国京城行人比肩接踵，怎么能说没有人？"

楚灵王笑着说："既然有人，为什么叫你这个矮子出使我国呢？"晏婴叹口气说："我国那些体面能干的使臣，到有贤君的国家去了。"他又加重语气说："像我这样无用的人，只好来见您了。"

髀肉复生

【拼音】bì ròu fù shēng

【解释】髀：大腿。因为长久不骑马，大腿上的肉又长起来了。形容长久过着安逸舒适的生活，无所作为。

【成语故事】

刘备在与曹操作战失败后，丢失了地盘，只得投奔汉皇族刘表。一天，刘表请刘备喝酒聊天。

席间，刘表对刘备说："上次没有听您的话，失去了一个好机会，真可惜！"刘备安慰说："如今天下分裂，天天有战事。上次失去机会，怎么知道今后不会再碰到机会呢！机会还有很多，已经过去的事，就不必再后悔了。"

两人谈得很投机，又商量了以后的打算。过了一会儿，刘备起身上厕所，他摸了摸自己的髀，发现上面的肉又长起来了，不禁掉下泪来。回到座上的时候，脸上还留着泪痕。刘表见了很奇怪，问他："怎么啦？您是不舒服还是有什么心事？"

刘备不好意思地说："没什么。实说吧，我以前一直南征北战，长期身子不离马鞍，大腿上的肉精壮结实；到这里之后，一晃就是五年，闲居安逸，用不着骑马，髀上的肉复长，又肥又松。一想起时光过得这么快，人都快老了，复兴汉室的功业一点儿也没有建成，心里就非常难受。”

鞭长莫及

【拼音】biān cháng mò jí

【解释】及：到。原意是鞭子虽长，但不应该打到马肚子上。后借用表示相隔太远，力量达不到。

【成语故事】

鲁宣公十四年（公元前595年），楚庄王派申舟出使齐国。出使路上要经过宋国，楚庄王仗着国力强盛，要申舟不向宋国借路。申舟说：“如果不借路，宋国会杀我。”

“宋国要是杀了你，我就派兵攻打他们。”楚庄王说。

果然，不向宋国借路的做法激怒了宋国。宋国君臣认为这是对本国莫大的侮辱，就杀了申舟。楚庄王听到这个消息，气得暴跳如雷，立即发兵攻打宋国，一下子就把宋国的都城团团围住了。

双方相持了几个月，楚军还是没有取胜。第二年春天，宋国派大夫乐婴齐到晋国去请求支援。晋景公想要发兵去救宋国，大夫伯宗说：“大王，我们不能出兵，古人有话说：‘鞭子虽然长，但总不打到马肚子上。’现在楚国强盛，正受到上天保佑，我们不能和楚国相争。晋国虽然强大，可是能违反天意吗？俗话说：‘高高低低，都在心里。’江河湖泊中容纳有污泥浊水，山林草丛中暗藏有毒虫猛兽，洁白的美玉中隐藏有斑痕，晋国忍受一点儿耻辱，这也是很正常的事。您还是忍一忍吧。”

景公听了伯宗的话，停止发兵，改派大夫解扬去宋国，叫宋国不要投降，骗说援兵已经出发，很快就要到了。

宋国人在城中极其艰苦地坚守了几个月，楚军攻打不下，最后同意宋国求和，并带走宋国大夫华元作为人质。

“虽鞭之长，不及马腹”这句话，后来被简缩为成语“鞭长莫及”，比喻力量达不到。

标新立异

【拼音】biāo xīn lì yì

【解释】标：提出，写明。异：不同的，特别的。提出新奇的主张，表示与众不同。有时带贬义，指另搞一套。

【成语故事】

支道林，名遁，是东晋时的佛教学者，本姓关，陈留（今河南开封南）人。他常与谢安、王羲之等名士交往，喜欢谈玄理，对《庄子》也很有研究。

《庄子》是战国时期庄周所著的一部哲学著作。晋代的向秀曾为《庄子》作注，但没有完成就去世了，之后郭象继续他的工作，完成了注释。后来人们都引用郭象和向秀所作的注。

《逍遥游》是《庄子》中的第一篇，较难理解。当时许多著名的学者深入钻研体味这篇文章的道理，都没有超出郭象、向秀的见解。

有一次，支道林在洛阳白马寺同太常护国将军冯怀一起聊天，谈到《逍遥游》，支道林说出了新的道理，与郭象、向秀的解释迥然不同。支道林全新的见解，超出当时许多著名学者的认识。后来人们就吸收了支道林的意见来解释《逍遥游》。

别无长物

【拼音】 bié wú cháng wù

【解释】 长物：多余的东西。除一身之外再没有多余的东西。原指生活俭朴，现形容贫穷。

【成语故事】

东晋时有个读书人，名叫王恭。他生活俭朴，不图享受，人们都说他将来定能做一个有用的人。

有一年，王恭随父亲从会稽来到都城建康。他的同族王忱去看望他，两人在一张竹席上促膝谈心。王忱觉得身下的席子非常光滑，很舒服。他心想王恭从盛产竹子的会稽来，一定带了不少这样的竹席，就称赞了这张竹席一番，并希望王恭能送他一张。

王恭听了，毫不犹豫地将身下这张竹席赠送给王忱。王忱千恩万谢地走了。其实，王恭只有这一张竹席，之后他就改用了草席。王忱知道这个情况后，十分惊讶，觉得过意不去，就去向王恭表示歉意。王恭笑笑说："您不太了解我，我平生没有什么多余的物品。"

别有天地

【拼音】bié yǒu tiān dì

【解释】天地：境界。比喻另有一番境界。形容风景或艺术创作的境界引人入胜。

【成语故事】

李白，字太白，自号青莲居士，是我国唐代伟大的诗人。他的祖籍是陇西成纪（今甘肃天水），先世因罪迁居西域。他出生在碎叶（今吉尔吉斯斯坦北部托克马克附近），在绵州昌隆（今四川江油）的青莲乡长大。

李白年轻的时候，爱好剑术，轻财仗义，善于作诗。二十五岁那年，他身佩宝剑，辞别亲人，离开故乡，出外远游。几年间，漫游了现湖南、湖北、江苏、浙江的许多地方。他才能出众，抱负远大，渴望参加政治活动，但是在黑暗的官场上，他光明磊落的胸怀和正直不屈的性格是不受欢迎的，所以十多年没有结果。

四十一岁那年，李白受到唐玄宗召见，他的才能在京中轰动一时。但当时的唐玄宗是个一心追求享乐的“太平天子”，国家政务操纵在奸相李林甫和宦官高力士手中。唐玄宗只希望李白做一个歌功颂德的御用文人，但李白性情孤傲，在皇帝和权贵面前不肯献媚取宠，因而遭到高力士等人的诽谤，逐渐不再受唐玄宗喜爱了。

当李白看清唐玄宗确实没有重用自己的意思之后，他担心会因小人的诽谤而遭祸害，就自动要求离开朝廷。在长安的三年生活中，他认清了现实的黑暗和统治者的腐败，写出了许多有深刻思想内容的诗篇。

离开长安之后，李白又开始了十年的漫游生活。由于在现实生活中屡遭挫折，他产生了求仙访道的想法，希望摆脱丑恶的现实，追求美好的生活。《山中问答》就是他写的一首追求美好境界的诗，诗意是这样的：有人问我为什么栖宿在碧山，我微笑着没有回答，心中自在悠闲。且看那桃花随着流水自由自在地飘向远方，这里另有一种境界，不同于黑暗、污浊的人间。

宾至如归

【拼音】bīn zhì rú guī

【解释】宾：客人。至：到。归：回到家中。客人到这里就像回到自己家里一样。形容招待客人热情周到。

【成语故事】

春秋时，郑国子产奉郑简公之命，出访晋国。晋平公摆出大国架子，没有迎接他。子产就命令随行人员把晋国的宾馆围墙拆掉，把车马驶进去。晋国大夫士文伯责备子产说道：“我国为保证诸侯来宾的安全，所以修了宾馆，筑了高墙。现在你们把墙拆了，来宾的安全由谁负责？”子产回答说：“我们郑国小，所以要按时前来进贡。这次贵国国君没有空闲接见我们，我们带来的礼物既不敢冒昧献上，又不敢让这些礼物日晒夜露。我听说从前晋文公做盟主时，接待诸侯来宾并不这样。那时宾馆宽敞漂亮，诸侯来了，像回到自己家里一样。而今，你们的离宫宽广，宾馆却像奴隶住的小屋，大门窄小，连车子都进不去，客人来了不知什么时候才能被接见。这不是有意叫我们为难吗？”

士文伯回去向晋平公报告。晋平公自知理亏，便向子产认错道歉，并立刻下令，重修宾馆。

兵不厌诈

【拼音】bīng bù yàn zhà

【解释】厌：嫌恶，排斥。诈：欺骗。作战时不排斥用假象迷惑敌人以取得胜利。

【成语故事】

有一年，楚国攻打宋国，宋国向晋国求救。第二年春天，晋文公派兵攻占了楚国的盟国曹国和卫国，要他们与楚国绝交，否则不让他们复国。楚国被激怒了，撤掉对宋国的包围，来和晋国交战。两军在城濮（今山东鄄城西南）对阵。

晋文公重耳做公子时，受后母迫害，逃到楚国，受到楚成王的款待。楚成王问重耳以后如何报答，重耳说：“美女、绸缎等，您都有了，我能给您什么呢？假如托您的福我能回国执政，万一我们两国发生战争，我就撤退三舍（一舍为三十里，三舍为九十里）。如果楚国还不罢休，双方再交战。”

为了兑现当年的诺言，晋文公下令撤退九十里。楚国大将子玉率领楚军紧追不舍。

当时，楚国联合了陈、蔡等国，兵力强；晋国联合了齐、宋等国，兵力弱。应该怎样作战呢？晋文公的舅舅子犯说：“我听到过这样的说法：对于注意礼仪的君子，应当多讲忠诚和信用，取得对方信任。在你死我活的战阵之间，不妨多用欺诈的手段迷惑对方。你可以采取欺骗敌军的办法。”

晋文公听从了子犯的策略，首先击溃由陈、蔡军队组成的楚军右翼，然后主力军假装撤退，引诱楚军左翼追赶，再以伏兵夹击。楚军左翼大败，中军也被迫撤退。

这就是历史上著名的以弱胜强的城濮之战。晋国取胜后，与齐、鲁、宋、郑、蔡、莒、卫等国会盟，成为诸侯霸主。

在这个故事中，还引申出了另一个成语“退避三舍”，用来比喻退让或回避，避免发生冲突。

兵贵神速

【拼音】bīng guì shén sù

【解释】神速：特别迅速。用兵贵在行动特别迅速。

【成语故事】

郭嘉，字奉孝，颍川阳翟（今河南禹州）人。他足智多谋，深受曹操的信任和重用。

曹操打败了据有冀、青、幽、并四州的袁绍，杀了袁绍长子袁谭。袁绍的另外两个儿子袁尚、袁熙逃走，投奔辽河流域的乌丸族首领蹋顿单于。蹋顿乘机侵扰汉朝边境，破坏边境地区人民的正常生产和生活。曹操有心要去征讨袁尚及蹋顿，但有些官员担心远征之后，荆州的刘表会乘机派刘备来袭击曹操的后方。

郭嘉分析了当时的形势，对曹操说："你现在威震天下，但乌丸仗着地处在边远地区，必然不会防备。进行突然袭击，一定能消灭他们。如果延误时机，让袁尚、袁熙喘过气来，重新召集残部，乌丸各族响应，蹋顿再有了野心，只怕冀州、青州又要不属于我们了。刘表是个空谈家，知道自己才能不及刘备，不会重用刘备，刘备不受重用，也就不肯多为刘表出力。所以你只管放心远征乌丸，不要有后顾之忧。"

曹操于是率领军队出征。到达易县（今属河北）后，郭嘉又对曹操说："用兵贵在神速。现在到千里之外的地方作战，军用物资多，行军速度就慢，如果乌丸人知道我军的情况，就会有所准备。不如留下笨重的军械物资，轻装行军，以加倍的速度前进，乘敌人没有防备发起进攻，那就能大获全胜了。"

曹操依郭嘉的计策办，部队快速行军，直达蹋顿单于驻地。乌丸人惊慌失措，匆忙应战，结果一败涂地。最后蹋顿被杀，袁尚、袁熙逃往辽东后被太守孙康所杀。

病入膏肓

【拼音】bìng rù gāo huāng

【解释】膏肓：古人把心尖脂肪叫“膏”，心脏与膈膜之间叫“肓”。形容病情十分严重，无法医治。比喻事情到了无法挽救的地步。

【成语故事】

春秋时，晋景公患了重病，派人到秦国请名医来医治。一天，他躺在病床上梦见两个小孩，其中一个说：“不好了，病人要请名医来了，咱们要遭殃了，快逃吧！”另一个说：“别怕，咱们躲到膏之下、肓之上，不管什么样的医生，用什么药，都不能把我们怎么样。”景公醒来，觉得有些奇怪。心想，难道那两个小孩就是病魔？过了一会儿，秦国的医生来了，诊断后说：“没办法了，你的病已经在膏肓，药力达不到那里，治不了啦。”

伯乐相马

【拼音】bó lè xiàng mǎ

【解释】伯乐：相传为秦穆公时期的人，姓孙名阳，善相马。指有眼力者发现、推荐人才。

【成语故事】

传说天上管理马匹的神仙叫伯乐。在人间，人们把精于鉴别马匹优劣的人也称为伯乐。

第一个被称作伯乐的人本名孙阳，他是春秋时期的人。由于他对马的研究非常出色，人们便忘记了他本来的名字，干脆称他为伯乐。于是后世也一直延用这一称呼。

一次，伯乐受楚王的委托，购买能日行千里的骏马。伯乐向楚王说明，千里马少有，找起来不容易，需要到各地巡访，请楚王不必着急，他会尽力将事情办好。

伯乐巡访了好几个诸侯国，仔细在盛产名马的燕赵一带寻找，备尝辛苦，但还是没发现中意的良马。一天，伯乐从齐国返回时，在路上看到一匹马拉着盐车，很吃力地在陡坡上行进。马累得呼呼喘气，每迈一步都十分艰难。伯乐对马向来亲近，不由走到马跟前。马见伯乐走近，突然昂起头来瞪大眼睛，大声嘶鸣，好像要对伯乐倾诉什么。伯乐立刻从声音中判断出，这是一匹难得的骏马。

伯乐对驾车的人说："这匹马在疆场上驰骋，任何马都比不过它；但用来拉车，它却不如普通的马。你还是把它卖给我吧。"

驾车人认为伯乐是个大傻瓜，他觉得这匹马太普通了，拉车没气力，吃得又多，还骨瘦如柴，于是毫不犹豫地同意了。伯乐牵走千里马，直奔楚国。伯乐牵马来到楚王宫，拍拍马的脖颈说："我给你找到了好主人。"千里马像明白了伯乐的意思，抬起前蹄把地面震得咔咔作响，引颈长嘶，声音洪亮，如大钟石盘，直上云霄。楚王听到马嘶声，走出宫外。伯乐指着马说："大王，我把千里马给您带来了，请仔细观看。"

楚王一见伯乐牵的马瘦得不成样子，认为伯乐是在愚弄他，有点不高兴，说："我相信你会看马，才让你买马，可你买的是什么马呀，这马连走路都很困难，能上战场吗？"

伯乐说："这确实是匹千里马，不过拉了一段车，又喂养不精心，所以现在很瘦。只要精心喂养，不出半个月，一定会恢复体力。"

楚王一听，有点将信将疑，便命马夫尽心尽力把马喂好。没过多久，马果然变得精壮神骏。楚王跨马扬鞭，但觉两耳生风，喘息的工夫，已跑出百里之外。

后来这匹千里马为楚王驰骋沙场立下了不少功劳。

捕风捉影

【拼音】bǔ fēng zhuō yǐng

【解释】风和影子都是抓不着的。比喻说话做事没有丝毫事实根据。

【成语故事】

谷永，字子云，长安（今陕西西安）人，汉成帝时担任过光禄大夫、大司农等职。

汉成帝四十多岁时还没有孩子。他听信方士的话，热衷于祭祀鬼神。许多向汉成帝上书谈论祭祀鬼神或谈论仙道的人，都能轻而易举地得到高官厚禄。成帝听信他们的话，在长安郊外的上林苑大搞祭祀，祈求上天赐福，花了很多费用，结果却并没有什么效验。

谷永向汉成帝上书说："我听说对于明了天地本性的人，不可能用神怪去迷惑他；懂得世上万物之理的人，不可能受行为不正的人蒙蔽。现在有些人大谈神仙鬼怪，宣扬祭祀的方法，还说什么世上有仙人，服不死的药，寿高得像南山一样。听他们说话，满耳都是美好的话，好像马上就能遇见神仙一样；可是，你要寻找它，却虚无缥缈，像要捕住风、捉住影子一样不可能。所以古代贤明的君王不听这些话，圣人绝对不说这种话。"

谷永又举例说："周代史官苌弘想要用祭祀鬼神的办法帮助周灵王，让天下诸侯来朝会，可是周王室更加衰败了，诸侯反叛的更多了；楚怀王隆重祭祀鬼神，求神灵保佑打退秦国军队，结果却失败了，土地被秦削割，自己做了俘虏；秦始皇统一天下后，派徐福率童男童女下海求仙采药，结果一去不回，遭到天下人的怨恨。"最后，他又说道："从古到今，帝王们凭着尊贵的地位、众多的财物，寻遍天下去求神灵、仙人，经过了多少岁月，却没有丝毫应验。希望您不要再让那些行为不正的人干预朝廷的事了。"

汉成帝认为谷水说得很有道理，便听从了他的建议。

不辨菽麦

【拼音】bù biàn shū mài

【解释】菽：豆子。分不清哪是豆子，哪是麦子。形容愚笨无知。后形容缺乏实际生产知识。

【成语故事】

公元前 573 年，晋国的栾书、中行偃派程滑杀死了晋厉公，将之葬在了翼地的东门外边。随后，士鲂等人在京师拥立年仅十四岁的周子为国君。当时，晋国的一些贵族为了自己把持朝政，都很愿意事奉这位十四岁的小国君，并且夸周子如何能干、如何聪明。其实周子还有个哥哥，本应立为国君，但晋国的贵族们说：周子的哥哥是个白痴，连什么是豆子、什么是麦子都分不清，不能立为国君。

别看周子才十四岁，还真有些小才能。一即位，他就对大夫们说："我开始的愿望并没有到这个地步，现在既然到了，这全是上天的意志。人们要求有国君，是为了让他发布命令。如果立了国君，又不听他的号令，那立他干什么？你们几位用得着我才立我为国君，恭敬而听从国君，这是神灵所保佑的。"大夫们听了，回答说："这正是下臣们的愿望，岂敢不唯命是从！"

不耻下问

【拼音】bù chǐ xià wèn

【解释】乐于向学问或地位比自己低的人学习，而不觉得不好意思。指不以向学问或职位较低的人请教为耻。

【成语故事】

春秋时期，卫国有个大夫叫孔圉，聪敏好学，非常谦虚。孔圉死后，卫国国君为了让后人学习和发扬他的好学精神，特地赐给他一个"文"

的称号。孔子有个学生名叫子贡，也是卫国人，他认为孔圉并不像人们所说的那样好，不应得到那么高的评价。于是去问孔子："凭什么赐给孔圉'文'的称号？"孔子说："孔圉非常勤奋好学，聪明灵活，而且经常向比自己地位低下的人请教，一点儿也不感到羞耻。"

不打不相识

【拼音】bù dǎ bù xiāng shí

【解释】指经过交手，相互了解，才结交、相处。

【成语故事】

中国古典小说《水浒传》中有这样一段故事：宋江因犯案被发配到江州，在那里遇到了早就想结识他的戴宗。于是两人一起进城，在一家酒馆里喝酒。才饮得两三杯，又遇到李逵。后来，三人又到江边的琵琶亭酒馆去喝酒。吃喝间，宋江嫌送来的鱼汤不好，叫酒保去做几碗新鲜的鱼汤来醒酒。可这时酒馆里没有新鲜的鱼，于是李逵跳起来说："我去渔船上讨两尾来与哥哥吃！"

戴宗怕他惹事，想叫酒保去取，但李逵一定要自己去。

李逵走到江边，对着渔人喝道："给我两尾活鱼。"

一个渔人说："渔牙主人不来，我们不敢开舱。"

李逵见渔人不拿鱼，便跳上船，顺手把竹笆篾一拔。没想到竹笆篾是没有底的，只用它来拦鱼，他这一拔，就让鱼全跑了。李逵一连放跑了好几条船上的鱼，惹怒了几十个打渔人。大家七手八脚地拿竹篙来打李逵。李逵大怒，两手一架，抢过五六条竹篙在手里，一下子全折断了。正在这时，绰号“浪里白条”的渔人张顺来了。张顺见李逵无理取闹，便与他交起手来。两人从船上打到江岸，又从江岸打到江里。张顺水性极好，李逵不是他的对手。他将李逵按在水里，呛得李逵晕头转向，连声叫苦。

这时戴宗跑来，对张顺喊道：“足下先救了我这位兄弟，快上来见见宋江！”

原来，张顺认得戴宗，平时又景仰宋江的大名，只是不曾拜识。听戴宗一喊，急忙将李逵托上水面，游到江边，向宋江施礼。戴宗向张顺介绍说：“这位是俺弟兄，名叫李逵。”

张顺道：“原来是李大哥，只是不曾相识！”

李逵生气地说：“你呛得我好苦呀！”

张顺笑道：“你也打得我好苦呀！”

说完，两个人哈哈大笑。戴宗说：“你们两个今番可做个至交的弟兄。常言道：‘不打不成相识。’”几个人听了，都笑了起来。

不得要领

【拼音】bù dé yào lǐng

【解释】要：古“腰”字。领：衣领。要领：比喻关键。古人上衣下裳，提上衣时拿着衣领，提下裳时拿着贴腰部分。比喻抓不住关键。

【成语故事】

汉武帝初即位的时候，从北方匈奴投降过来的人都说，匈奴打败了月氏，拿月氏王的头颅骨做成大酒杯。月氏人被匈奴赶跑，对匈奴怀着强烈的仇恨，他们想攻打匈奴，但得不到别国的援助。

当时，武帝正想消灭匈奴。听了这话，想和月氏友好往来。但要到月氏去，必须经过匈奴，于是招募出使月氏的人。担任郎官不久的张骞应募出使，被武帝批准了。

不幸的是，张骞经过匈奴的时候，被匈奴抓住了，并被押送到单于面前。单于把张骞扣留下来，并且对他说："月氏在我们的西北，怎么能让你们汉人通过我们地区出使到那里去？如果我们要通过你们汉人地区出使到越国去，你们能让我们去吗？"

就这样，张骞被匈奴扣留了十多年。匈奴给了他妻室，但张骞始终保存着汉朝交给他的出使符节。

后来，匈奴放松了对张骞的监视。于是，张骞与随从们一起逃走，朝月氏方向前进。他们走了几十天，来到了大宛国。大宛的国王听说汉朝十分富足，想和汉朝往来，只是未能如愿。国王见到张骞后非常高兴，问他打算到哪里去。张骞回答说："我奉汉朝之命出使去月氏，但被匈奴人封锁了交通，如今从匈奴逃到这里。希望大王能派人给我带路，送我到月氏去。如果我能到那里，将来回到汉朝，汉朝将会赠送给大王无数财物。"

大宛的国王听了张骞的话，为他派出向导和翻译，一直送他到了康居国，康居国又派人送他到了月氏。原来，月氏遭到匈奴人的攻击，国王被杀，大部分人西迁到了这里，称为大月氏。现在国人已立被杀国王的儿子为新国王，他们在大夏国定居了下来。那里土地肥沃，物产丰富，没有外来的侵略，所以他们只想太平安定，快乐逍遥。又觉得和汉朝的距离太远，他们也就不想联合汉朝向匈奴报仇了。

从大月氏到大夏，张骞始终没得到月氏对与汉共击匈奴之事的明确态度，“竟不能得月氏要领”。他在那里留住了一年多，就起程回大汉了。

不敢越雷池一步

【拼音】 bù gǎn yuè léi chí yī bù

【解释】 越：跨过。雷池：湖名，在今安徽望江东。比喻不敢超越某一范围和界限。

【成语故事】

晋明帝皇后的哥哥庾亮，在晋成帝即位后担任中书令，掌执朝政。当时西部边境很不安宁，庾亮推荐大臣温峤到江州任刺史。

不久，庾亮接到一个报告：历阳太守苏峻企图谋反。庾亮没有马上采取行动，而是想骗苏峻到都城建康来做大司马。大臣们认为这个方法不妥，温峤也写信劝阻，但庾亮不听。

苏峻接到朝廷的通知后，敏锐地觉察到朝廷已对自己生疑，于是索性发兵进攻都城。温峤得到这个消息，一方面请求庾亮允许他率兵从小路进入建康保卫京都，一方面号召将士们做好各种准备。

不料，庾亮对苏峻的反叛力量估计不足，认为温峤那里的防务非常重要，不希望他率兵来护卫都城。他写信给温峤说：“我对西境敌人的担心，超过了对历阳叛兵的担心，你必须留在原地，不要越过雷池一步。”

雷池，在今安徽望江东。它是雷水自今湖北黄梅流到安徽望江东积水而成的一个池。庾亮的意思是不要越过雷池到京都来。

由于庾亮低估了苏峻叛军的力量，让温峤在江州按兵不动，结果苏峻进攻建康时没有受到大军阻挡。尽管庾亮率军迎战，但最终建康还是落入苏峻之手。

庾亮则赶紧去投奔温峤。温峤并不责怪他，而是请他守卫白石营垒，自己加紧操练水军，准备歼灭叛军。

苏峻的一万士兵很快抵达白石，与仅有两千人马的庾亮展开血战。庾亮身先士卒，奋勇杀敌，击退了叛军。后来，庾亮、温峤等人终于杀掉苏峻，平定了叛乱。

不胫而走

【拼音】bù jìng ér zǒu

【解释】胫：小腿。走：跑。没有腿却能跑。比喻事物无须推行，就已迅速地传播开去。

【成语故事】

东汉末年，孔融的好友盛孝章住在江东，虽很有才华，但却不被江东的霸主孙权赏识。孔融便写信给曹操，向他推荐盛孝章。信中说：如果你要实现自己的政治抱负，就必须广泛招揽贤才。珠玉没有腿也会来到人们手中，这是因为人们喜爱它。而贤才是有腿的，如果你尊重他们，他们便会来投奔。孔融的建议被曹操所采纳。从此，曹操手下汇集了很多有才干的人。

不拘一格

【拼音】bù jū yī gé

【解释】拘：限制。格：规格，方式。不局限于一种规格或一个格局。

【成语故事】

龚自珍是我国清代的思想家和文学家。1792 年，他出生于浙江仁和（今杭州）一个封建官僚家庭。他从小就喜爱读书，特别爱学写诗。十四岁时，他就能写诗，十八岁时会填词，二十岁就成了当时著名的诗人。他写的诗，想象力很丰富，语言也瑰丽多姿。他在诗中揭露了清王朝的黑暗和腐败，主张改革，支持禁烟派，反对侵略，反对妥协，充满爱国热情。由此，可以看出他是个爱国主义者。

龚自珍二十七岁中举人，三十八岁中进士，在清朝政府做了二十年左右的官。由于他不满官场中的腐败和黑暗，一直受到排挤和打击。1839 年，在他四十八岁时，毅然辞官回了老家。在回乡的途中，他看着祖国的大好河山，目睹生活在苦难中的人民，不禁触景生情，思绪万千，即兴写下了一首又一首诗。

一天，龚自珍路过镇江，只见街上人山人海，热闹非凡。一打听，原来当地在赛神。人们抬着玉皇、风神、雷神等天神在虔诚地祭拜。这时，有人认出了龚自珍。一听当代文豪也在这里，一位道士马上挤上前来恳请龚自珍为天神写篇祭文。龚自珍一挥而就写下了这样一首诗："九州生气恃风雷，万马齐喑究可哀。我劝天公重抖擞，不拘一格降人才。"

诗中"九州"是整个中国的代称。诗的大意是说，中国要想有生气，就要凭借疾风迅雷般的社会变革。现在人们都不敢说话，沉闷得令人可悲。我奉劝天公重新振作起来，不要拘泥于常规，把有用的人才降到人间来吧。

诗里还引申出"万马齐喑"这个成语，比喻沉闷的局面。

不可多得

【拼音】bù kě duō dé

【解释】形容非常稀少，很难得到（多指人才或稀有物品）。

【成语故事】

东汉末年，有个叫祢衡的名士，才华很出众。当时，太中大夫孔融对他特别赏识，把他举荐给汉献帝。孔融写道："帝室皇居，必蓄非常之宝。若衡等辈，不可多得。"

汉献帝不敢做主，把孔融的荐表交给曹操。曹操爱才，于是召见祢衡。哪知祢衡蔑视曹操，对他很不礼貌。曹操就派祢衡当鼓吏，在大宴宾客时，命他击鼓助兴。谁知祢衡一边击鼓，一边大骂曹操，让曹操十分难堪。于是曹操派祢衡去荆州劝降刘表，想借刘表之手杀他。想不到刘表把祢衡当作上宾，每次议事或发布文告，都由祢衡表态。后来祢衡又对刘表不恭，刘表就派他到部将黄祖那里当书记。

黄祖也很欣赏祢衡的才华，经常让他起草文稿。黄祖的长子对祢衡的文才同样非常欣赏，一次，两人参观了东汉文学家蔡邕写的一块碑文，都觉得文笔很好，回家后，祢衡竟凭记忆把碑文一字不差地全部默写了出来。众人知道后都夸祢衡是不可多得的奇才。

尽管祢衡才学很高，记忆力惊人，但他恃才傲物，非常狂妄。后来因为在黄祖举办的大宴上当众大骂黄祖，被黄祖处死了。事后黄祖对杀害祢衡一事感到十分后悔，便将他厚葬了。

不可救药

【拼音】bù kě jiù yào

【解释】药：治疗。病已重到无法用药医治的程度。比喻已经到了无法挽救的地步。

【成语故事】

西周的厉王，生活奢侈，骄奢淫逸，残酷地压迫和剥削人民。当时有位忠臣叫凡伯，常冒死劝谏，但厉王根本不听。那些厉王宠信的奸臣们都嘲笑凡伯。凡伯眼看着国势日衰，内心十分焦急，于是写了一首诗警告这些奸臣。大意如下：不是我老了，才说这些话。忧患没到来时还可防止；假若忧患越积越多，就像燃旺了的火焰，就没法救了。果然，不久以后老百姓终于忍无可忍，冲进王宫，把周厉王赶到很远的地方去了。周厉王在那儿待了十四年，直到死去。

不可同日而语

【拼音】bù kě tóng rì ér yǔ

【解释】不能放在同一时间谈论。形容不能相提并论，不能相比。

【成语故事】

战国中后期，各诸侯国之间战争不断，从而出现了合纵和连横的政治活动。东方诸国联合西向攻秦，称为合纵；秦国拉拢东方某一个或几个国以对抗东方其他国，称为连横。当时有个纵横家，名叫苏秦。他先到秦国游说秦惠王，结果没有成功。于是，他又到赵国游说。赵国的相国不喜欢苏秦，于是他又没有成功。后来到了燕国，才得到一些资助。接着，他又一次来到赵国，这一回，赵国的国君赵肃侯亲自接待了他。

他向赵肃侯分析了赵国和各国的关系：如果赵国与齐、秦两国为敌，那么百姓就得不到安宁；如果依靠齐国去攻打秦国，百姓还是得不到安宁。现在，如果大王和秦国和好，那么秦国一定会利用这种优势去削弱韩国和魏国；如果和齐国友好，那么齐国也一定会利用这种优势去削弱楚国和魏国。魏、韩两国弱了，就要割地，也会削弱楚国。这样，大王就会孤立无援。

赵肃侯年纪比较轻，见苏秦说得头头是道，不住地点头称是。接着，苏秦又分析了赵国的实力和面临的形势：“其实，秦国东边的诸侯国没有一个比赵国强大的。赵国的疆土纵横两千里，军队几十万人，战车千辆，战马万匹，粮食可支用好几年。西、南、东三面有山有水，北面是弱小的燕国，也不值得害怕。现在各国中秦国最忌恨赵国，但为什么它又不敢来攻打赵国呢？原因是它害怕韩、魏两国在后边暗算它。既然如此，韩、魏可算是赵国南边的屏障了。但秦国要是攻打韩、魏两国，那倒是很方便的，它们必然会向秦国屈服。如果秦国解除了韩、魏暗算的顾虑，那么战祸必然会降临到赵国。这也是我替大王忧虑的原因。”

赵肃侯听到这里，心里非常害怕，急着问苏秦应该怎么办。于是苏秦说道：“我私下考察过天下的地图，发现各诸侯国的土地合起来五倍于秦国，估计各诸侯国的士兵数量十倍于秦国。如果六国结成一个整体，同心协力向西攻打秦国，就一定能打败它。如今反而向西侍奉秦国，向秦国称臣。打败别人和被别人打败，让别人向自己称臣和自己向别人称臣，怎么可以放在同一时间来谈论呢？”

接着，苏秦又讲了一些如何具体实施合纵的方法和策略。赵肃侯听完后说：“我还年轻，即位时间又短，不曾听到过使国家长治久安的策略。如今您有意使天下得以生存，各诸侯国得以安宁，我愿意诚恳地倾国相从。”

于是，赵肃侯给了苏秦许多赏赐，让他用来游说各诸侯国加入合纵联盟。

不伦不类

【拼音】 bù lún bù lèi

【解释】 不伦：不同类。既不像这一类，又不像那一类。形容不成样子或没有道理。

【成语故事】

中国古典小说《红楼梦》中，有这样一段故事：有一次，薛蟠从江南带来了两大箱东西，送给母亲薛姨妈和妹妹薛宝钗。一箱是绸缎绫罗、洋货等家常应用之物，另一箱是笔、墨、纸、砚和各种小工艺品。薛姨妈将箱子里的东西取出，一份一份地打点清楚，叫人送到贾母和王夫人等处。

宝钗回到房中，将那些玩意儿一件一件过了目，除自己留用之外，一份一份配合妥当，分送给贾府的姐妹们，就是贾环那里，她也没有忘记。送给林黛玉的与别人的不同，而且又加厚一倍。一一打点完毕，叫人送往各处。

赵姨娘见宝钗送了贾环些东西，心里很喜欢，想道："怨不得别人都说宝丫头好，会做人，很大方，如今看起来果然没错。她哥哥能带了多少东西来，她就挨门儿送，一处也不遗漏，也不露出谁薄谁厚，连我们这样没时运的，她都想到了。若换作那林丫头，他对我们娘儿俩正眼也不瞧，哪里还肯送我们东西？"

赵姨娘一面想，一面摆弄那些东西。忽然，她又想起宝钗是王夫人的亲戚，为何不到王夫人那里去卖个好呢？于是她拿了东西走进王夫人的房中，站在旁边，赔笑说道："这是宝姑娘才刚给环哥儿的。难为宝姑娘这么年轻的人，就想得这么周到，真是大户人家的姑娘，怎么叫人不敬奉呢。怪不得老太太和太太成日家都夸她、疼她。我也不敢自主就收起来，特拿来给太太瞧瞧，太太也喜欢喜欢。"

《红楼梦》第六十七回写王夫人的反应："王夫人听了，早知道来意了，又见他说的不伦不类，也不便不理他，说道：'你只管收了去给环哥玩罢。'"

赵姨娘来时很高兴，谁知抹了一鼻子灰，心中生气，又不敢露出来，只得讪讪地走了。

不屈不挠

【拼音】bù qū bù náo

【解释】屈：屈服；挠：弯曲。比喻在压力和困难面前不屈服，表现十分顽强。

【成语故事】

汉成帝建始三年（公元前 30 年）秋天，长安城内流传着大水将要进城的消息。大将军王凤见城内百姓争相逃命，就劝成帝和太后及后宫嫔妃都躲到船上去。王凤还建议让文武百官登上城楼避水。群臣都附和王凤的意见，只有宰相王商反对。王商认为，大水不可能一日之间突然到来，必然是谣传。不久，长安城就安定下来了。成帝派人查问，果然是谣传。成帝当众称赞了王商，批评了王凤。从此，王凤对王商怀恨在心。

一次，王凤的亲家在当琅邪太守时失职，王商要惩处他。王凤主动找王商说情。王商不徇私情，还是罢免了王凤亲家的官职。王凤采取阴险手段，诬陷王商，成帝轻信王凤的话，罢免了王商的宰相职务。《汉书》作者班固评论说：王商为人笃实，性格不屈不挠，但最后还是被罢了官。

不求甚解

【拼音】bù qiú shèn jiě

【解释】甚：很，极。原意指读书只领会要旨，不过于在字句上花功夫。现多指学习或研究不认真，不深入。

【成语故事】

东晋著名的文学家、诗人陶渊明，小时候家里很穷，仅靠很少的农田维持生计。长大后，他曾几次做官，又因为不满官场的黑暗腐败，几次辞官回家。他不贪图荣华富贵，喜欢过清静悠闲的田园生活。在耕作之余，他勤奋读书，并自称“好读书，不求甚解”，意思是读书不过于咬文嚼字，死钻牛角尖。

不入虎穴，焉得虎子

【拼音】bù rù hǔ xué，yān dé hǔ zǐ

【解释】不进老虎洞，就捉不到小老虎。比喻不担风险就不可能取得成功。

【成语故事】

公元 73 年，东汉明帝的高级侍从官窦固奉命征伐匈奴，四十岁的班超被任命为假司马。在这次征伐中，班超立了战功，深受窦固赏识。不久，窦固派他和军中的高级参谋郭恂一起出使西域。

班超带了三十六名勇士，首先来到鄯善国。国王一开始对他们很尊敬，礼节也很周到，但没几天国王忽然变得冷淡起来。班超与手下判断，这必定是北方匈奴的使者来了，国王态度摇摆不定，拿不准服从哪一方的缘故。于是把接待他们的胡人叫来，诈他说："匈奴使者来了几天，此刻在哪里？"那胡人很惶恐，招认了实际情况，证明班超的判断是正确的。班超把这胡人禁闭起来，然后把三十六名勇士全部集合起来喝酒。喝得畅快的时候，班超激怒大家说："你们和我都在这极远的地方，想立大功以求得富贵。现在匈奴使者来到这里才几天，国王对我们的礼节和敬意就没有了。如果他逮捕我们，把我们送给匈奴，那我们连尸骨都会被豺狼吃掉。你们看，这事怎么办？"他的下属表示了同一个意愿："现在处于危急关头，不管死活都听从您的命令。"班超下决心说："好，不进入老虎洞，就不能捉到小老虎！眼前的办法只有一个，就是趁着黑夜，用火攻击匈奴派来的人。他们不知道我们有多少人，一定非常震惊，这样就可以把他们全部消灭。消灭了这些敌人，国王就会吓破胆，我们大功告成，事业也建立了。”

大家都同意班超的行动计划，但又提出这件事要和郭恂商量一下。班超发怒说：“是凶是吉，决定于今天。郭恂是个文弱而又庸俗的官员，知道这件事必定害怕，会泄露我们的计谋，那我们就会白白送命，当不成好汉！”

大家都同意了班超的看法。当天夜里正刮大风，班超带领勇士们悄悄来到匈奴使者的驻地。他让十个勇士拿着鼓，藏在匈奴使者的房舍后，并跟他们约定，见火烧起来就打起鼓大喊大叫。其余的勇士都拿着武器，埋伏在大门两侧。

一会儿，班超顺着风势把火烧起来，顷刻之间战鼓齐鸣，杀声四起。匈奴人惊慌失措，乱成一团。班超亲手杀死三个敌人，勇士们杀了匈奴使者和随从三十多人，还有一百多人被烧死。

第二天，班超把这件事告诉郭恂。郭恂听了大惊失色，班超马上对他说，你虽然没有参加行动，但我哪里会独占功劳呢？郭恂听了这话后很高兴。

接着，班超去见鄯善国王，并把匈奴使者的头颅给他看。国王吓得不知如何是好。班超向他做了解释，并且加以抚慰。于是，国王终于决定服从汉朝，并把自己的儿子送到汉朝去做人质。

不识时务

【拼音】bù shí shí wù

【解释】时务：当前的形势和潮流。指认不清当前重要的事态和时代的潮流。现也指待人接物不知趣。

【成语故事】

东汉献帝时，政权完全操纵在大臣的手中。汉室已经面临危机，作为皇室后裔的刘备想找机会挽救汉朝的危局，可是他始终找不到好的根据地。

有一天，他特地去拜访当时很有才学的隐士司马徽。司马徽被他的诚心感动，问明了情况后对刘备说：“你之所以没有很好的机会，是因为你没有好的人才帮助你。”刘备想了一会儿，不明白地问：“帮助我的人都很有才华，糜竺和简雍两人能文，张飞和关羽能武。他们都是很优秀的人才呀！”司马徽笑着说：“他们确实很有潜力，可惜都是没有经验的年轻人，不知道时事，更不明白该如何来适应时代的潮流。而你要找的应是懂得人情事理、能够通权达变的人，这样的人来帮助你，你才能完成统一大业。”

不为五斗米折腰

【拼音】bù wèi wǔ dǒu mǐ zhé yāo

【解释】五斗米：晋代县令的俸禄，后指微薄的俸禄。折腰：弯腰行礼，指屈身于人。比喻为人清高，有骨气，不为利禄所动。

【成语故事】

陶渊明，又名陶潜，是我国最早的田园诗人。他创作出了许多以自然景物和农村生活为题材的作品，这与他的经历和处境有着密切的关系。

公元405年秋，陶渊明为了养家糊口，来到离家乡不远的彭泽当县令。这年冬天，郡的太守派出一名督邮，到彭泽县来督察。督邮品位很低，是个粗俗而又傲慢的人，却有些权势，仅凭他一张嘴就获得了太守的信任。他一到彭泽的旅舍，就差县吏去叫县令来见他。

陶渊明平时蔑视功名富贵，不肯趋炎附势，对这种假借上司名义发号施令的人很瞧不起，但又不得不去见一见，于是他马上动身。

不料县吏拦住陶渊明说："大人，参见督邮要穿官服，并且束上大带，不然有失体统，如果督邮乘机大做文章，会对大人不利的！"

这一下，陶渊明再也忍受不下去了。他长叹一声，道："我不能为五斗米向乡里小人折腰！"

说罢，索性取出官印，把它封好，并且马上写了一封辞职信，随即离开只当了八十多天县令的彭泽。

不学无术

【拼音】bù xué wú shù

【解释】不：无，没有。没有学问，没有本领。

【成语故事】

汉武帝在位的时候，大将军霍光是朝廷举足轻重的大臣，深得武帝信任。武帝临死前，把幼子刘弗陵（昭帝）托付给霍光辅佐。昭帝去世后，刘询做皇帝（宣帝）。霍光掌管朝政大权四十多年，为西汉王朝立下了不小的功勋。

刘询继承皇位以后，立许妃做皇后。霍光的妻子霍显是个贪图富贵的女人，她想把自己的小女儿成君嫁给刘询做皇后，就乘许后有病，买通女医下毒害死了她。毒计败露，女医下狱。此事霍光事先一点儿也不知道，等事情暴露了，霍显才告诉他。霍光非常惊惧，指责妻子不该做这种事情。他也想去告发，但又不忍心妻子被治罪，前思后想，还是把这件伤天害理的事情隐瞒下来了。霍光死后，有人向宣帝告发此案，宣帝派人去调查处理。霍光的妻子听说了，与家人、亲信商量对策，决定召集族人策划谋反，不想走漏了风声，宣帝派兵将霍家包围，将其满门抄斩。

东汉史学家班固在《汉书·霍光传》中评论霍光的功过，说他“不学无术，暗于大理”，意思是霍光不读书，没学识，因而不明关乎大局的道理。

不远千里

【拼音】bù yuǎn qiān lǐ

【解释】不以千里为远。形容不怕路途遥远。

【成语故事】

梁惠王见了孟子，热情地说：“先生，您不以千里为远来到我们魏国，一定是将给我的国家带来利益吧？”

孟子回答说：“大王您何必一开口就讲利？有仁义就行了。如果君王说怎样有利于我的国家，大夫说怎样有利于我的封地，士和老百姓说怎样有利于自身，这样上上下下都追逐私利，就危险了。”接着孟子说道：“在能出动一万辆兵车的国家，谋杀他们国君的，必定是能出动一千辆兵车的大夫之家；在能出动一千辆兵车的二等国家，谋杀他们国君的，必定是能出动一百辆兵车的大夫之家。大国的大夫能从万辆兵车的国家中获得兵车千辆，二等国家的大夫能从千辆兵车的国家中获得兵车百辆。这些大夫的产业不能说不多了，但是，他们永远不会满足。所以您不能再宣扬私利了。”

梁惠王听了很受触动，焦急地问：“那先生以为该怎么办呢？”

孟子说：“从来没有讲仁的人会遗弃他的双亲，也没有讲义的人会不尊重他的君主。所以，大王您只要讲仁义就够了，何必再讲利呢？”

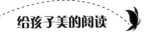

不自量力

【拼音】bù zì liàng lì

【解释】指不能正确地估量自己的力量，或过高地估量自己。

【成语故事】

春秋时期，有两个诸侯国，一个是郑国，一个是息国。公元前712年，息国向郑国发动了战争。

这两个诸侯国虽然都很小，但息国的人力与物力都比郑国要少得多，军力也要弱得多。战争自然以息国的失败而告终。

事后，一些有见识的人分析，息国快要灭亡了。他们分析的根据是：息国一不考虑自己的德行如何，二不估量自己的力量是否能取胜，三不同亲近的国家笼络好关系，四不把自己向郑国进攻的道理讲清楚，五不明辨失败的罪过和责任是谁。犯了这五条错误，还要出师征伐别国，结果遭到失败，这不是很自然的吗？

果然，不久息国被楚国攻灭。

C

才高八斗

【拼音】cái gāo bā dǒu

【解释】才：才华。比喻人极有才华。

【成语故事】

南北朝谢灵运，是一位写了大量山水诗的文学家。他聪明好学，读过许多书，从小受到祖父谢玄的厚爱。

他出身于东晋的大士族，袭封康乐公的爵位，世人称他谢康乐。他身为公侯，却并无实权，被派往永嘉任太守。谢灵运自叹怀才不遇，常常丢下公务不管，去游山玩水。后来，他辞官移居会稽，常常与友人酗酒作乐。当地太守派人劝他节制一些，却被他怒斥了一顿。可是，谢灵运写的山水诗，却深受人们的喜爱。他每写出一首新诗，立刻就会被人争相抄录，很快流传开去。

宋文帝继位后，将他召回京城做官，把他的诗作和书法赞为两宝。谢灵运更加骄傲了，他说："天下才有一石，曹子建独占八斗，我得一斗，天下共分一斗。"

残杯冷炙

【拼音】cán bēi lěng zhì

【解释】残：剩余。杯：指杯中的酒。炙：烤肉。指吃剩的饭菜。也比喻权贵施舍的东西。

【成语故事】

北齐的文学家颜之推，学识渊博，他有一部《颜氏家训》传世，内容是以儒家的传统思想作为立身治家之道。这部著作，对后世不少学者为人处世有很大的影响。

《颜氏家训》中有一处告诫说，不能因为有点称赞，就受权贵驱使，处在低下的座位上，受权贵施舍的屈辱。唐朝大诗人杜甫，有一段时间就被迫在颜之推所说的这种悲辛的处境里生活。

杜甫从小聪明好学，志高务实，但一直没有遇到施展才华的机会。直到三十五岁那年，早已盛负诗名的他才踏上通往京都长安的大道。考试完后，杜甫觉得文章写得得心应手。但他哪里知道，主持这次考试的大臣李林甫，根本不想选用贤才，对有才能有胆识的人，一概采取排斥的态度。

杜甫没有料到自己会应试失败，内心非常痛苦，对前途悲观失望。从此，他流落长安，以“宾客”的身份出入于达官贵人之家，过着寄人篱下的生活。他时常陪王公大臣宴饮，席间吟诗赋辞助兴。这样做，一方面是为了维持生计，另一方面也是希望得到权贵们的推荐，求得一官半职。他在《奉赠韦左丞丈二十二韵》一诗里对这段穷困生活做了生动的描述：“朝扣富儿门，暮随肥马尘。残杯与冷炙，到处潜悲辛。”

沧海桑田

【拼音】cāng hǎi sāng tián

【解释】桑田：农田。大海变成桑田，桑田变成大海。比喻世事变化很大。

【成语故事】

传说东汉仙人王方平在门徒蔡京家见到了仙女麻姑，发现原来她是自己的妹妹。麻姑早年在姑余山修行得道，千百年过去了，长得仍如十八九岁的姑娘，头顶盘着发髻，秀发垂至腰际，身上的衣服光彩夺目。大家举杯欢饮，麻姑说：“我自从得到天命以来，已经三次见到东海变为桑田了。这次去仙山蓬莱，见海水比以前浅了许多，大概又快要变成陆地和丘陵了吧！”王方平笑着说：“难怪圣人说海中行路都会扬起灰。”

草菅人命

【拼音】cǎo jiān rén mìng

【解释】草菅：野草。把人命看作野草。比喻随意虐杀人民。

【成语故事】

贾谊，洛阳人，是汉文帝时的一个著名文人。自小聪慧好学，极有才华。被文帝召为博士，后又担任过太中大夫的官职。但因为被人忌妒，后降职为长沙王太傅（老师）。政治上的不得志，使他以屈原自喻，写下了著名的《吊屈原赋》等文章。后来，汉文帝把他召回宫中，要他担任梁王刘揖的太傅。梁王是汉文帝最宠爱的儿子，文帝指望他将来能继承皇位，所以要他多读些书，希望贾谊好好教导他。贾谊就此发了一通议论，他说："辅导皇子，教他读书固然重要，但更重要的是教他怎样做一个正直的人。秦朝末年，赵高教导秦二世胡亥，传授给胡亥的是严刑酷狱，所学的不是杀头割鼻子，就是满门抄斩。所以，胡亥一当上皇帝，就乱杀人，看待杀人就好像看待割茅草一样，不把它当一回事。这难道是胡亥本性就坏吗？他之所以这样，是教导他的人没有引导他走上正道，这才是根本原因所在。"

后来，贾谊到梁国上任担任太傅，悉心辅导梁王。可是梁王不慎骑马摔死，贾谊自认没有尽到太傅的责任，因此终日郁郁不乐，常常哭泣。一年多后，就去世了，死时才 33 岁。

草木皆兵

【拼音】cǎo mù jiē bīng

【解释】把山上的草木都当作敌兵。形容人在惊慌时疑神疑鬼。

【成语故事】

公元 383 年，基本上统一了北方的前秦皇帝苻坚，率领约九十万兵马，南下攻伐东晋。东晋王朝任命谢石为大将，谢玄为先锋，率领八万精兵迎战。

秦军前锋苻融攻占寿阳后，苻坚亲自率领八千名骑兵抵达这座城池。他听信苻融的判断，认为晋兵不堪一击，只要他的后续大军一到，一定可大获全胜。于是，他派一个名叫朱序的人去向谢石劝降。

朱序原是东晋官员，他见到谢石后，报告了秦军的布防情况，并建议晋军在前秦后续大军未到达之前袭击洛涧（今安徽淮南东洛河）。谢石听从他的建议，出兵偷袭秦营，结果大胜。晋兵乘胜向寿阳进军。

苻坚得知洛涧兵败，晋兵正向寿阳而来，大惊失色，马上和苻融登上寿阳城头，亲自观察淝水对岸晋军的动静。当时正是隆冬时节，又是阴天，远远望去，淝水上空灰蒙蒙的一片。仔细看去，那里桅杆林立，战船密布，晋兵持刀执戟，阵容甚为齐整。他不禁暗暗称赞晋兵布防有序，训练有素。

接着，苻坚又向北望去。那里横着八公山，山上有八座连绵起伏的峰峦，地势非常险要。晋兵的大本营便驻扎在八公山下。随着一阵西北风呼啸而过，山上晃动的草木就像无数士兵在运动。苻坚顿时面如土色，惊恐地回过头来对苻融说："晋兵是一支劲敌，怎么能说它是弱兵呢？"

不久，苻坚中了谢玄的计，下令将军队稍向后退，让晋兵渡过淝水决战。结果，秦兵在后退时自相践踏，溃不成军，大败北归。

这一战，便是历史上著名的淝水之战，是历史上以少胜多、以弱胜强的著名战例。

差强人意

【拼音】chā qiáng rén yì

【解释】差：略。强：振奋。勉强使人满意。

【成语故事】

吴汉是刘秀的一个部下，平常不太喜欢说话，个性也是直来直去。刚开始，刘秀没有很注意他，后来听到一些将军常常称赞吴汉，才开始注意吴汉，还拜他做大将军。从此以后，吴汉帮刘秀打了许多胜仗，立下不少功劳。

吴汉不但勇敢，对刘秀也十分忠心。每次外出作战，总是紧紧跟着刘秀，而且只要刘秀没睡，他也会恭敬地站在一旁，不肯先睡。偶尔仗打输了，每个人都提不起劲来，吴汉总是鼓励大家不要悲观，应该振作起来，准备继续作战。

有一次，刘秀打了败仗，心情不是很好，其他将军也失去了斗志。可是吴汉却和士兵们一起整理武器，审阅兵马。刘秀知道这些事后，又看看眼前那些垂头丧气的将军们，很感叹地说："总算还有吴将军略叫人满意，对国家举足轻重。"

长驱直入

【拼音】 cháng qū zhí rù

【解释】 长驱：不停顿地策马快跑。直入：一直往前。指长距离不停顿地快速行进。形容进军迅猛，不可阻挡。

【成语故事】

公元219年，曹操为夺取战略要地荆州，与刘备在这一带酣战。刘备的大将关羽用重兵围住了襄阳，曹操的堂弟曹仁固守襄阳毗邻的樊城，处境相当困难。

这年七月，曹操派虎威将军于禁率军增援曹仁。不久，樊城这一带连降大雨，汉水泛滥。关羽乘机引水去淹曹军，结果于禁率领的大军全军覆没，于禁被迫投降。

由于洪水冲进樊城，曹仁处境危急。一些部将劝他放弃樊城，乘船退走。但有人极力反对，说是水势不可能一直这样大，过些时日就会退去，还是紧守为好。曹仁觉得有理，决定紧守樊城。

不久，曹操又派大将徐晃率军去樊城解围。徐晃老谋善算，暂不将部队直接开到樊城，而在稍远之处驻扎下来，然后派人用暗箭把信射入樊城，与曹仁取得联系。正好曹操还在组织其他兵马增援，得知徐晃的行动，非常赞同，要他等待各路兵马到齐，一并开向樊城。

当时，刘备将一部分军队驻扎在离樊城不太远的偃城。徐晃带领一些军队来到偃城郊外，故意挖掘陷坑，似乎要截断偃城军队的退路。刘备驻军中计，匆匆撤离偃城。于是徐晃轻而易举地取得了这座城池。

这时，曹操组织的十二路兵马已经赶到。于是徐晃和这些兵马会合，打算和曹仁内外夹击关羽。

关羽在围头和四冢两处地方驻有军队。徐晃表面上装出要进攻围头的样子，实际上亲率大军进攻四冢。等关羽发现徐晃主攻的方向时，为时已晚。匆匆赶到四冢的五千兵马很快被徐晃击败。接着徐晃率领部下，一直冲进了关羽对曹仁的包围圈中。关羽的将士不敌败走，襄阳、樊城终于解围。

徐晃的捷报传到曹操那里，曹操立即写了慰劳令，派人送到前方。令中写道："我用兵三十余年，所知古代善于用兵的人中，没有一个人能像你那样长距离不停顿地策马快跑，一直往前，冲入敌人的包围圈中。"

长袖善舞

【拼音】cháng xiù shàn wǔ

【解释】袖子长，有利于起舞。原指有所依靠，事情就容易成功。

后形容有财势、会要手腕的人，善于钻营，会走门路。

【成语故事】

范雎和蔡泽，是战国末期两个有名的人物。范雎是魏国人，起初在魏国的中大夫须贾手下做事，因故被须贾打得半死，之后逃到秦国，化名张禄，向秦昭王献“远交近攻”的外交政策，昭王拜他为客卿，后来为相国，封应侯。蔡泽是燕国人，先曾游说赵、韩、魏各国，都无果，后来到秦国，见了昭王，昭王很赏识他，也由客卿而为相国。虽然担任相国的时间才几个月，但在秦国住了十多年，从秦昭王起，经孝文王、庄襄王到始皇帝，一直受到尊重，号为纲成君。

这两个人，都是所谓“辩士”，就是极有口才、能言善论的说客，他们都因此取得秦王的信任。为什么这两人能相继取得秦王的信任而为卿、相呢？《史记》的作者评论道：“韩子说的‘长袖善舞，多钱善贾’这句话，的确是有道理啊！”——范雎和蔡泽，像舞蹈者有更美的舞衣，经商者有更多的本钱一样，他们有比别人更强的一张嘴。

车水马龙

【拼音】chē shuǐ mǎ lóng

【解释】车像流水，马像游龙。形容来往车马很多、连续不断的热闹情景。

【成语故事】

汉光武帝刘秀去世后，太子刘庄即位，即汉明帝。他为了纪念那些帮助光武帝中兴汉朝的功臣，命画师在南宫云台中画上他们的像。在这些功臣像中，却没有大功臣伏波将军马援的像。这是为什么呢？原来，皇后马氏是马援的女儿。明帝为了避免亲宠外戚的嫌疑，故意不让画的。

马皇后牢记父亲遭人嫉妒陷害、含冤而死的教训，处处虚心待人。马皇后那时没有亲生儿子，明帝立贾氏的儿子为太子，委托马皇后教养。马皇后把他当作亲生儿子一般，精心培养，母子十分亲近。明帝去世后，十八岁的太子继承皇位，就是汉章帝。马皇后被尊为皇太后。

汉章帝根据一些大臣的建议，打算对马太后的兄弟封爵。马太后遵照光武帝生前的规定——后妃家族不得封侯的制度，坚决反对。她说："从前外戚外出的情景，真是'车如流水，马如游龙'，如此招摇，实在不好啊！"

车载斗量

【拼音】chē zài dǒu liáng

【解释】载：装载。用车载，用斗量。形容数量很多，多用来表示不足为奇。

【成语故事】

自关羽败走麦城不久，即被吴国擒获杀害。刘备和关羽亲如手足，噩耗传来后悲痛万分。他当即带领七十万大军，水陆并进直取吴国。消息传到吴国，孙权十分惊慌。他召集大臣商议，决定派赵咨去魏国求援。孙权对赵咨说："魏国傲慢，你要有礼有节！"

魏文帝见赵咨，故意问："孙权看书吗？"赵咨答得很有礼貌，没有让魏文帝占到便宜。魏文帝又问："像你这样的人才，吴国有几个？"赵咨说："比我聪明的人多得要用车载斗量！"

成也萧何，败也萧何

【拼音】chéng yě xiāo hé，bài yě xiāo hé

【解释】萧何：汉高祖刘邦的丞相。成事由于萧何，败事也由于萧何。比喻事情的成功和失败都是由这一个人造成的。

【成语故事】

秦末汉初，淮阴有一个名叫韩信的人，年轻时，生活孤苦，被人瞧不起。后来，韩信投奔项羽，参与反秦。他曾向项羽提过一些作战建议，但都没有被采纳。韩信看到自己的才能无法施展，便改投刘邦。

一开始，刘邦也没有重用韩信，只让他当了一名小军官。有一次他犯了军法，还差点儿受刑被处死。免死后，只让他充当一名管理粮草的小官。一次偶然的机会，韩信遇上了萧何。萧何是刘邦的亲信，刘邦对他可以说是言听计从。萧何与韩信一席长谈之后，对韩信非常钦佩，认为韩信是一个不可多得的军事天才。但是，正当萧何决定向刘邦推荐韩信的时候，韩信却逃跑了。原来，刘邦的部下多是徐州一带的人，刘邦被封为汉王，封地在汉中，地区褊狭，难以发展。因此，部下因想家而纷纷逃跑了。韩信见刘邦没有重用自己的意思，也跟着逃跑了。

萧何得知韩信逃跑的消息，心急如焚，来不及报告刘邦，跳上战马，连夜把韩信追了回来。刘邦原来以为萧何也逃跑了，非常生气。后来得知萧何竟亲自追回韩信这样一个不起眼的小官，责备萧何是小题大做。萧何向刘邦详细地介绍了韩信的情况，然后说："韩信具有杰出的军事才能，不是普通的人才。您若甘愿做一辈子汉中王便罢，如要夺取天下，非重用此人不可。"由于萧何的力荐，刘邦终于同意拜韩信为大将军，并选择吉日良时，举行隆重的拜将仪式。

韩信被刘邦拜为大将军以后，充分发挥了自己的军事才能，为刘邦统一天下、建立汉朝立下了赫赫战功。但是刘邦做了皇帝以后，却对韩信越来越不放心。他先是解除了韩信的兵权，由"齐王"改封为"楚王"；不久，又将韩信逮捕；赦免后，只封了个"淮阴侯"。韩信闲住长安，郁郁不得志，吕后怕他谋反，想把他召来除掉，又怕他不肯就范，就同萧何商议。最后，由萧何设计把韩信骗到宫中，吕后以谋反的罪名把韩信杀害在长乐宫。

后人根据这段历史，引出"成也萧何，败也萧何"这一成语来。

城门失火，殃及池鱼

【拼音】chéng mén shī huǒ，yāng jí chí yú

【解释】城门失火，大家都到护城河取水，水用完了，鱼也死了。比喻因受连累而遭到损失或祸害。

【成语故事】

南北朝时，北方的东魏有一员大将，叫侯景，坐镇河南，拥有十万军队。因为与大丞相高欢之子高澄不和，在东魏武定五年（公元 547 年）背叛东魏，投降西魏。高澄派韩轨讨伐侯景，侯景担心与西魏的联系被切断，又投降南方的梁朝。

梁朝许多大臣认为侯景反复无常，不能接受他的投降，损害和东魏的友好关系；但是八十四岁的梁武帝却相信这是统一天下的预兆，接受侯景投降，封他为河南王。

这年八月，梁武帝派萧渊明率领军队讨伐东魏。九月，萧渊明的军队逼近彭城（今江苏徐州）。十一月，高澄派高岳和慕容绍宗率军救援彭城，派杜弼担任救援大军的军司。慕容绍宗用诱敌之计，引诱萧渊明深入追击，然后以伏兵夹击，活捉萧渊明，梁军伤亡逃走的有几万人。

大胜之后，军司杜弼写了一篇给梁朝的檄文。文中说：“东魏皇帝和大丞相有心平息战争，所以多年和南朝通和。现在侯景生了悖逆之心，先投靠西魏，后来又说尽好话投靠梁朝，企图容身。而梁朝君臣竟然幸灾乐祸，忘了道义，联结奸人，断绝了与邻邦的友好关系。侯景这样的卑鄙小人，一有机会还会兴风作浪。怕只怕楚国的猴子逃亡，灾祸延及林中树木，宋国城门失火，连累池中鱼儿遭殃，将来会使长江淮河流域、荆州扬州一带的无辜官员百姓遭受战争之苦……"

正如杜弼文中所说的一样，第二年八月，侯景发动了叛乱，造成梁朝多年政局动荡，使人民遭受战乱之苦。

城下之盟

【拼音】chéng xià zhī méng

【解释】指在敌方兵临城下时被迫签订的屈服的和约。

【成语故事】

绞国是春秋时期的一个小国，当时强大的楚国就是它的近邻。据《左传·桓公十二年》载，有一次，楚国侵略绞国，集中兵力攻打绞国国都的南门。绞国人坚决保卫，严守不出。楚军一时倒也攻它不下。莫敖（楚国官名）屈瑕说："绞国人轻率，缺乏计谋，我们可以采取诱骗的办法引诱他们出城。让我们的伙夫去打柴，故意不派士兵保护，他们见了一定会出来抓的。"带兵的将领，依计而行。绞国人果然出来，一下就抓去了三十个楚国人。第二天，绞国人更加大胆，争着从北门纷纷出城，追到山里去抓打柴的楚国人。楚军预先在山里设下埋伏，这时就一面堵住北门，一面伏兵齐起，把绞国打得大败。于是强迫绞国订立了"城下之盟"。

《左传·宣公十五年》记载的楚国攻打宋国的故事中，也有“城下之盟”这样的话。那时，宋国国都被楚军重重包围。城里的宋国人，既没有了吃的粮，也没有了烧的柴，很是恐慌。于是派华元趁黑夜悄悄潜入楚军主将子反的营帐，用非常强硬的口气，对子反说：“我们的国君叫我明白地告诉你：我们已经到了粮空柴尽的地步了。但是，你们如果以为趁此可以逼迫我们订立‘城下之盟’，把我们置于死地，那是绝对不可能的！……”子反见华元这么厉害，当即答应撤军，平等谈判，友好结盟。

乘风破浪

【拼音】chéng fēng pò làng

【解释】船只乘着风势破浪前进。比喻排除困难，奋勇前进。

【成语故事】

南北朝时，有个年轻人名叫宗悫（què），字元干。他从小就跟着父亲和叔叔舞剑弄棒，练拳习武，虽年纪不大，武艺却十分高强。

那一天正是他哥哥结婚的日子，家里宾客盈门，热闹非凡。有十几个盗贼也乘机冒充客人，混了进来。

正当前面客厅里人来人往、喝酒道贺之际，这伙盗贼却已潜入宗家的库房里开始偷东西。有个家仆去库房拿东西，发现了盗贼，大声惊叫着奔进客厅。

一时间，客厅里的人都惊呆了，不知如何是好。只见宗悫镇定自若，拔出佩剑，直奔库房。盗贼一见来了人，挥舞着刀枪威吓宗悫，不许他靠前。

宗悫面无惧色，举剑直刺盗贼，家人也呐喊助威。盗贼见势不妙，丢下抢得的财物，赶紧脱身逃跑了。

宾客见盗贼被赶走了，纷纷称赞宗悫机敏勇敢、少年有为。他的叔父宗炳问他将来长大后干什么，他昂起头，大声地说："愿乘长风破万里浪，干一番伟大的事业。"

果然，几年以后，当林邑王范阳迈侵扰边境，皇帝派交州刺史檀和之前往讨伐时，宗悫自告奋勇地请求参战，被皇帝任命为振武将军。

一次，檀和之进兵包围了区粟城里林邑王的守将范扶龙，命宗悫去阻击林邑王派来增援的兵力。宗悫设计，先把部队埋伏在援兵的必经之路，等援兵一进入埋伏圈，伏军立即出击，把援兵打得个落花流水。

就这样，宗悫替国家打了不少胜仗，立下许多战功，被封为洮阳侯。

乘兴而来

【拼音】chéng xìng ér lái

【解释】趁着兴致来到。

【成语故事】

王徽之是东晋大书法家王羲之的五儿子，生性高傲，不愿受人约束，行为豪放不羁。虽说在朝做官，却常常到处闲逛，不处理官衙内的日常事务。

后来，他干脆辞去官职，隐居在山阴（今浙江绍兴），天天游山玩水，饮酒吟诗，倒也落得个自由自在。

有一年冬天，纷纷扬扬的鹅毛大雪接连下了几天，到了一天夜晚，雪停了。天空中出现了一轮明月，皎洁的月光照在白雪上，好像到处盛开着晶莹耀眼的花朵，洁白可爱极了。

王徽之推开窗户，见到四周白雪皑皑，真是太美了，顿时兴致勃勃地叫家人搬出桌椅，取来酒菜，独自一人坐在庭院里慢斟细酌起来。他喝喝酒，观观景，吟吟诗，高兴得手舞足蹈。

忽然，他觉得此景此情，如能再伴有悠扬的琴声，那就更动人了。由此，他想起了那个会弹琴作画的朋友戴逵。

“嘿，我何不马上去见他呢？”

于是，王徽之马上叫仆人备船挥桨，连夜前往，也不考虑自己在山阴而戴逵在剡溪，两地有相当远的距离。

月光照泻在河面上，水波粼粼。船儿轻快地向前行，沿途的景物都披上了银装。王徽之观赏着如此秀丽的景色，如同进入了仙境一般。

“快！快！把船再撑得快点儿！”

王徽之催促着仆人，恨不能早点见到戴逵，共赏美景。

船儿整整行驶了一夜，拂晓时，终于到了剡溪。可王徽之却突然要仆人撑船回去。仆人莫名其妙，诧异地问他为什么不上岸去见戴逵。他淡淡地一笑，说：“我本来是一时兴起才来的。如今兴致没有了，当然应该回去，何必一定要见到戴逵呢？”

尺短寸长

【拼音】chǐ duǎn cùn cháng

【解释】“尺有所短，寸有所长”的省写形式，指由于应用不同，一尺有显得短的时候，一寸有显得长的时候。比喻人或物各有长处，也各有短处。

【成语故事】

爱国诗人屈原曾多次向楚王提忠告，但昏庸的楚王不仅不接受，反而听信谗言，把他流放到外地。屈原心烦意乱，请人卜卦。他对占卜人说：“对君王应该是真诚直言呢，还是虚假应酬？应为真理正义牺牲一切呢，还是奴颜婢膝、苟且偷生？应与天鹅比翼高飞呢，还是和鸡鸭去争食吃？……”占卜人被屈原的问题难住了，拱拱手说：“对不起，‘尺有所短，寸有所长’，神也有不灵的时候。你的问题我没法卜。”

赤膊上阵

【拼音】chì bó shàng zhèn

【解释】赤膊：赤裸着胳膊，也指光着上身。比喻不讲策略或毫无掩饰地做某事。

【成语故事】

东汉末年，朝政腐败，军阀割据，互相攻伐。割据凉州的军阀马腾，被曹操杀掉。马腾的儿子马超为报父仇，与西凉太守韩遂联合起来，出动数十万大军进攻曹操。双方在渭口一带对阵。第二天，两军出营布成阵势。马超挺枪纵马，与曹操的猛将许褚大战。两人战了一百多回合，不分胜负。因战马疲累不支，于是各回军中，换了匹马，又出阵战了一百多回合，胜负仍然不分。许褚杀得兴起，拍马回阵，卸下盔甲，露现突出的筋肉，赤着膊，提刀上马，来与马超决战。双方官兵大为震惊。两人又斗了三十余回合，许褚奋力举刀向马超砍去，马超闪过，挥枪向许褚心窝刺来。许褚扔下手中刀，用力夹住马超的枪，于是两人在马身上夺抢。许褚力大，咔嚓一声，扭断枪杆，两人各拿半截，在马上乱打。接着两军混战，曹军损伤大半，退回寨中坚守不出。马超退回渭口，对韩遂说："我看在恶战当中，再也没有比许褚不要命的了。他真是个'虎痴'啊！"

重蹈覆辙

【拼音】chóng dǎo fù zhé

【解释】蹈：踏。覆：翻。辙：车轮碾过的痕迹。重新走上翻过车的老路。比喻不吸取教训，再走失败的老路。

【成语故事】

东汉时，桓帝宠信宦官，导致宦官互相勾结，垄断朝政，陷害忠良。李膺和杜密等忠良大臣联合太学生郭泰等人竭力铲除宦官。公元166年，宦官们在桓帝面前诬告李膺等人造反，桓帝听信谗言，下令把李膺等忠良大臣关进大牢，人数多达几百人，这就是历史上有名的党锢之祸。

当时，窦武的女儿是皇后，窦武受封为侯爵，他为人正直，从不仗势欺人。看到宦官的胡作非为，十分愤慨，上书对桓帝说："如果再让宦官这样胡作非为下去，将会像秦朝二世一样，因为给宠臣太多的权力，导致宠臣造反作乱，最终失去江山，陛下可要吸取教训，千万别重蹈覆辙呀！"桓帝经过窦武提醒，认识到自己的错误，于是就放了李膺等人，结束了党锢之祸。

踌躇满志

【拼音】chóu chú mǎn zhì

【解释】踌躇：从容自得的样子。形容对自己的现状或取得的成就非常得意。

【成语故事】

战国时候，有个厨师宰牛的技术非常高超。有一次，他给梁惠王宰牛，梁惠王见他宰得又快又好，惊奇地问道："你的技术是怎么达到这个地步的呢？"

厨师回答："我开始学宰牛时，眼里只看到整个牛，不知道从哪里下刀才好。后来经过摸索，我才逐渐掌握了牛的身体结构，哪里有肌肉，哪里有筋脉，哪里是骨头，哪里是骨节间的缝隙，心里都弄得清清楚楚了。这样，我再宰牛就顺骨缝进刀，慢慢转动那薄薄的刀刃，宰起来就觉得不费什么力气，骨缝里面还挺宽余呢（原文是'恢恢乎，其于游刃必有余地矣'）！所以我的刀子用了十九年，宰了几千头牛，可还像是新磨出来的一样。"

厨师又说："即使这样，遇到那些筋骨交错，非常难办的地方，我还是非常重视的。不过，当我宰完一头牛之后，我会提起刀来，向四周看看，那时候我真是感到痛快，感到心满意足啊（原文是'提刀而立，为之四顾，为之踌躇满志'）！"

梁惠王听了，连连称赞说："我听了你的话，也受到很大启发啊！"

这是"庖丁解牛"的故事（"庖丁"是指厨师）。

这个故事产生了两个成语。一个是"游刃有余"。"游"是运转；"刃"是刀刃。现在一般用来比喻工作熟练，经验丰富，解决问题毫不费力。另一个成语就是这里讲的"踌躇满志"。

出类拔萃

【拼音】chū lèi bá cuì

【解释】出：超过。类：同类。拔：超出。萃：草丛生的样子。比喻超出同类。

【成语故事】

孟子，名轲，字子舆，邹国（今山东邹城东南）人，是孔子的孙子子思的再传学生。他继承了孔子的学说，是战国时期伟大的思想家、教育家。

有一天，孟子的学生公孙丑问孟子："老师，古代的伯夷、伊尹同孔子差不多吧？"

孟子说："孔子的学生有若曾这样说过：'凡是同类的都可以相比较，如麒麟同其他走兽比，凤凰同其他飞鸟比，泰山同其他丘陵比，河海同水洼细流比，而前者都远远超过了后者。'圣人和其他人也是同类，但圣人已远远超出、高过其他人了（出于其类，拔乎其萃）。自有人类以来，没有人比孔子更伟大了。"

出奇制胜

【拼音】chū qí zhì shèng

【解释】奇：奇兵，奇计。制胜：取胜。出奇兵战胜敌人。比喻用对方意料不到的方法取得胜利。

【成语故事】

齐湣王是个骄傲、只喜欢享乐的人，因此人民生活得很苦，于是齐国的邻国——燕国便派大将联合另外几个国家一同进攻齐国。齐国百姓恨透了齐湣王，因此都无心抗敌，士气也非常低落。后来，他们看到燕兵奸淫掳掠，想到国仇家恨无法报，心里非常难过，于是逃往莒城和即墨誓死抵抗。

燕军攻了几年，一直都没有攻下莒城，只好转攻即墨。即墨城中的守军知道大将田单是位足智多谋的勇士，很擅于攻略，于是就推举他为守城的大将军。聪明的田单想出了一个新的计谋，叫火牛阵。他先叫城内的商人，拿着金银珠宝偷偷送到燕军将领手中，并且要他们假装投降，说："即墨城中的守军兵力不够，快要投降了，这些珠宝献给你们，请求大人您入城之后千万别杀我们！"燕军一听，以为即墨城里的齐军已经准备投降，一高兴就放松了警戒。

没想到田单从城里收集来一千多头牛，并且将这些牛都披上五彩龙纹衣，双角上绑着尖刀，尾巴上绑着草，在一个月黑风高的夜晚，他一声令下，部属们用火把点着牛尾巴上的草，牛被火烧到之后，就拼命往前跑。燕军从睡梦中惊醒，看到这一大群五彩怪兽，吓得惊慌失措，四处乱逃。有被牛撞死的、踢死的，也有被齐兵砍死的。田单又乘胜追击，最后收复了被燕军占领的七十多个城邑。

从善如流

【拼音】cóng shàn rú liú

【解释】从：听从。善：好的，正确的。如流：好像流水向下般迅速。形容能迅速地接受别人的好意见。

【成语故事】

郑国是春秋时的小国，为了防御楚国，和晋国签订了盟约。结盟的第二年，楚国即发兵进犯郑国。晋国与郑国有约，便派兵救援，路上与楚军相遇，楚军不战而退。晋将赵同等人主张乘机攻占楚国的蔡地。他们催请栾书元帅下令行动，但中军佐荀首不让栾书元帅发兵，说："楚军已撤，郑国转危为安，我们就不应进攻楚国了。"栾书元帅觉得有理，毅然命令大军撤回晋国。

对此，《左传》称赞栾书的举动是"从善如流，宜哉"！

D

打草惊蛇

【拼音】 dǎ cǎo jīng shé

【解释】 打草惊了草里的蛇。原比喻惩罚了甲而使乙有所警觉。后多比喻做法不谨慎，反使对方有所戒备。

【成语故事】

唐朝的时候，有一个名叫王鲁的人，他在衙门做官时，常常接受贿赂，不遵守法规。有一天，有人递了一张状纸到衙门，控告王鲁的部下违法，收受贿赂。王鲁一看，状纸上所写的各种罪状，和他自己平日的违法行为一模一样。王鲁一边看着状纸，一边发抖："这……这不是在说我吗？"

王鲁愈看愈害怕，都忘了状纸要怎么批，居然在状纸上写下了八个大字"汝虽打草，吾已蛇惊"。意思就是说你这样做，目的是为了打地上的草，但我就像是躲在草里面的蛇一样，可是被吓了一大跳！

后来，大家就根据王鲁所写的这句"汝虽打草，吾已蛇惊"，引申出"打草惊蛇"这个成语。

大材小用

【拼音】dà cái xiǎo yòng

【解释】把大的材料当成小的材料用。比喻使用不当，浪费人才。

【成语故事】

辛弃疾是南宋杰出的词人。他坚决主张抗金，反对求和，但遭到了朝廷奸臣的排挤，最终被罢官。经过长期隐退后，朝廷又重新起用他，任命他为浙东安抚使兼绍兴知府，与同住绍兴的诗人陆游结为了好友。

不久，宋宁宗赵扩召辛弃疾到京城临安，让他谈谈对北伐抗金的意见和对策。陆游听到这个消息，为辛弃疾能实现自己的抱负感到很高兴，挥笔写了一首长诗相送好友。诗中写道："大材小用古所叹，管仲萧何实流亚。"意思是说：辛弃疾现在只做个浙东安抚使实在是大材小用，让人感到十分叹息。

大公无私

【拼音】dà gōng wú sī

【解释】指办事公正，没有私心。现多指从集体利益出发，毫无个人打算。

【成语故事】

春秋时，晋平公有一次问祁黄羊："南阳县缺个县长，你看，应该派谁去当比较合适呢？"祁黄羊毫不迟疑地回答说："叫解狐去最合适了。他一定能够胜任的！"平公惊奇地问他："解狐不是你的仇人吗？你为什么还要推荐他呢？"祁黄羊说："你只问我什么人能够胜任，谁最合适，你并没有问我解狐是不是我的仇人呀！"

于是，平公就派解狐到南阳县去上任了。解狐到任后，替那里的人办了不少好事，大家都称颂他。

过了一些日子，平公又问祁黄羊说："现在朝廷里缺少一个法官。你看，谁能胜任这个职位呢？"祁黄羊说："祁午能够胜任。"平公又奇怪了，问道："祁午不是你的儿子吗？你怎么能推荐你的儿子呢，不怕别人讲闲话吗？"祁黄羊说："你只问我谁可以胜任，所以我推荐了他，你并没有问我祁午是不是我的儿子呀！"于是，平公就派了祁午去做法官。祁午当上了法官，替人们办了许多好事，很受人们的欢迎与爱戴。

孔子听到这两件事，称赞了祁黄羊。孔子说："祁黄羊说得太好了！他推荐人，完全是拿才能做标准，不因为他是自己的仇人，存心偏见，便不推荐他；也不因为他是自己的儿子，怕人议论，便不推荐。像黄祁羊这样的人，才够得上说大公无私啊！"

大逆不道

【拼音】dà nì bù dào

【解释】逆：叛逆。道：指封建道德。旧时统治阶级对破坏封建秩序的人所加的重大罪名。现泛指叛逆而不合乎正道。

【成语故事】

秦朝末年，继陈胜、吴广揭竿而起以后，不少英雄豪杰和诸侯也都纷纷起兵抗秦。其中势力最大的要算刘邦和项羽领导的两支队伍了。陈胜、吴广死后，原来六国的一些贵族各抢各的地盘，秦将章邯、李由等则趁机打击起义军，予以各个击破。这时，项羽的叔父项梁召开会议，让大伙推选一位楚王，以便统一领导抗秦的力量。找来找去，找到了楚怀王的一个十三岁的孙子，于秦二世二年（公元前 208 年），立为楚王，也称为楚怀王。当时，包括项羽、刘邦在内，各路反秦军队的将领在表面上服从楚王的领导，楚王也和大家约好，谁先进秦都咸阳谁就为王。后来，刘邦先进了咸阳，项羽对此不甘心，想借楚王的命令改变原来的盟约，谁知一请示楚王，得到的回答是："照前约，谁先进关谁做王。"项羽一听火了，就夺了楚王的实权，尊他为义帝。后来，项羽干脆指使人把楚王杀了。

不久，刘邦兴兵攻打项羽。当时，有一个被人称为董公的三老（县或乡中管理教化的老年人）对刘邦说，打项羽得找个名目，并给刘邦出主意说，可借义帝被杀这件事做点文章。刘邦一听有道理，于是就大举为义帝发丧，并且派人告诉各路诸侯说："义帝是大家立的，现在项羽指使人谋杀了义帝，真是大逆不道，我愿意和你们一道去征伐杀害义帝的人。"

大器晚成

【拼音】dà qì wǎn chéng

【解释】大器：比喻大才。指能担当重任的人物要经过长期的锻炼，所以成就较晚。也用作对长期不得志的人的安慰话。

【成语故事】

东汉末年，有个叫崔琰的人，从小就喜欢舞枪弄棒，不喜欢读书，到了二十多岁才开始拜师学习。崔琰很聪明，再加上他学习很刻苦，后来成为一个能文能武的人。崔琰有个堂弟叫崔林，年轻时不爱说话，看起来呆头呆脑的，所以有许多人都瞧不起他，说他将来不会有什么出息。崔琰却说："才能大的人需要很长时间才能显露出来，等崔林年纪再大些，他肯定能成大器的。"后来，崔林果然在魏文帝时做了司空，并被封为安阳亭侯。

大义灭亲

【拼音】dà yì miè qīn

【解释】大义：正义，正道。亲：亲属。为了维护正义，对犯罪的亲属不徇私情，使其受到应得的惩罚。

【成语故事】

春秋时期，卫国的州吁杀死了哥哥卫桓公，自立为国君。

州吁驱使百姓去打仗，激起人民不满。他担心自己的王位不稳固，就与心腹大臣石厚商量办法。

石厚就去问他的父亲（卫国的大臣石碏），怎样巩固州吁的统治地位。石碏对儿子说：“诸侯即位，应得到周天子的许可，若得许可，他的地位就能巩固。”石厚说：“州吁是杀死哥哥谋位的，要是周天子不许可，怎么办？”石碏说：“陈桓公深受周天子的信任，陈、卫两国又是友好邻邦……”石厚没等父亲把话说完，抢着问：“你是说去请陈桓公帮忙？”石碏连连点头。

州吁和石厚备了许多礼物，却被陈桓公扣留了。原来，这是石碏的安排。

卫国派人去陈国，将州吁处死。卫国的大臣们认为石厚是石碏的儿子，应该从宽。但石碏派自己的家臣到陈国去，把石厚杀了。史官认为石碏杀了儿子是大义灭亲。

呆若木鸡

【拼音】dāi ruò mù jī

【解释】呆：傻，发愣的样子。呆得像木头鸡一样。形容因恐惧或惊异而发愣的样子。

【成语故事】

纪渻子是春秋时训练斗鸡的行家，由于他的名声太响亮了，于是齐王就把他找来训练斗鸡。

十天之后，齐王问他："斗鸡现在训练得怎样了？"纪渻子回答说："鸡的性情高傲，时候还不到。"又过了十天，齐王来问他："这回斗鸡该训练好了吧？"纪渻子回答说："不行，它很容易受外部声音和影像的影响。"又过了十天，齐王又来问。纪渻子回答说："还没有，它现在还不能沉住气呢。"又过了十天，纪渻子告诉齐王斗鸡训练好了。那只斗鸡非常厉害，别的鸡对它叫，它已能不为所动，看起来像只木鸡，高深莫测，别的鸡都不敢来战，掉头就逃。

当局者迷，旁观者清

【拼音】dāng jú zhě mí，páng guān zhě qīng

【解释】迷：糊涂，迷惑。比喻当事人往往因对利害得失的考虑太多，认识不客观，反倒不及旁观的人看得清楚。

【成语故事】

唐朝有位很有学问的人，名叫元澹，字行冲。他撰写的《魏典》三十篇，受到当时许多学者的称赞。有一次，一位大臣上疏唐玄宗，请求把唐初名相魏征修订、整理的《类礼》列为儒家经典。唐玄宗觉得这个主意好，便命元行冲等人仔细校核，再加上注解。

过了一个时期，元行冲完成了任务，把魏征的本子编成五十篇，并加了注解，呈送给玄宗。不料右丞相张说对这样的做法有不同意见，他认为，戴圣的《礼记》本子使用到现在已数百年，东汉的郑玄也为它加了注解，为什么要改用魏征的本子呢？玄宗觉得他说得也有道理，便改变了主意。但元行冲认为本子还是改换一下为好，他写了一篇文章，起名《释疑》，用来表明自己的观点，这篇文章是采用客人和主人对话的形式写成的。

客人问："《礼记》这部书，究竟哪个编得好？"

主人答："戴圣编的本子，从西汉到现在，已经过许多人的修订、注解，矛盾之处很多。魏征考虑到这个情况，对它进行了修订、整理，哪知那些墨守成规的人竟会反对！”

客人说：“就像下棋一样，下棋的人反而迷糊，旁观者倒看得清楚。”

当务之急

【拼音】dāng wù zhī jí

【解释】当务：指应当办理的事。当前任务中最急切要办的事。

【成语故事】

有一次，孟子的弟子问道：“现在要知道和要去做的事情很多，究竟应该先知道些什么和做些什么？”孟子回答说：“有智慧的人无所不知，但要知道当前应该做的事中最急需办的事，而不要面面俱到。比如仁德是人们无所不爱的，但应先爱亲人和贤者。又比如古代的圣主尧和舜，尚且不能认识所有的事物，因为他们必须急于做当前最重要的事情。尧舜的仁德也不是爱一切人，因为他们急于爱的是亲人和贤人。”接着，孟子又从反面来回答这个问题：“父母死了，不去服三年的丧期，却对服三个月、五个月丧期的礼节很讲究；在长者面前用餐没有礼貌地狼吞虎咽，咕咚咕咚地喝汤，却去讲什么不能用牙齿咬断干肉，等等。这就是舍本逐末，不知道当前最需要知道和要做的是什么。”

道听途说

【拼音】dào tīng tú shuō

【解释】路上听来的、路上传播的话。泛指没有根据的传闻。

【成语故事】

明朝屠本畯编的笑话集《艾子外语》里有一则故事：一天，毛空告诉艾子："一只鸭子一次生了一百个蛋。"艾子不相信。毛空又说："是两只鸭子生的。"艾子还是不相信。毛空又说是三只鸭子生的，艾子仍不相信……这样，最后一直增加到十只鸭子，艾子还是不信。过了一会儿，毛空又告诉艾子："上个月天上掉下一块三十丈长、二十丈宽的肉。"艾子也不信，毛空又缩短到二十丈长、十丈宽，艾子依然不信。艾子问毛空："你刚才说的鸭子是谁家的？肉又掉到什么地方了？"毛空说："我说的话都是在路上听别人讲的。"于是，艾子对他的学生们讲道："你们可不要像毛空那样道听途说！"

得过且过

【拼音】dé guò qiě guò

【解释】且：暂且。只要能够过得去，就这样过下去。形容过一天算一天地混日子，也常常形容工作马马虎虎，敷衍了事。

【成语故事】

传说五台山上有一种鸟叫寒号虫，它长有一对肉翅，但不能飞。每当夏天来临，它的毛就变得绚丽斑斓，这时它就展开翅膀，自鸣得意地叫道："我真美丽！我真美丽！"秋天，很多鸟都忙着做窝避寒时，它却满不在乎地跳着唱着。到了深冬季节，它的毛脱落了，美丽的外表顿时消失，晚上只好缩在石缝里，浑身哆嗦。但当早上太阳出来，它又会自我安慰说："得过且过，得过且过。"

得陇望蜀

【拼音】 dé lǒng wàng shǔ

【解释】 陇：指甘肃一带；蜀：指四川一带。已经取得陇右，还想攻取西蜀。现比喻贪得无厌。

【成语故事】

东汉初年，有两个反对光武帝的地方势力，一个是割据巴蜀的公孙述，一个是称霸陇西的隗嚣。公元 32 年，大将军岑彭随光武帝亲征陇西的隗嚣，将其围困在西城，把公孙述的援兵也包围了起来。光武帝见一时攻破不了城池，就留了一封诏书给岑彭，自己先回京城去了。岑彭接到诏书一看，上面写着：如果攻占了陇地，便可率军攻打蜀地的公孙述。人总是不知足的，我也一样，已经得到陇地，又希望得到蜀地。

点石成金

【拼音】diǎn shí chéng jīn

【解释】比喻修改文章时稍稍改动原来的文字，就使它变得很出色。

【成语故事】

传说，晋朝的旌阳县曾有过一个道术高深的县令，叫许逊。他能施符作法，替人驱鬼治病，百姓见他像仙人一样神，就称他为许真君。

一次，由于年成不好，农民缴不起赋税。许逊便叫大家把石头挑来，然后施展法术，用手指一点，使石头都变成了金子。这些金子补足了百姓们拖欠的赋税。

雕虫小技

【拼音】diāo chóng xiǎo jì

【解释】雕：雕刻。虫：指鸟虫书，古代汉字的一种字体。比喻小技或微不足道的技能。

【成语故事】

唐朝的时候，有一个叫韩朝宗的人，为人非常热心，常常帮助一些年轻人找到好差事，大家都非常尊敬他。有一天，一个名为李白的年轻人写了一封信给韩朝宗，请他帮忙介绍差事，信的最后写道："恐雕虫小技，不合大人。"意思是说，恐怕我写的文章，只是一些微不足道的小伎俩，不够让大人欣赏。这个谦虚的年轻人，后来成为一位大名鼎鼎的诗人！

东施效颦

【拼音】dōng shī xiào pín

【解释】效：仿效。颦：皱眉头。比喻胡乱模仿，效果极差。

【成语故事】

西施是中国历史上的"四大美女"之一，是春秋时期越国人。她的一举一动都十分吸引人，只可惜她的身体不好，有心痛的毛病。有一次，她在河边洗完衣服准备回家，在回家的路上，突然胸口疼痛，她就用手抚住胸口，紧皱眉头。虽然她的身体非常难受，很不舒服，但是看到她的村民们却都在称赞，说她这样比平时更美了。

同村有位名叫东施的女孩，长得并不好看。她看到村里的人都夸赞西施用手抚住胸口的样子很美，于是也学着西施的样子抚住胸口，紧皱眉头，在人们面前慢慢地走动，以为这样就会有人称赞她。她本来就长得不好看，再加上刻意地模仿西施的动作，装腔作势的怪样子，让人看了更加厌恶了。有人看到之后，赶紧关上大门；有些人则是急忙拉妻儿躲得远远的，他们比以前更加瞧不起东施了！

东施只知道西施皱着眉的样子很美，却不知道这是因为西施本身就漂亮，结果刻意地去模仿她，给后人留下了“东施效颦”的笑话。

短兵相接

【拼音】 duǎn bīng xiāng jiē

【解释】 短兵：刀剑等短兵器。接：交战。指近距离搏斗。比喻面对面地进行激烈的斗争。

【成语故事】

楚汉相争初期，刘邦趁项羽大军在山东一带作战的有利时机，率领汉军攻占了楚都彭城。见自己的后方告急，项羽立即挥师南下，包围了彭城。两军激战，刘邦大败，只得弃城而逃。楚将丁公紧追不舍，追到彭城以西不远的地方就和刘邦的人马交上手了。由于双方是近距离搏斗，所以不能用弓箭这样的远射兵器，只能用刀、剑等短兵器厮杀。结果，刘邦渐渐支持不住了，眼看死到临头，他一边逃，一边回头向丁公求情，希望放他一条生路。丁公出于义气，最终停止了追赶。

对症下药

【拼音】 duì zhèng xià yào

【解释】 针对病症用药。比喻针对事物的问题所在，采取有效的措施。

【成语故事】

华佗是东汉末年著名的医学家，他精通内、外、妇、儿、针灸各科，医术高明，诊断准确，在我国医学史上享有很高的地位。

华佗给病人诊疗时，能够根据不同的情况，开出不同的处方。

有一次，州官倪寻和李延一同到华佗那儿看病，两人诉说的病症相同：头痛发热。华佗分别给两人诊了脉后，给倪寻开了泻药，给李延开了发汗的药。

两人看了药方，感到非常奇怪，问："我们两人的症状相同，病情一样，为什么吃的药却不一样呢？"

华佗解释说："你俩相同的只是病症的表象。倪寻的病因是由内部伤食引起的，而李延的病因却是由于外感风寒，着了凉引起的。你们两人的病因不同，我当然得对症下药，给你们用不同的药治疗了。"

倪寻和李延服药后，没过多久，病就全好了。

多多益善

【拼音】duō duō yì shàn

【解释】益：更加。越多越好。

【成语故事】

汉高祖刘邦做了皇帝以后，不但解除了大将军韩信的兵权，还把他的封爵从王降到侯。一次，刘邦与韩信谈论各个将领的本领，问："像我这样的人能带多少兵？"韩信说："不过十万人。"刘邦又问："那么你呢？”韩信回答：“我是多多益善，越多越好。”刘邦笑着说：“既然你的本领比我大，怎么被我制服了？”韩信说：“你不会带兵，但擅长统帅将领。”

E

恶贯满盈

【拼音】è guàn mǎn yíng

【解释】贯：穿钱的绳子。盈：满。罪恶之多，犹如穿线一般已穿满一根绳子。形容罪大恶极，到受惩罚的时候了。

【成语故事】

商朝末年，商纣王暴虐无道，激起老百姓极大的愤慨，就连诸侯们也看不过，认为他不像一个治国之君。当时有一个诸侯叫姬昌，他主张实施仁政，反对纣王的暴政，纣王便把他抓了起来。姬昌逃出来后，诸侯都去归附他。后来他的儿子姬发即位，便联合诸侯起兵讨伐商纣王。大军渡过黄河，向商都进发，在牧野与纣王的军队交战，打了一场大仗。由于姬发所率的是仁义之师，深得老百姓的欢迎，百姓因而给予了很大的支持，而老百姓对纣王的军队却是深恶痛绝的。结果纣王打了败仗，最后自焚而死，商朝也随之灭亡了。

姬发领兵进攻纣王之前，曾对全军发表演讲，列举了商纣王的种种罪行，说商纣王所做的坏事已经到头了，他罪大恶极，其罪行可以像穿铜钱一样穿满一根绳子，应该受到惩罚，并号召大家齐心协力，为民除害。

尔虞我诈

【拼音】ěr yú wǒ zhà

【解释】尔：你。虞、诈：欺骗。表示彼此互相欺骗。

【成语故事】

春秋时，楚庄王率领军队攻打宋国，因久攻不下，决定撤军。这时，替庄王驾车的申叔时建议说："我们如果在宋国的土地上建房种田，表示要长久地驻扎下去，宋国就会屈服的。"宋国得知楚军的动态后，派大臣华元前去告诉楚军主将子反："虽然我们已经到了无粮可食，无柴可烧的地步，但绝不会听命于你们的。"最后，两国达成和解，签订了盟约。盟约中写道：楚军后退三十里，两国和平相处，我无尔诈，尔无我虞（保证两国互不欺骗）。

F

方寸已乱

【拼音】fāng cùn yǐ luàn

【解释】心已经乱了。

【成语故事】

三国时期，徐庶曾做过刘备的谋士。他多谋善断，料事如神，深得刘备的信赖。

一次，徐庶识破曹操的八门金锁阵，大败曹军。曹操的将领曹仁不服输，深夜起兵去新野劫寨。徐庶早有所料，待曹仁离开樊城时就乘虚而入。结果，樊城失守，曹仁败退许昌，愧对曹操。曹操说："必有能人为刘备谋划！"后来，曹操探得是徐庶，便想把他骗到许昌留在自己身边。他们摹仿徐庶母亲的笔迹写信给徐庶，徐庶见信得知老母被关押在许昌，只好挥泪告别刘备。徐庶说："今已失老母，方寸乱矣，无益于事，请从此别！"然后把隐居在卧龙岗的诸葛亮推荐给了刘备。

方寸之地

【拼音】fāng cùn zhī dì

【解释】指人心。

【成语故事】

春秋时期，道家学者龙叔去请教宋国名医文挚。龙叔讲述自己的病情：他对荣誉与指责是无动于衷的，财物得失他也不以为然，生死、贫富、物我皆视同一物不加区别，感情也不能左右他。不知这是什么病，如何能医。文挚便让龙叔背朝光亮站着，他在后面顺着光线仔细观察他一番，忽然惊喜地说："你的方寸之地已经空虚，你几乎是圣人了。"

防微杜渐

【拼音】fáng wēi dù jiàn

【解释】微：微小。杜：堵住。渐：指事物的开端。比喻在坏事情、坏思想萌芽的时候就加以制止，不让它发展。

【成语故事】

东汉和帝时，窦太后亲临朝政，太后的兄长窦宪掌握大权，官员们争着逢迎巴结，因此政局混乱不堪。窦氏家族仗势横行乡里，鱼肉百姓，没有人敢揭发他们的恶行。当时的司徒丁鸿借着日食出现的机会，向和帝密奏说："太阳是君王的象征，月光是代表臣子的。日食出现，象征臣子侵夺君王的权力，陛下千万要小心。据史书记载，日食出现过三十六次，国君被臣子杀死的有三十二人，都是因为臣子的权力太大了！"他控诉窦宪仗着太后的权势，包揽朝政，独断专行，连皇帝也不放在眼里。接着他又说："日食的出现，是上天在警诫我们，我们就应该注意避免危害国家的灾祸发生。穿破岩石的水，一开始都是涓涓细流，遮天蔽日的大树，也是由刚露芽的小树苗长成的。人们常忽略了微小的事情，最终造成祸患。如果陛下能亲自处理朝政，从小地方着手，在祸患还在萌芽的时候消除它，这样就能够安定汉室王朝，国泰民安。”

汉和帝听从了丁鸿的建议，革掉窦宪的官职，消减窦氏家族的势力。朝廷除去了隐患，国势便开始有了好转。

飞蛾扑火

【拼音】fēi é pū huǒ

【解释】飞蛾扑到火上，比喻自取灭亡。

【成语故事】

南朝梁时，朝廷大臣到溉的孙子到荩，从小就非常聪明，而且擅长写诗作文，深得梁武帝的赏识。一次，到溉和到荩随梁武帝游览京口的北固楼。梁武帝边观景，边让到溉作诗，到溉很快就写好了。梁武帝看后和到溉开玩笑说：“你的文章是不是孙子代写的？”并为到溉写了一首诗，大意是：到溉一生辛苦，像飞蛾扑火一样，为了照亮他人，自己焚身也毫不吝惜，毫不保留地贡献着一切，如今已经年老，可让到荩接替爷爷了。

飞黄腾达

【拼音】fēi huáng téng dá

【解释】飞黄：传说中的神马名。腾达：上升。形容骏马奔腾飞驰。后来指骤然得志，官职升得很快。

【成语故事】

唐朝文学家韩愈为勉励自己的儿子韩符好好读书，写了首题为《符读书城南》的诗。诗中大意为：有两个邻居，他们的孩子都灵巧可爱。由于一个好学，一个不爱读书，渐渐就分出高低了。到二十来岁时，他们的区别就如清水沟和污水渠一样明显。当三十而立时，一个就像龙，在官场上飞黄腾踏（如神马飞腾直上），连连升迁；而另一个还像癞蛤蟆一样在地上爬。

飞鸟惊蛇

【拼音】fēi niǎo jīng shé

【解释】像飞鸟入林，受惊的蛇窜入草丛一样。形容草书自然流畅。

【成语故事】

唐代有一个和尚，被人们称为“释亚楼”。在久居寺庙、烧香念经的生活中，别的和尚空闲时就偷偷下棋、睡觉，而释亚楼却买来砚墨笔纸练习书法。有时深更半夜，他还在苦苦练习。一年年过去，他写字的功夫越来越深，许多烧香拜佛的人来请他写字，他都一一答应。他的草书，写得尤其飘逸奔放。有人问他："草书怎样算好？"释亚楼写了八个字："飞鸟出林，惊蛇入草！"意思是说字体飘逸像小鸟飞翔，笔势遒劲像蛇受到了惊吓。

废寝忘食

【拼音】fèi qǐn wàng shí

【解释】废：停止。顾不得睡觉，忘记了吃饭。形容专心努力。

【成语故事】

孔子是春秋末期的思想家、政治家和教育家，是儒家的创始人。

孔子年老时，开始周游列国。在他六十四岁那年，来到了楚国的叶邑（今位于河南叶县）。

叶邑的沈诸梁热情接待了孔子。沈诸梁人称叶公，他只听说过孔子是个有名的思想家、政治家，教出了许多优秀的学生，但对孔子本人并不十分了解，于是向孔子的学生子路打听孔子的为人。

子路虽然跟随孔子多年，但一时却不知怎么回答，就没有作声。后来，孔子知道了这事，就对子路说："你应该这样回答他：孔子的为人呀，努力学习而不厌倦，甚至忘记了吃饭，自得其乐，忘记了忧愁，甚至忘记了自己的年纪，不知衰老将要来了。"

分崩离析

【拼音】fēn bēng lí xī

【解释】崩塌解体，四分五裂。形容国家或集团分裂瓦解。

【成语故事】

春秋时，鲁国的正卿季康子住在费邑，他虽然名位是卿大夫，但权势极大，甚至超出当时的国君鲁哀公。季康子为了进一步扩大和巩固自己的统治权力，想攻伐附近的一个叫颛臾的小国，把它并吞过来。

孔子的学生冉有和子路当时都是季康子的谋臣，他俩觉得很难劝谏季康子，于是向孔子求教。孔子却怀疑这是冉有的主意。冉有说："这是季康子的主意，我和子路都想制止他。"

孔子说："你俩既然辅佐季康子，就应该尽力劝阻他。"

冉有又说："不过，如今颛臾的国力越来越强大。现在不攻取，以后可能会成为祸患。"

孔子说："这话不对！治理一个国家，不必去担忧土地、人口的多少，而应该多去想想怎样使百姓安居乐业。百姓一安定，国家就会富强。这时再施行仁义礼乐的政教来广泛招致远方的百姓，让他们能安居乐业。而你们俩辅佐季康子，使得远方的百姓离心而不来归附，人民有异心而不和，国家分裂而不能守住。在自己的国家处于分崩离析的情况下，还想用武力去攻伐颛臾，恐怕季康子的麻烦不在颛臾，而在萧墙之内。”

“萧墙”是国君宫门前的照壁。孔子的意思是季康子的麻烦在内部而不在外部。在这个故事中还引申出另一个成语“祸起萧墙”，形容内部发生祸乱。

分庭抗礼

【拼音】fēn tíng kàng lǐ

【解释】庭：庭院。抗礼：平等行礼。原指宾主相见，分别站在庭院的两边，相对行礼。现指双方平起平坐，实力相当，可以抗衡了。

【成语故事】

有一天，孔子领着学生在河边游玩，碰见一位很有智慧的渔翁，于是孔子虔诚地向他求教，说：“我从小读书求学，至今已经六十九岁了，还没有听到高深的教诲，今天碰到您这样的圣人，怎敢不虚心求教呢？”渔翁被孔子的诚心所感动，就讲了一大套有关政治哲学及人生修养等方面的道理，孔子深感佩服，要求渔翁收自己为徒。渔翁拒绝了孔子的请求。渔翁走后，几个学生请孔子上车，孔子呆呆地望着渐渐远去的船，一动不动。一个学生实在不平，忍不住说道：“先生今天真是太过分了，连那些拥有万乘战车的天子、千乘战车的诸侯，您都和他们平起平坐，可是对一个渔翁，您却这样毕恭毕敬。”

风吹草动

【拼音】fēng chuī cǎo dòng

【解释】风稍微一吹，草就摇晃。比喻微小的变动。

【成语故事】

春秋时期，楚平王杀了大臣伍奢，又追捕伍奢的二儿子伍员（伍子胥）。伍员得到凶讯立即乔装改扮，直奔昭关，准备到吴国去。可是，昭关已有重兵把守，伍员出不了关。正在走投无路之际，伍员巧遇父亲的好朋友东皋公。伍员在东皋公家吃不下饭，睡不着觉，一夜间熬得须发全白。后来，伍员在东皋公的帮助下，终于混出关去。

伍员逃到一条大河边，他怕追兵赶来，就隐藏在芦苇丛中。过了一会儿，他见一只渔船溯水而来，急忙叫道："渔夫，渔夫，快快渡我！"渔翁见他气度不凡，就问他的真实姓名，伍员照实说了。渔翁很同情他，不仅帮他渡过大河，还拿来麦饭、鱼羹给他吃。

唐人在《伍子胥变文》中形容伍子胥逃亡时，一路潜藏踪迹，怕被发现，一有任何"风吹草动"，便赶忙藏起来。

风声鹤唳

【拼音】fēng shēng hè lì

【解释】唳：鹤叫声。听到风声鹤鸣都非常惊恐。形容惊慌失措，或自相惊扰。

【成语故事】

西晋末年发生内乱，因为长期动荡不安，最后不幸灭亡，琅邪王司马睿在建康称帝建立东晋。晋朝渡江来到南方，胡人就霸占了北方，不过，北方后来被前秦全部占领，与江南的东晋对立。

当时前秦的首领叫苻坚，他请汉人王猛当他的宰相，一心要让国家变得强盛。为了完成统一中原的心愿，苻坚带着约九十万大军攻打南方。晋朝的君臣一听到消息都非常害怕，只有丞相谢安十分镇定，从容不迫地安排打仗的事情。

就在淝水这个地方，谢安趁前秦军队还没集合好，迅速派兵渡河去偷袭前秦的军队。前秦因此输得很惨，士兵到处逃命，听到风声或鹤叫的声音，都以为是晋军要打来了，非常地害怕。在这场战役中，前秦的士兵伤亡惨重，这次战役决定了日后南北长期对峙的局面。

风烛残年

【拼音】fēng zhú cán nián

【解释】风烛：被风吹的蜡烛，容易熄灭。残年：残余的岁月。比喻人到了接近死亡的晚年。

【成语故事】

刘因，元朝初年人。他非常聪敏，写得一手好文章，并且肯下功夫读书，著作有《静修集》和《四书集义精要》等。在他幼年时父亲就去世了，他一向对母亲很孝顺，长大以后，曾在朝廷做右赞善大夫。后来因为母亲生病，才辞官返回家乡侍奉母亲。不久，朝廷又叫他去做官，他却不愿意再去了。有人问他，为什么要放弃这个做官的机会呢？他回答说："我的母亲已经九十岁了，就好像是风中残烛，朝不保夕，我怎么可以远行，去贪图那些荣华富贵呢？"

奉公守法

【拼音】fèng gōng shǒu fǎ

【解释】奉：奉行。公：公务。奉公行事，遵守法令。形容办事守规矩法度。

【成语故事】

赵奢原来是一名征收田赋的下层官员，是个办事公平而且非常严格的人。有一次，相国平原君家的人不缴租税，赵奢就杀了平原君家的九个管事人。平原君知道后很生气，下令要杀他。赵奢不但一点儿都不害怕，还义正词严地对他说："虽然您在赵国权势非常显赫，但是您的管家却拒绝缴纳赋税，这样不仅会损害到国家的利益，而且还会严重影响国家的威信。要是大家都这样，赵国就会慢慢衰落下去，早晚会被其他国家灭亡。以您现在这样高的地位，如果能够带头遵守法令，那么赵国就会强大起来，您也会更加受到大家的尊重。"平原君觉得赵奢说得很有道理，不但没有杀他，而且还把他推荐给了赵王，让他担任更高的官职。

釜底抽薪

【拼音】fǔ dǐ chōu xīn

【解释】釜：古代的一种锅。薪：柴。把柴火从锅底抽掉。比喻从根本上解决问题。

【成语故事】

南北朝的时候，东魏大将军侯景举兵反叛，遭到朝廷军队的攻打。侯景于是向江南的梁武帝萧衍投降，请萧衍前来增援，结果又被慕容绍宗指挥的东魏军队打败。侯景最后只得带着剩下的几百人投降梁朝。东魏的魏收为这事写了篇致梁朝的公文，他指出对侯景这样反复无常的人，必须抽薪止沸，剪草除根。然而梁武帝没有接受这一劝告。后来侯景果然又叛变了梁朝。

负隅顽抗

【拼音】fù yú wán kàng

【解释】负：依靠。隅：山势弯曲险阻的地方。凭借险阻，顽固抵抗。指依仗某种条件顽固抵抗。

【成语故事】

战国时，有一年齐国发生饥荒，许多人都饿死了。孟子的弟子陈臻听到这个消息后，急忙来找老师，心情沉重地说："老师，您听说了吗？齐国闹饥荒，人都快饿死了。人人都以为老师您会再次劝说齐王，请他打开棠地的谷仓救济百姓。我看不能再这样做了吧。"

孟子回答说："再这样做，我就成为冯妇了。"

接着，孟子向陈臻讲述了有关冯妇的故事。

冯妇是晋国的猎手，善于和老虎搏斗。后来他成为善人，决定不再打虎了，他的名字也几乎被人们忘掉了。有一年，某座山里出现了一只猛虎，常常伤害行人。几个年轻猎人联合起来去打虎，他们把老虎追至山的深处，老虎背靠着一个山势弯曲险要的地方，面向众人，顽固反抗。它瞪圆了眼睛吼叫，没有人敢上前去捕捉。

就在这时，恰巧冯妇坐车路过此地。猎人们见了他，都快步上前迎接，请他帮助打虎。冯妇下了车，挽起袖子与老虎搏斗起来，经过一场拼搏，终于打死了猛虎，为民除了害。年轻的猎人们高兴地感谢他，可是一些读书人却讥笑他说话不算数。

妇人之仁

【拼音】fù rén zhī rén

【解释】仁：仁慈。妇女的软心肠。旧指处事姑息优柔，不识大体。

【成语故事】

楚汉相争时，名将韩信曾投奔过项羽。因项羽有勇无谋，不善用人，韩信得不到重用，便背弃项羽投奔了刘邦。投奔刘邦以后，一开始也未被重用，后来在萧何的极力推荐下，刘邦才拜韩信为大将。

韩信被拜为大将以后，刘邦问他："萧丞相屡次推荐将军，将军准有妙计，请将军指教。"韩信说："我曾在项王手下做过事，知道他的本事，也知道他的弱点。项王吆喝一声，上千的人都会被他吓倒，你看他多么勇、多么狠啊。可是他不能接受别人的意见，不能重用有本领的将领，所以他的勇不过是匹夫之勇罢了。项王待人，又恭敬又有爱人之心，说话挺温和，看见别人病了，他会掉眼泪，把自己吃的、喝的分给病人。可是人家立了功，应当封爵位的，他不封。就是封了，他还拿着封爵位的印，把印的四个角都磨光了，还舍不得交给人家。他的好心眼儿只不过是婆婆妈妈的好心眼儿罢了。"接着，韩信又分析了项羽的一些弱点和错误，指出刘邦必然能战胜项羽。

赴汤蹈火

【拼音】fù tāng dǎo huǒ

【解释】赴：走往。汤：热水。蹈：踩。沸水敢蹚，烈火敢踏。比喻不避艰险，奋勇向前。

【成语故事】

西汉时，晁错曾是太子刘启的老师。刘启即位后，即为汉景帝，升任晁错为御史大夫。汉景帝非常尊重晁错，对晁错的话可谓言听计从。晁错主张削弱诸侯王，加强中央集权，使许多诸侯对他怀恨在心。其中吴王刘濞、楚王刘戊等人打着清君侧的旗号，联合起兵反叛，把矛头直接对准晁错。景帝为了缓和危局，竟把晁错处死了。晁错曾说：对能打胜仗和坚守城池的人要提拔；对攻破敌阵的人要奖励。这样将士们才愿意奔赴汤池，投入烈火也在所不惜。

覆巢无完卵

【拼音】fù cháo wú wán luǎn

【解释】覆：翻倒。翻倒的鸟窝里不会有完好的卵。比喻灭门大祸，无一幸免。又比喻整体毁灭，个体也不能幸存。

【成语故事】

孔融，字文举，东汉时期山东人。汉献帝时，孔融曾做过北海国相。据说，当年曹操发动五十万大军，南征刘备和孙权时，孔融曾表示反对，劝曹操停止出兵。曹操没有理睬，孔融在背后发过几句牢骚。

御史大夫郗虑平时和孔融不睦，知道了这事，报告给曹操，并且添油加醋，恶意挑拨，说孔融一向瞧不起曹操等。曹操一听大怒，当即下令把孔融一家老小全部逮捕处死。

孔融被捕的时候，全家人都十分惊恐，不知所措。只有孔融的两个孩子（女儿七岁，儿子九岁），还坐在那里下棋，无动于衷。家人以为孩子小，不懂事，大祸临头还不知道，便赶紧让他们逃走。不料，这两个孩子竟不慌不忙地说："哪有鸟窝被捣毁了不摔破蛋的事！"最后他们从容地跟着父亲，一同赴难。

G

改弦更张

【拼音】gǎi xián gēng zhāng

【解释】更：改换。张：给乐器上弦。改换、调整乐器上的弦，使声音和谐。比喻改革制度或变更计划、方法。

【成语故事】

西汉时，有一位著名的哲学家叫董仲舒，广川（今河北景县西南）人。他学习非常用功，整天在书房里埋头学习，书房附近的园圃，两三年都顾不上去看一看。后来，他弘扬《春秋公羊传》，曾任博士、江都国相和胶西王国相。

当时，汉武帝刘彻举贤良文学之士，请他们对施政方针提出建议。董仲舒说："汉朝继秦而立，秦朝的旧制度都不适用了。好比琴上的弦已经陈旧不堪，没法使音调和谐了，必须更换新弦，然后才可弹奏。政策制度也是如此，行不通了，就要改革，然后才能把事情办好。应当更换琴弦而不换，就是一流的音乐家也弹不出优美的音调来；应当改革而不改，就是最贤明的政治家也不能创造令人满意的政绩。"

董仲舒还向汉武帝建议："诸不在六艺（即《礼》《乐》《诗》《书》《易》《春秋》六经）之科，孔子之术者，皆绝其道，勿使并进。"这些都为汉武帝所采纳，开此后两千余年封建社会以儒学为正统的先声。

甘拜下风

【拼音】gān bài xià fēng

【解释】表示真心佩服，自认不如。

【成语故事】

春秋时，秦国发生粮荒，向晋国买粮，而晋惠公不肯卖粮食给曾帮助过晋国的秦国。结果两国发生战争，晋国被打败，晋惠公也成了秦国的俘虏。秦军带着晋惠公返回秦国，晋国的大夫们垂头丧气地跟在后面。秦穆公对晋国的官员们说："虽然晋惠公忘恩负义，但我们秦国也不会把你们作为俘虏带回晋国。"晋国的大夫们纷纷下拜叩头："群臣在下风，听到了您在上风头说的话，希望您说话算话。"后来秦穆公果然把他们都放了。

感恩图报

【拼音】gǎn ēn tú bào

【解释】图：设法。感激别人的恩情而想办法回报。

【成语故事】

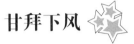

春秋时候，吴国的大将军伍子胥带领士兵要去攻打郑国。郑国的国

君郑定公说："谁能够让伍子胥把士兵带回去，不来攻打我们，我一定重重地奖赏他。"可惜没有一个人想到好的办法。到了第四天早上，有个年轻的打渔郎跑来找郑定公说："我有办法让伍子胥不来攻打郑国。"郑定公一听，马上问打渔郎："你需要多少士兵和车子？"

打渔郎摇摇头说："我不用士兵和车子，也不用带食物，我只要用我这根划船的桨，就可以叫好几万的吴国士兵返回吴国。"是什么样的船桨那么厉害呢？打渔郎把船桨夹在胳肢窝下面，跑去吴国的兵营找伍子胥。

他一边唱着歌，一边敲打着船桨："芦中人，芦中人；渡过江，谁的恩？宝剑上，七星文；还给你，带在身。你今天，得意了，可记得，渔丈人？"伍子胥看到打渔郎手上的船桨，马上问他："年轻人，你是谁呀？"打渔郎回答说："你没看到我手里拿的船桨吗？我父亲就是靠这根船桨过日子的，他还用这根船桨救了你呀。"伍子胥一听，说道："我想起来了！以前我逃难的时候，有一个打渔的先生救过我，我一直想报答他呢！原来你是他的儿子，你怎么会来这里呢？"

打渔郎说："还不是因为你们吴国要来攻打我们郑国，我们这些打渔的人通通被叫来这里。我们的国君说：'谁能够让伍子胥把士兵带回去，不来攻打我们，我一定重重地奖赏他！'希望伍将军看在我死去的父亲曾经救过您的分儿上，不要来攻打郑国，也让我回去能得到一些奖赏。"伍子胥带着感激的语气说："因为你父亲救了我，我才能够活着当上大将军。我怎么会忘记他的恩惠呢？我一定会帮你这个忙的！"他一说完，就马上把吴国的士兵通通带回吴国去了。打渔郎高兴地把这个好消息告诉了郑定公。一下子，全郑国的人都把打渔郎当成了大英雄，叫他“打渔的大夫”，郑定公还送给了他一百里的土地呢！

伍子胥为了报答打渔郎的父亲，不但不攻打郑国，还让打渔郎得到奖赏，这就叫作“感恩图报”。

刚愎自用

【拼音】gāng bì zì yòng

【解释】刚愎：强硬固执。自用：自以为是。指十分固执自信，不考虑别人的意见。

【成语故事】

春秋时期，楚国攻打郑国，郑襄公赤裸上身牵着羊迎接楚庄王，并苦苦求饶，取得了楚庄王的同情。同年夏天，晋国派军队救援郑国。晋军南下，兵临黄河时，听说郑国已经同楚国媾和，晋军中军主帅荀林父想退兵，并提出等楚国军队回国后，再出兵攻打郑国，讨伐背叛者。荀林父的副手先縠表示反对，认为这样不行，他说：“晋国之所以能够称霸诸侯，是因为军队勇敢、文臣武将尽力的关系。现在失去了诸侯（指郑国背叛晋国亲向楚国），不奋勇当先，不能说是尽了力。有敌人不去攻打，不能说是勇敢。要是因为我们而使晋国失去霸主的地位，不如死了。”先縠还说道：“率军出征，遇到强敌而退却，这不是大丈夫的气概；担任军队统帅，而终非大丈夫，唯有你们能做得出，我办不到。”于是他率领所属部队渡过黄河，继续前进。荀林父的部将根据这一形势，分析进和退的得失利害关系，最后一致劝荀林父率兵攻郑。

楚国军队想北上，到饮马黄河时再回国。听说晋军已渡河，楚庄王想退兵返国。其宠臣伍参想战，而令尹孙叔敖则不想战，并说：“去年打陈国，今年攻郑国，战而不胜，您伍参的肉够吃吗？”伍参说：“如果这次打胜了，就足见您孙叔敖多么没有谋略了；不能战胜，我的肉将在晋军之手，还能吃得上吗？”孙叔敖转车反旗，伍参对楚庄王说：“晋国现在从政的都是些新人，不能很好地执行命令；其副手先縠刚愎不仁，不肯听从命令；他们的三个统帅（指中军、上军、下军之首领）想统一行事也难以办到，就是想听从命令，也没有统一的上级，大家听谁的？这一仗，晋军必败。”楚庄王听了伍参的话，于是命令已经转车反旗的孙叔敖掉转战车继续向北。结果楚军大获全胜。

高山流水

【拼音】gāo shān liú shuǐ

【解释】比喻知己或知音难遇。也比喻乐曲高妙。

【成语故事】

春秋时期，有个叫俞伯牙的人，精通音律，琴艺高超，是当时著名的琴师。俞伯牙年轻的时候聪颖好学，曾拜高人为师，但他总觉得自己还不能出神入化地表现对各种事物的感受。伯牙的老师知道他的想法后，就带他乘船到东海的蓬莱岛上，让他欣赏大自然的景色，倾听大海的波涛声。伯牙举目眺望，只见：波涛汹涌，浪花激溅；海鸟翻飞，鸣声入耳；山林树木，郁郁葱葱。一切如同进入仙境一般。一种奇妙的感觉油然而生，耳边仿佛响起了大自然那和谐动听的音乐。他情不自禁地取琴弹奏，音随意转，把大自然的美妙融入琴声。那一刻，伯牙体验到了一种前所未有的境界。

一夜，伯牙乘船游览。面对清风明月，他思绪万千，于是又弹起琴来。琴声悠扬，渐入佳境，忽听岸上有人叫绝。伯牙闻声走出船来，只见一个樵夫站在岸边。他知道此人是知音，当即请樵夫上船，兴致勃勃地为他演奏。伯牙弹起赞美高山的曲调，樵夫说道："真好！雄伟而庄重，好像高耸入云的泰山一样！"当伯牙弹奏表现奔腾澎湃的波涛时，樵夫又说："真好！宽广浩荡，好像看见滚滚的流水、无边的大海一般！"伯牙兴奋极了，激动地说："知音！你真是我的知音！"这个樵夫就是钟子期。从此二人成了非常要好的朋友。

高阳酒徒

【拼音】 gāo yáng jiǔ tú

【解释】 高阳：古乡名，在今河南杞县西南。秦末郦食其（郦生）对刘邦自称"高阳酒徒"。用以指嗜酒而放荡不羁的人。

【成语故事】

秦汉之际，陈留高阳乡有一个叫郦食其（lì yì jī）的人。他家境贫穷，又没有职业，只好在乡里当了一名管里门的小吏。当刘邦率军路过陈留的时候，郦食其碰见了一位老乡，这位老乡是刘邦手下的一个骑兵。他让这个人向刘邦推荐自己，说可以帮助刘邦成就大事业。后来这个小兵真的向刘邦推荐了郦食其，刘邦就让郦食其到驿舍与自己见面。

这天，郦食其来了。门卫进去通报说，郦食其来了，刘邦问："是个什么样的人？"门卫回答："看他的举止打扮，像个儒生。"刘邦历来对读书人有偏见，曾经往读书人的帽子里尿过尿。这次听说郦食其是个儒生，便说："我正忙着天下大事，没有时间见读书人。"门卫把刘邦的话传给了郦食其。郦食其十分生气，瞪着大眼按着宝剑说："去，你再告诉刘邦，我是高阳酒徒，不是什么儒生。"

刘邦闻言，便召见了他。两人边喝酒边攀谈，谈得很投机。后来，郦食其设计攻下了陈留，为刘邦的军队解决了粮草供应问题，被刘邦封为广野君。郦食其又将其弟郦商举荐给了刘邦，被刘邦封为将军。楚汉战争中，郦食其表示能说服齐王田广归汉，韩信不服郦食其仅凭三寸不烂之舌就能劝降齐王，所以他乘机袭击了齐国。齐王以为郦食其出卖了自己，便把他烹杀了。

割席分坐

【拼音】 gē xí fēn zuò

【解释】 席：坐席。把席割断，分开坐。比喻朋友绝交。

【成语故事】

有两个读书人，一个叫管宁，一个叫华歆，他们感情很好，不仅在同一个地方读书，还形影不离。

有一次，管宁和华歆一起到院子里锄草，忽然发现了一块金子。当时，管宁视若无睹，仍旧挥动锄头，而华歆却动心了，立刻就拾起了金子，放在一边。

又有一次，管宁和华歆正一同坐在席上读书，忽然有坐着轿子的官员从门前经过，管宁照常读书，华歆却忍不住地放下了书本，跑出去围看。管宁见华歆这样不专心，还羡慕做官的人，再加上发现他见到金子动心的事，就坚决地割断了并坐的席子，把座位分开，面色严肃地对华歆说："从现在开始，你不再是我的朋友了。"

各得其所

【拼音】gè dé qí suǒ

【解释】每个人或事物都得到恰当的位置或安排。

【成语故事】

春秋时，有人送给郑国大夫子产一条活鱼，子产命手下的一个官员把鱼放回池塘里。谁知这个官员偷偷把鱼烧着吃了，还骗子产说："我刚把鱼放下水时，它还懒洋洋地不动呢。过了一会儿，才慢慢地游了起来，后来突然游开了。"子产一听，高兴地说："鱼到了它应该在的地方。"

官员告别子产后，出来对人说："谁说子产聪明？今天我骗了他，他还以为我说的是真的呢。"

各自为政

【拼音】gè zì wéi zhèng

【解释】为政：管理政事，泛指行事。各自按自己的主张办事，不互相配合。比喻不考虑全局，各搞一套。

【成语故事】

郑国与宋国一直不合，两个国家之间常常发生战争。

有一次，郑国又准备出兵攻打宋国，于是宋国派出大元帅华元为主将，率领军队迎战敌人。在两批人马交战前，华元为了鼓舞士气，于是下令宰杀牛羊，准备好好犒赏将士们。忙乱中，华元一时大意忘了分给他的马夫一份。马夫心想，自己做牛做马，却什么都没得到，越想越不是滋味，于是怀恨在心。

后来，两国军队正式交战时，马夫对华元说："分肉不公平的事你说了算，但是驾车的事由我做主。"说完，他就把战车赶到郑军阵地中，堂堂宋军主帅就这样轻轻松松被郑军活捉了。而宋国军队也因为失去了主帅，乱了阵脚，因而被郑国打败了。

狗尾续貂

【拼音】gǒu wěi xù diāo

【解释】续：连接。貂：貂尾，晋代皇帝的侍从官员用作帽子的装饰。指封官太滥。比喻拿不好的东西接在好的东西后面，显得好坏不相称（多指文学作品）。

【成语故事】

晋武帝司马炎兼并了魏、蜀、吴三国，建立了晋朝，他把家族子弟分封到各地为王，企图巩固晋王朝的统治。结果事与愿违，诸王互相争权夺利，造成了严重的内乱。

晋武帝的叔叔司马伦是个野心家，武帝在位时被封为赵王，武帝去世不久，他就发动政变，赶走新皇帝，自己称帝。他把自己的亲戚和同党都擢升为公侯，就连奴仆、小卒也滥加封赏。每到朝会的时候，满朝的人都头戴貂蝉（皇帝近臣帽子上的饰物，用貂尾和附蝉制成）。当时的人编了个谚语讽刺说：貂不足，狗尾续。意思是说：貂尾是珍贵的皮毛，大官太多，貂尾不够用了，就用狗尾代替吧。

苟延残喘

【拼音】gǒu yán cán chuǎn

【解释】苟：暂且，勉强。延：延续。残喘：临死前的喘息。勉强延续临死前的喘息。比喻暂时勉强维持生存。

【成语故事】

明朝有这样一个寓言：东郭先生赶着一头驴去中山地区谋求官职，路上遇见一只被追赶、打伤的狼。狼伸着头，摆动着尾巴，苦苦哀求说："先生是愿意救助世间万物的，请让我躲在您装书的布袋里，使垂危的生命暂且得到延续吧（原文是："何不使我得早处囊中，以苟延残喘乎？"）。"

东郭先生看着狼可怜的样子，答应了它的请求，使它躲过了猎人的追捕。

谁知危险过去后，狼马上露出了原来的本性。它挥舞着爪子，扑向东郭先生，要吃掉他！

正在这时，来了一个老农。东郭先生和狼向老农诉说了经过，请老农裁判。老农想了一计，引诱恶狼重新进入布袋，帮助东郭先生杀死了这只恶狼。由这则寓言引出了一个词叫"中山狼"，往往用它比喻那种忘恩负义、得势就猖狂的坏人。

孤注一掷

【拼音】gū zhù yī zhì

【解释】把所有的钱一次押上去，决一输赢。比喻在危急时用尽所有力量做最后一次冒险。

【成语故事】

北宋时期，辽军进攻中原，奸臣王钦若要宋真宗把国都迁到南面去，宰相寇准坚决反对。真宗在寇准的倡议下，亲自领兵反击，果然打了胜仗。从此，真宗对寇准更加重用了。

王钦若对此非常嫉妒。一天，他陪真宗赌博，故意输给真宗，然后把身上所有的钱都拿出来说："这次我要孤注一掷了。"过了一会儿，他说："皇上，赌博和打仗是一样的道理，上次寇准要你上前线亲征，陛下不是成了寇准的'孤注'了吗？这样做太危险了！"

顾曲周郎

【拼音】gù qǔ zhōu láng

【解释】回过头来听曲子的周瑜。后泛指通音乐戏曲的人。

【成语故事】

东汉末年，吴中有一位名将叫周瑜，字公瑾，庐江舒县（今安徽庐江西南）人。他出身士族，少时就与孙策交好，后来跟随孙策征战，为其出谋划策。

孙策死后，周瑜与张昭同辅孙权，任前部大都督。

建安十三年（公元 208 年），曹操率军南下。周瑜和鲁肃坚决主战，并亲率吴军大破曹兵于赤壁。两年后周瑜病死，终年三十五岁。

周瑜不但有卓越的政治、军事才能，还精于音乐，有很高的音乐欣赏能力。

据载：周瑜听人演奏的时候，即使多喝了几杯酒，有几分醉意了，也能听出很细微的差错。每当发现了错误，他就用眼睛看一下演奏者，示意他演奏错了。因此，当时有句歌谣说："曲有误，周郎顾。"

根据这个故事，后人引申出"顾曲周郎"这个成语，指歌曲评论家、内行人。

瓜田李下

【拼音】guā tián lǐ xià

【解释】比喻容易引起嫌疑的场合。

【成语故事】

唐文宗时，大书法家柳公权忠良耿直，能言善谏，官职是工部侍郎。

当时有个叫郭宁的官员把两个女儿送进了宫，被皇帝派到邮宁（今陕西郿县）做官，人们对这件事议论纷纷。于是皇帝来问柳公权：“郭宁是太皇太后的继父，官封大将军，当官以来没有什么过失，现在只让他当郿宁这个小小地方的主官，又有什么不妥呢？”柳公权说：“议论的人都以为郭宁是因为进献两个女儿入宫，才得到这个官职的。”唐文宗说：“郭宁的两个女儿是进宫陪太后的，并不是献给朕的。”柳公权说：“瓜田李下的嫌疑，人们哪能都分辨得清呢？”

柳公权是在比喻皇帝的做法很容易让人产生误会。

管鲍之交

【拼音】guǎn bào zhī jiāo

【解释】春秋时，齐人管仲和鲍叔牙相知最深。后常形容交情深厚的朋友。

【成语故事】

从前，齐国有一对很要好的朋友，一个叫管仲，另外一个叫鲍叔牙。管仲年轻的时候，家里很穷，又要奉养母亲，鲍叔牙知道了，就找管仲一起投资做生意。做生意的时候，因为管仲没有钱，所以本钱几乎都是鲍叔牙拿出来投资的。可是，当赚了钱以后，管仲却拿的比鲍叔牙还多，鲍叔牙的仆人见了就说：“这个管仲真奇怪，本钱拿的比我们主人少，分钱的时候拿的却比我们主人还多！”鲍叔牙对仆人说：“不可以这么说！管仲家里穷，又要奉养母亲，多拿一点儿没有关系的。”

有一次，管仲和鲍叔牙一起去打仗，每次进攻的时候，管仲都躲在最后面，大家就骂管仲说："管仲是一个贪生怕死的人！"鲍叔牙马上替管仲说话："你们误会管仲了，他不是怕死，他得留着命去照顾他的老母亲呀！"管仲听到之后，很感动地说："生我的是父母，了解我的人可是鲍叔牙呀！"

后来，齐国的国君死了，大公子诸当上了国君，诸每天吃喝玩乐不做事，鲍叔牙预感齐国一定会发生内乱，就带着小公子小白逃到莒国，管仲则带着小公子纠逃到鲁国。

不久之后，诸被人杀死，齐国真的发生了内乱，管仲想杀掉小白，让纠能顺利当上国君，可惜管仲在暗算小白的时候，把箭射偏了，小白没死。后来，鲍叔牙和小白比管仲和纠还早回到齐国，小白当上了齐国的国君。小白当上国君以后，决定封鲍叔牙为宰相，鲍叔牙却对小白说："管仲各方面都比我强，应该请他来当宰相才对呀！"小白一听，很不满地说道："管仲要杀我，他是我的仇人，你居然叫我请他来当宰相！"鲍叔牙却说："这不能怪他，他是为了帮他的主人纠才这么做的呀！"小白听了鲍叔牙的话，果真请来管仲当宰相，而管仲也真的帮小白把齐国治理得非常好。

后来，大家在称赞朋友之间有很好的友谊时，就会说他们是"管鲍之交"。

管中窥豹

【拼音】guǎn zhōng kuī bào

【解释】从竹管的小孔里看豹，只看到豹身上的一块斑纹。比喻只看到事物的一部分，指所见不全面或略有所得。

【成语故事】

王献之是东晋著名书法家王羲之的儿子，十分聪明。他长大后也成了一位著名的书法家，与父亲并称“二王”。

有一天，他父亲的几个学生在玩牌。在一旁观看的献之竟然能够给他人出谋划策，说上几句行内话。哪知大家都笑他说：“此郎亦管中窥豹，时见一斑！”

献之听到他们这样说自己，不禁大愤，说道：“远惭荀奉倩，近愧刘真长。”然后甩开袖子走了（遂拂袖而去）。

“管中窥豹”“拂袖而去”两成语皆出于此。

过河拆桥

【拼音】guò hé chāi qiáo

【解释】自己过了河，便把桥拆掉。比喻达到目的后，就把帮助过自己的人一脚踢开。

【成语故事】

元朝的许有壬通过科举考试进入官场，逐渐被提升为参政。当元顺帝准备废除科举制度时，许有壬表示反对，并和赞成废除科举的官员争辩。废除科举制度的诏令下达时，元顺帝故意让许有壬跪在前面听，许有壬极不情愿。下朝后，治书侍御史普化讥讽许有壬说："你是通过科举上来的，宣读废除科举诏令时，你跪在最前面，真是'过河拆桥'啊。"

H

害群之马

【拼音】hài qún zhī mǎ

【解释】危害马群的劣马。比喻危害社会或集体的人。

【成语故事】

黄帝被尊为中华“人文初祖”。一次，黄帝要去具茨山，却在襄城迷了路。这时，他遇到了一位放马的男孩，便问他：“你知道具茨山在什么地方吗？”男孩回答说：“知道。”黄帝又问：“你知道大隗的住处吗？”男孩也回答说知道。黄帝听后心里很高兴，说：“孩子，你真了不起，既知道具茨山，又知道大隗住的地方。那我再问你，你知道如何治理天下吗？”男孩回答说：“治理天下也没有什么大不了的。前几年，我在外游历，当时还生着病，有位长辈对我说：‘你在外游历的时候，要注意日出而游，日入而息！’我现在身体好多了，打算去更多的地方。所谓治理天下，也不过如此罢了。”黄帝觉得男孩很聪明，便再次要男孩回答究竟如何治理天下。男孩只得说：“治理天下的人，其实与放马的人没什么两样，只不过要将危害马群的劣马驱逐出去而已！”黄帝很满意男孩的回答，称他为“天师”，并恭恭敬敬地对他拜了几拜，然后才离开。

汗流浃背

【拼音】hàn liú jiā bèi

【解释】浃：湿透。汗流得满背都是。形容非常恐惧或非常害怕。现也形容出汗很多，背上的衣服都湿透了。

【成语故事】

有一天，汉文帝想了解国家与百姓的事情，于是他就把右丞相周勃找来，问他：“全国一年之中要审理、判决的大大小小案件一共有多少件？”周勃一听愣了一下，低着头，回答说：“不知道。”汉文帝又问：“那么全国上下每年收入和支出的金钱又是多少？”周勃急出一身冷汗，汗水多得把背上的衣服都弄湿了，因为他还是回答不出来。汉文帝又问左丞相陈平，陈平说：“这些事情都分别有掌管的人，问审理案子的事，找廷尉；问财务的事，找内史。只要把他们都找来，一问就知道了。”汉文帝听了点点头，对陈平的回答十分满意。

事后周勃感到非常羞愧，觉得自己反应、机智都不如陈平，于是借着生病想回家乡养病的理由，辞去了右丞相的官职。

沆瀣一气

【拼音】hàng xiè yī qì

【解释】原指气味相投的人联结在一起，后比喻臭味相投的人勾结在一起。

【成语故事】

沆瀣是夜间的水汽，有人说是露气，也有人说是夏天半夜里上升的地气。《楚辞·远游》有“餐六气而饮沆瀣”，王逸注：“沆瀣，夜半气也。”《汉书·司马相如传》有“呼吸沆瀣兮餐朝霞”，应劭注：“沆瀣，北方夜半之气也。”《列仙传》描写仙人陵阳子的神话故事也说：“春食朝霞，夏食沆瀣。”可见“沆瀣”一词，原来并不是什么贬义词。但是后来作为成语“沆瀣一气”，就不是一个表赞美的词了。这是从唐朝的一个故事开始转变的。

据说，唐僖宗时，有一官员名叫崔沆，曾任中书侍郎等职。乾符二年，他被派当主考官，主持朝廷考试事宜。这次应试的人中，有一个人名叫崔瀣，颇有才学。主考官崔沆批到崔瀣的卷子时，大为赞赏，连声叫好。于是，放榜时，崔瀣自然是榜上有名。因此不免有人怀疑：“崔沆和崔瀣，是有特殊关系的吧？”有人更进一步断定：“那还用说，瞧他们两个人的名字就明白了！”俏皮的还加以嘲笑道：“座主门生，沆瀣一气。”

所谓“座主”，即主考官。科举时代，应试者称主考官为“座主”，自称“门生”。

好好先生

【拼音】hǎo hǎo xiān shēng

【解释】与人无争，只求相安无事的人。

【成语故事】

东汉时期，有个名叫司马徽的人，很善于识别人才。但由于当时政治斗争十分尖锐复杂，所以他就装糊涂，别人无论和他讲什么事，不管是好是坏，他都回答好。

有一天，他在路上碰到一个熟人。那人问：“身体怎样，一向安好吗？”他回答：“好。”

又有一天，有个老朋友到他家里来，十分伤心地说起自己的儿子死了。谁知司马徽也回答：“好！”那个朋友走后，司马徽的妻子就责备他说：“人家认为你是讲道德的人，所以相信你，把心里话讲给你听。可是你听到人家儿子死了，反而说好，这算什么？”司马徽不紧不慢地说：“好！你的话太好了！”他的妻子又气又恼，哭笑不得。

河东狮吼

【拼音】hé dōng shī hǒu

【解释】比喻悍妒的妻子对丈夫大吵大闹。

【成语故事】

陈季常是苏东坡的好朋友，他喜欢研究佛学，只要谈起佛理，他就会滔滔不绝地说个没完。季常的妻子柳氏是河东人，非常凶悍，季常怕得要命。有一次，苏东坡去看季常，还没踏进门槛，就听到一声大吼，紧接着是一阵拐杖落地的声音，苏东坡吓得连退三步，愣了一会儿，才赶紧跑进去探个究竟。他进门一瞧，不禁笑了出来，原来，柳氏正竖着眉瞪着眼地骂陈季常呢，而陈季常则躲在一旁发抖，口里连连称是。于是，苏东坡题了一首诗送给陈季常，那首诗是这样写的："谁似龙丘居士贤，谈空说法夜不眠。忽闻河东狮子吼，拄杖落手心茫然。"

这首诗的意思是说："有谁能像龙丘居士（陈季常别号）那么有才能呢？谈起佛学、佛法，往往整夜都不睡觉。但是一听到妻子的怒骂声，就吓得连拐杖都离了手，茫茫然不知所措。"

"河东狮吼"也叫作"季常之癖"。因为河东是柳氏的故乡，所以苏东坡称她为河东狮。"河东狮吼"是形容妻子的凶悍，而"季常之癖"则用来指怕妻子。

鸿鹄之志

【拼音】hóng hú zhī zhì

【解释】鸿鹄：天鹅；志：志向。比喻有远大的志向。

【成语故事】

秦朝末年，有个叫陈涉的人，是当时农民起义的领袖之一。

陈涉年轻的时候，由于家里很穷，经常要给人耕田做工。一天，他在耕作休息时，对社会的不公平现象，越想越气愤，就对一块儿休息的人说："如果有一天我们谁变得富贵了，可不要忘记彼此啊。"同伴听了他的话，都讥笑他是异想天开，白日做梦。他不禁叹息说："唉，燕雀怎能理解鸿鹄的远大志向呢！"

后顾之忧

【拼音】hòu gù zhī yōu

【解释】顾：回头看。来自后方的忧患。指在前进过程中，担心后方发生情况。

【成语故事】

李冲是北魏孝文帝的宰相。孝文帝每次领兵出征，朝中政事都交由李冲办理，每次他都处理得非常得体。后来李冲因疾病去世，孝文帝十分悲痛。有一次，他路过李冲之墓，触景伤情，说道：“我把政事委托给李冲，才使得我出境征伐时，没有后顾之忧。现在他去世了，怎么能让我不伤心啊！”

后起之秀

【拼音】hòu qǐ zhī xiù

【解释】后来出现的或新成长起来的优秀人物。

【成语故事】

东晋时，有个叫王忱的人，他在少年时期就显露出才气，很受亲友的推崇。当时著名的经学家范宁是王忱的舅舅，对王忱也很器重，有著名文士拜访时，他总让王忱到场接待。

有一次，王忱去看望舅舅，遇到了成名已久的才子张玄。舅舅介绍完两人后要他俩交谈交谈。张玄也早就听说王忱志趣不凡，很想与他交谈。因自己年龄比王忱大，自然希望王忱能够先打招呼，就端坐着等候。不料，王忱见张玄这等模样，看不上眼，也默默坐着，一言不发。张玄见他这样，自己又放不下架子，对坐了一会儿，就怏怏不乐地离去了。

事后，舅舅责备王忱说：“张玄是吴中的优秀人才，你为什么不好好与他谈谈？”王忱傲慢地回答说：“他要是真心想和我来往，完全可以来找我谈谈嘛。”舅舅听了这话，倒反而称赞起外甥来了：“你这样风流俊逸，真是后来的优秀人才。”王忱笑着回答说：“没有您这样的舅舅，哪来我这样的外甥？”

后生可畏

【拼音】hòu shēng kě wèi

【解释】后生：年轻人，后辈；畏：敬畏。指青年人是新生的力量，很容易超过他们的前辈，令人敬畏。

【成语故事】

相传，孔子在游历的时候，碰见了三个小孩子，有两个正在玩耍，另一个却站在旁边。孔子觉得很奇怪，于是就问道：“你为什么不和他们玩？”

那个小孩答道：“激烈的打闹能害人的性命，拉拉扯扯的玩耍也会伤人的身体；再退一步说，撕破了衣服，也没什么好处，所以我不愿意和他们玩。这有什么奇怪的呢？”

过了一会儿，小孩用泥土堆成一座城堡，然后自己坐在了里面，好久不出来，也不给准备动身的孔子让路。孔子问他为什么不避让车子，他说：“我只听说车子要绕城走，没听过城还要避车子的。”孔子听后非常惊讶，觉得这么小的孩子竟能说出如此有道理的话，实在是了不起。那孩子又说：“我听人说，鱼生下来，三天就会游泳；兔生下来，三天就能在地里跑；马生下来，三天就可以跟母马行走了……这都是自然的事，有什么大小可言呢？”孔子赞叹道：“我现在才知道少年人实在了不得呀！”

囫囵吞枣

【拼音】hú lún tūn zǎo

【解释】囫囵：整个儿。把枣整个咽下去，不加咀嚼，不辨滋味。比喻对事物不加分析思考。

【成语故事】

从前，有个自作聪明的人，听说梨和枣子的药性是“梨益齿而损脾，枣益脾而损齿”。他想了一会儿，就得意地说：“我明白了！以后吃梨时，只嚼不咽；吃枣的时候，只咽不嚼。那就既不伤牙齿，亦不伤脾胃了。”旁人笑道：“吃梨只嚼不咽还可以，吃枣却难了，囫囵吞枣，怎么受得了呢？”

华而不实

【拼音】huá ér bù shí

【解释】华：开花。花开得好看，但不结果实。比喻外表好看，内容空虚。

【成语故事】

晋国大夫阳处父出使卫国回来，走到宁邑这个地方时觉得又累又渴。恰好路边有一家小店。店主和妻子靠着这家店日子也算过得富足，可店主却也是想要干出一番大事的人，只是苦于出身卑微，无人引荐，只能默默等待机会。

阳处父来到这家小店，歇脚吃喝的时候就和店主攀谈起来。闲谈之中，店主发现阳处父高谈阔论、学识渊博，像是个能干大事的人，后来他又得知阳处父是晋国的大夫，心里便有些激动。他马上和妻子商量："我这么多年来一直都希望有一个品德高尚、能力出众的人带我做点大事，外面这个阳处父可能正是我想要找的人。我想今后追随他左右，实现我多年以来的心愿。"妻子听后表示支持丈夫的想法。

于是店主与阳处父一同踏上了返回晋国的路，他们一路走一路闲聊，但多数时候都是阳处父在说自己为官的经历——自己在官场上如何游刃有余，如何受到国君的器重，上了战场面对强敌又如何英勇等事情。几天下来，店主内心产生了动摇，于是他和阳处父说："我有一件重要的事情忘了告诉贱内，请大人先行一步，我把家中事情安排好了就再来找您。"阳处父只以为店主说的是真的，嘱咐了他几句两人就分开了。

店主没走几天就又回到了家中，妻子疑惑地问其中原委。店主摇了摇头说："我当初见那阳处父一表人才，又是读过书的人，本以为能跟着他学到很多东西，可经过这几天的深入接触，我才发现，他不过是虚有其表、华而不实的人，不值得我追随。我怕跟着他，自己还没来得及成长，就已经遭人所害，所以还是早点离开他吧。"

画饼充饥

【拼音】huà bǐng chōng jī

【解释】画个饼来解除饥饿。比喻用空想来安慰自己。

【成语故事】

三国时候，魏国有个人叫卢毓。他十岁就成了孤儿，两个哥哥又先后去世。在兵荒马乱的动荡时期，他辛勤劳动养活着寡嫂和侄儿，日子过得很艰难。但他的为人和学问受到了人们的称赞。

后来卢毓做了官。他为官清正，任职三年多，提出了不少好建议，魏明帝很信任他。

那时选拔官吏，一般是凭人推荐，而推荐者往往只推荐有名的人物。这些名人多数只重清谈，不务实际，互相吹捧，因此魏明帝很不满意。在选拔中书郎时，魏明帝就下令说："这次选拔，要由卢毓来推荐。选拔人不要只看名声。名声就像地上画的饼一样，其实是不能吃的啊！"

画虎类犬

【拼音】huà hǔ lèi quǎn

【解释】类：像。画老虎不成，却像狗。比喻模仿不到家，反而不伦不类。

【成语故事】

东汉初年，有一位叫马援的将军，他曾写信给自己的侄子，希望侄子能多注意听听别人的过失，并学学别人的长处。他在信中说："龙伯高是一个敦厚、谨慎的人，我希望你们能效法他的品性；而杜季良的为人，豪侠好义，我却不愿意你们去仿效他……"为什么马援不希望侄子们仿效豪侠好义的人呢？原来，如果学不成龙伯高，仍然可以成为一个谨慎的人，就像刻鹄不成，刻出一只鹜来，也可以说是刻成相类似的飞鸟。但是，如果学不成杜季良，就容易成为一个轻浮的人，就像想画一只老虎，结果却会画出一只狗来，完全会变成不同性质的兽类。

因为，虎是兽类中的权威者，一般的野兽都很怕它，而狗却是卑劣的兽类，只晓得摇头摆尾地向人乞怜。所以后人便用"画虎类犬"来讥笑一个人不能自立风格，只知道模仿他人，却得到相反的效果。

画龙点睛

【拼音】huà lóng diǎn jīng

【解释】原形容梁代画家张僧繇作画的神妙。后多比喻写文章或讲话时，在关键处用几句话点明实质，使内容生动有力。

【成语故事】

传说古时候有个画家叫张僧繇，他画龙画得特别好。

有一次，他在金陵（今江苏南京）安乐寺的墙壁上画了四条巨龙，那龙画得活灵活现，非常逼真，只是都没有眼睛。人们问张僧繇："为什么不把眼睛画出来？”他说：“眼睛可不能轻易画呀！一旦画了，龙就会腾空飞走！”大家听了，谁也不信，都认为他在说大话。后来，经不起人们一再请求，张僧繇只好答应把龙的眼睛画出来。奇怪的事情果然发生了，他刚刚点出第二条龙的眼睛，突然刮起了大风，顷刻间电闪雷鸣。两条巨龙转动着光芒四射的眼睛冲天而起，腾空而去。围观的人，个个看得目瞪口呆，对张僧繇更佩服了。

黄粱一梦

【拼音】huáng liáng yī mèng

【解释】黄粱：小米。比喻虚幻不能实现的梦想。

【成语故事】

从前有个姓卢的读书人，整天都为得不到荣华富贵而苦恼。一次，他在去邯郸的旅店里，遇到了道士吕翁，就向吕翁诉说自己的贫困和苦恼。吕翁给他一个枕头，叫他睡觉。这时旅店的主人正在煮黄粱（小米）饭。读书人在枕头上睡着后，就做起了美梦，梦见自己封官拜相，娶妻生子，享尽了荣华富贵。可是一觉醒来，他看到一切依旧，连店主人的黄粱饭都还没煮熟。刚才自己所享受的一切，不过是人家煮黄粱时自己做的一个梦罢了。

火树银花

【拼音】huǒ shù yín huā

【解释】火树：火红的树，指树上挂满灯彩；银花：银白色的花，指灯光雪亮。形容张灯结彩或大放焰火的灿烂夜景。

【成语故事】

睿宗是唐代君主中最会享乐的一位皇帝，虽然他只当了几年的皇帝，但不管什么佳节，他总要用很多的物力、人力去铺张一番，供他游玩。他每年逢正月元宵的夜晚，一定扎起二十丈高的灯树，点起五万多盏灯，号为火树。后来诗人苏味道就以这个为题目，写了一首诗，描绘这一情景。

他的元夕诗《正月十五夜》写道："火树银花合，星桥铁锁开。暗尘随马去，明月逐人来。游伎皆秾李，行歌尽落梅。金吾不禁夜，玉漏莫相催。"这首诗把当时热闹的情景，真实地描写了出来，呈现在读者眼前。

现在凡是繁华的都市，或有盛大的集会在夜间举行，灯光灿烂，都可以用这个成语去形容。

火中取栗

【拼音】huǒ zhōng qǔ lì

【解释】偷取炉中烤熟的栗子。比喻受人利用，冒险出力却一无所得。

【成语故事】

从前有一只猴子和一只猫看见炉火中烤着栗子，香气扑鼻，但是有火不好拿。于是猴子灵机一动对猫说："都说猫是胆小鬼，这回看你敢不敢把栗子拿出来。"猫为了证明自己的勇敢，便把爪子伸到火里去取栗子。爪子一碰到火，上面的毛立刻被烧焦了，痛得猫大叫，急忙甩掉栗子，猴子趁机把栗子吃掉了。

J

机不可失

【拼音】 jī bù kě shī

【解释】 机：机会，时机。好的时机不可放过。

【成语故事】

唐朝初年，北方的东突厥出动骑兵，不断骚扰北部边境，给人民的生命和财产造成极大的损失，并威胁着国都长安的安全。

朝廷派大将军李靖率兵出击，结果打得东突厥军队仓皇退逃。其首领颉利可汗为了获得喘息的机会，假装向唐太宗求和。唐太宗同意了，并派使臣去抚慰东突厥军队。这时李靖认为机不可失，可趁此良机一举消灭颉利可汗。于是他亲自率一万骑兵奔袭东突厥兵营，打得毫无防备的敌军四处逃窜，并俘获了颉利可汗。

疾风劲草

【拼音】 jí fēng jìng cǎo

【解释】 在猛烈的大风中才能看得出什么草最坚韧，不会被吹倒。比喻在激烈的斗争或艰苦危难之中才显得出什么人意志最坚定，最经得起考验。

【成语故事】

西汉末年，刘秀起兵反抗王莽。一次他率人马在经过颍川时，有一个叫王霸的人和他的朋友一起投靠了刘秀，他们跟随刘秀打了许多胜仗。后来刘秀的军队进入河北，由于战事不顺利，很多人都逃离了队伍，只有王霸依然忠心耿耿地跟随着刘秀。刘秀十分感慨地说："在颍川投奔我的人，现在都跑光了，只剩下你还跟着我，真是只有在猛烈的大风中，才能知道哪种草是最坚韧的。"

家徒四壁

【拼音】jiā tú sì bì

【解释】徒：只，仅仅。家里只有四面墙壁。形容十分贫困，一无所有。

【成语故事】

西汉文人司马相如出游求官不如意，就回到成都。一次他到临邛县的富豪卓王孙家赴宴。酒过三巡，他一时兴起弹起琴来。琴声打动了卓王孙新寡的女儿卓文君，她连夜就跟司马相如回了成都。到了相如家，发现"家居徒四壁立"——家中穷乏无物，只有空空的四周墙壁立在那里。于是卓文君就劝司马相如一起到临邛去。然后他们卖掉马车，在临邛开了家酒店。文君卖酒，相如干杂活。卓王孙认为女儿伤风败俗，既不给他们经济上的援助，也不来见他们。

家喻户晓

【拼音】jiā yù hù xiǎo

【解释】喻：明白；晓：知道。家家户户都知道。形容人所共知。

【成语故事】

“家喻户晓”原来被叫作“户告人晓”，这是怎么一回事呢？

汉朝人编的一部《列女传》里记载了这样一件事：有个名叫梁姑的女子，一天，她的房屋不慎失火。她哥哥的一个小孩和她自己的两个小孩，都在屋里。她冒火冲进屋去，本来想先抢救她哥哥的小孩，可是抢出一看，却是自己的一个孩子。这时，火势已猛，没法再进去了。她急得双脚直跳，捶胸大哭道：“这怎么得了呀！我不是要背上自私的恶名了吗？我姓梁的岂能‘户告人晓’，让人骂呢？我还有什么脸面见人啊！……”说着，不顾一切，转身投身火海，最终被火烧死了。

这里的“户告人晓”是家家互相传告、人人都知道的意思。后来又有人写作“家至户晓”，是家家都传到、户户都知道的意思。逐渐地，就演变成今天的“家喻户晓”了。

价值连城

【拼音】jià zhí lián chéng

【解释】连城：连在一起的许多城池。形容物品十分贵重。

【成语故事】

楚国人卞和在荆山上得来一块未经加工的外包一层石质的璞玉，拿去献给楚厉王，厉王和大臣及玉匠看后说是石头，并以欺君之罪把卞和的左脚砍掉了。武王继位后，他又把那块璞玉献给武王，结局同样，又失去了右脚。文王继位后，卞和不敢再献玉了，就抱着玉在荆山下痛哭，直哭得眼里流血。文王派人问其原因，他说："我伤心的原因是你们把玉认作石头，把好心认为是欺诈。"文王命人把璞玉凿开，里面果然是一块质量极高的玉，于是它被作为国宝珍藏起来，人称和氏璧。后来这和氏璧落到赵惠文王手里，秦昭襄王要用十五座城池来换取。从此以后，人们就用"价值连城"形容极有价值的东西。

见利忘义

【拼音】jiàn lì wàng yì

【解释】见到有利可图就不顾道义。

【成语故事】

汉高祖死后，吕后专权，对娘家的人封王、封侯，排除异己，诛杀功臣。不久，吕后也死了，她在遗诏中指定内侄吕产为相国，吕禄统领京都禁卫军。吕氏家族掌权，激起一批功臣不满，太尉周勃与丞相陈平密议对策。他们巧使妙计，把吕党要人郦寄争取过来，由他去说服吕禄，把兵权还给周勃。

这时，大将军灌婴联合齐王刘襄等刘家军，回京师欲诛吕氏家族。郦寄与吕禄本是知交，吕禄听了郦寄的话，决定把北军归周勃指挥。前相国曹参的儿子曹窋又配合朱虚侯刘章控制了南军，在未央宫杀死了吕产。其余吕氏大官，也都被周勃派人抓获，一一斩首。吕氏势力全被消灭后，周勃、陈平等大臣迎立代王刘恒为帝，就是汉文帝。在诛吕这场斗争中，郦寄也出了力，所以袭父爵为曲周侯。后来史书评论郦寄，说他见到有利可图，就出卖了朋友，是个没有道义的人。

江郎才尽

【拼音】jiāng láng cái jìn

【解释】江郎：指南朝江淹。原指江淹少有文名，晚年诗文无佳句。比喻才情减退。

【成语故事】

南北朝时，有一个名叫江淹的人，是当时有名的文学家。江淹年轻的时候很有才气，会写文章也能作画。可是当他年老的时候，总是拿着笔，思考半天，也写不出任何东西。因此，当时人们谣传说：有一天，江淹在凉亭里睡觉，做了一个梦。梦中有一个叫郭璞的人对他说："我有一支笔放在你那里已经很多年了，现在应该是还给我的时候了。"江淹摸了摸怀里，果然掏出一支五色笔来，于是他就把笔还给了郭璞。从此以后，江淹就再也写不出美妙的文章了。因此，人们都说江郎的才华已经用尽了。

狡兔三窟

【拼音】 jiǎo tù sān kū

【解释】 窟：洞穴。狡猾的兔子准备好几个藏身的窝。比喻隐蔽的地方或方法多。

【成语故事】

春秋时期，在齐国有位名叫孟尝君的人，他非常喜欢与文学家、侠客之类的人交朋友，为了能与他们常讨论国家大事，总喜欢邀请这些人到家中长住。在这些人当中，有位叫冯谖的人，他常常一住就是很长一段时间，但是却什么事都不做，孟尝君虽然觉得很奇怪，但是好客的他还是热情地招待冯谖。

有一次，冯谖替孟尝君到薛地这地方讨债，但是他不但没跟当地百姓要债，反而还把债券全烧了。薛地百姓都以为这是孟尝君的恩德，心里充满感激。直到后来，孟尝君被齐王解除相国的职位，前往薛地定居，受到薛地百姓热烈的欢迎，孟尝君才知道冯谖的才能。一直到这时候，不多话的冯谖才对孟尝君说："通常聪明的兔子都有三个洞穴，才能在紧急的时候逃过猎人的追捕，而免除一死。但是你却只有一个藏身之处，所以你还不能把枕头垫得高高地睡觉，我愿意再为你安排另外两个可以安心的藏身之处。"于是冯谖去见梁惠王。他告诉梁惠王说，如果梁惠王能请到孟尝君帮他治理国家，那么梁国一定能够变得更强盛。于是梁惠王派人邀请孟尝君到梁国，准备让他担任治理国家的重要官职。可是，梁国的使者一连来了三次，冯谖都叫孟尝君不要答应。梁国派人请孟尝君去治理梁国的消息传到齐王那里，齐王一急，就赶紧派人请孟尝君回齐国当相国。冯谖要孟尝君向齐王提出希望能够拥有齐国祖传祭器的要求，并且将它们放在薛地，同时兴建一座祠庙，以确保薛地的安全。祠庙建好后，冯谖对孟尝君说："现在属于你的三个安身之地都建造好了，从此以后你就可以垫高枕头，安心地睡大觉了。"

脚踏实地

【拼音】jiǎo tà shí dì

【解释】脚踏在坚实的土地上。比喻做事踏实，认真。

【成语故事】

北宋史学家司马光曾编撰了我国最大的一部古代编年史——《资治通鉴》。他治学严谨、刻苦，为编撰《资治通鉴》，每天天不亮就起床，一直工作到深夜。他对书稿精益求精，六百多卷的初稿，到定稿时只剩下八十卷，而且全部用工楷字写成，没有一个草字，剩下的废稿把两间屋子都堆放满了。全书上起战国，下至五代，共写了1360年的历史。他这种认真踏实的治学态度，受到人们的赞扬。一次司马光问他的朋友："你看我是怎样一个人？"朋友答道："你是一个脚踏实地的人。"

嗟来之食

【拼音】jiē lái zhī shí

【解释】指带有侮辱性的施舍。

【成语故事】

周朝时，齐国遭饥荒。有个叫黔敖的财主在路旁摆下些食物，等着饥民过来吃。不久，便有个饿汉用袖子蒙着面孔，跌跌撞撞地走了过来。黔敖左手拿着吃的，右手拿着喝的，对他说："嗟（不礼貌的招呼声）！来吃吧！"那饿汉睁大眼睛看了看黔敖和食物，说："我正是因为不吃这种'嗟来之食'（吆喝着施舍给我的东西），才饿成这副样子的！"

结草衔环

【拼音】jié cǎo xián huán

【解释】结草：把草结成绳子，绊倒敌人来搭救恩人；衔环：嘴里衔着玉环。旧时比喻感恩报德，至死不忘。后世用"结草衔环"代指报恩。

【成语故事】

这句成语是由“结草”和“衔环”两个典故结合而来的。“结草”源于《左传·宣公十五年》，“衔环”是古代神怪小说上记载的一个故事，见《后汉书·杨震传》李贤注引《续齐谐记》。

据《左传》记载：春秋时，晋国的魏武子在生病时，曾嘱咐他的儿子魏颗，在他死后，把一个没有生过儿子的妾嫁出去。后来魏武子病重了，又告诉魏颗，在自己死后让他这个妾陪葬。魏武子死了以后，魏颗觉得父亲病危时的语言可能是神志不清时的胡言乱语，便依照父亲以前的吩咐把父亲的爱妾嫁出去了。后来，魏颗领兵和秦国打仗，看见战场上有个老人把遍地的草都打成了结子，缠住秦军的战马，使秦军兵将纷纷坠马，魏颗因此获胜并俘虏了秦将杜回。当夜，魏颗做了个梦，梦见在战场上结草的老人自称是那位出嫁妾室的父亲，他这么做是报答魏颗不把自己女儿拿来陪葬的恩德的。

据古代神怪小说载：东汉杨宝在九岁时，从华阴山北捉了一只受伤的黄雀，杨宝把它带回家饲养，等伤好后把黄雀放了。过后，杨宝梦见黄雀化作一个黄衣童子回来报恩，自称是西王母的使者，并口衔四枚白环，说杨宝的子孙将来都会像白环一样珍贵。

因为这两个故事都含有知恩必报的意思，所以后人把它们结合成一个成语“结草衔环”，形容感恩图报。

竭尽全力

【拼音】jié jìn quán lì

【解释】竭尽：用尽。用尽全部力量。

【成语故事】

东汉末年，有一个叫杨沛的人，字孔渠，当过新郑长。曹操路过新郑的时候，部队缺粮，杨沛帮助过曹操，因此深得曹操喜爱。曹操辅政以后，杨沛升为长社令。他不畏豪强，不管谁犯了法，都依法惩办，得到曹操的称许。

当时，曹操出征在外，听说国都邺城治安太乱，便发诏选一个邺城令，其入选标准是要有杨沛那样的胆略和水平。选来选去，没有合适的，于是将杨沛提拔为邺城令（当时叫京兆尹）。杨沛上任之前，曹操召见了他，并问他如何治理邺城。杨沛回答："我一定竭尽心力，大力宣传法纪，使人人遵纪守法。"曹操听后十分高兴，对左右的人说："你们听见了没有，这才是让人敬服的人。"杨沛还没正式上任，一些豪强地主和皇亲国戚听说杨沛要来邺城了，都纷纷告诫自己的子弟检点一些。

借花献佛

【拼音】jiè huā xiàn fó

【解释】比喻用别人的东西做人情。

【成语故事】

从前有一个小镇，闹蝗虫闹得很厉害，所以不管种什么植物都长得不好，加上常常有猛兽下山吃鸡鸭，让镇民感到很不安。因此佛祖释迦牟尼特地从天上降临人间，施展佛法收拾了蝗虫，也驯服了猛兽。

镇上的人十分感激佛祖，其中有一位穷人特地为佛祖献上了一束鲜花。释迦牟尼看到送花的人穿着破烂的衣服，浑身脏兮兮的，却捧着一束美丽的鲜花，忍不住说："你家需要我帮忙吗？"献花人说："佛啊，我不敢欺骗您，我家里是很穷没错，就连这束花都是我去借来的，可是，这是我的一片诚心，所以，请您一定要收下。"释迦牟尼十分感动。

金玉其外，败絮其中

【拼音】jīn yù qí wài，bài xù qí zhōng

【解释】金玉：比喻华美；败絮：烂棉花。外面像金像玉，里面却是破棉絮。比喻外表很华美，而里面一团糟。

【成语故事】

从前，杭州有个卖水果的小贩，善于储藏柑橘一类的鲜果。不论经过严冬还是盛夏，他保存的水果，颜色仍然像刚摘下来的一样新鲜。所以，尽管他将水果的价格抬高了十倍，买的人还是很多。

有一个人从他那里买了一个柑橘，回家切开一看，结果发现里边的果肉早已变得跟一团棉絮一样。这个人气极了，怒气冲冲地找到小贩，质问说："你这样骗人，也太过分了吧！"

小贩不慌不忙地回答道："我卖水果已经多年了，从没有人来责问过我，您怎么这样不满意呢！世界上骗人的事多了，难道就我一人吗？你也不想想，那些佩戴着兵符将印的将军，那些穿着蟒袍玉带的文臣，骑骏马，坐高堂，一个个好像是国家的栋梁，其实他们真能建功立业吗？这些人哪个不是'金玉其外，败絮其中'呢！为什么你现在不去责问这些人，倒来责问我这个卖柑橘的呢？"这小贩借着卖水果把封建官僚讽刺、痛骂了一顿。那人听后不再作声了。

近水楼台

【拼音】jìn shuǐ lóu tái

【解释】水边的楼台先得到月光。比喻因接近某人或某事物而处于首先获得好处的优越地位。

【成语故事】

北宋著名的政治家和文学家范仲淹，在任杭州知州时，身边任职的很多官员，大多得到他的推荐或者提拔。只有一个叫苏麟的人，因为他在杭州所属的外县做巡察，所以没有被范仲淹推荐。一次，苏麟因事到杭州见范仲淹，趁机写了一首诗，其中两句是："近水楼台先得月，向阳花木易为春。"暗示范仲淹只提拔身边的人。范仲淹看到诗后，立即写了封推荐信，让苏麟的愿望得以实现。

精诚所至，金石为开

【拼音】jīng chéng suǒ zhì，jīn shí wéi kāi

【解释】人的诚心所到，能感动天地，使金石为之开裂。比喻只要诚心实意去做，什么疑难问题都能解决。

【成语故事】

西汉时期，有一个叫李广的著名将领，他精于骑马射箭，作战非常勇敢，人称"飞将军"。

有一次，他去冥山南麓打猎，忽然发现草丛中蹲伏着一只猛虎。李广急忙弯弓搭箭，全神贯注，用尽气力，一箭射去。李广箭法很好，他以为老虎一定会中箭身亡，于是走近前去，仔细一看，未料被射中的竟是一块形状很像老虎的大石头。当寻找射出的那支箭时，他发现不仅箭头深深射入石头当中，就连箭尾也几乎全部没入石头中了。李广很惊讶，他不相信自己能有这么大的力气，于是想再试一试，就往后退了几步，张弓搭箭，用力向石头射去。可是，一连几箭都没有射进去，有的箭头破碎了，有的箭杆折断了，而大石头一点儿也没有受到损伤。

人们对这件事情感到很惊奇，疑惑不解，于是就去请教学者扬雄。扬雄回答说："如果诚心实意，即使像金石那样坚硬的东西也会被感动的。""精诚所至，金石为开"这一成语也便由此流传下来。

精卫填海

【拼音】jīng wèi tián hǎi

【解释】精卫：古代神话中的鸟名。精卫衔来木石，决心填平大海。旧时比喻仇恨极深，立志报复。后比喻意志坚决，不畏艰难。

【成语故事】

传说很久以前，炎帝有个女儿叫女娃。炎帝很喜欢她，经常带她到东海去游泳。女娃非常勇敢，大风大浪从不畏惧。女娃长大后，每天都要自己到东海去游泳。有一天，她不幸溺亡。女娃死后变成了一只鸟，每天从山上衔来石头和草木，投入东海，然后发出"精卫""精卫"的叫声，好像在呼唤着自己。

精卫鸟日复一日,年复一年,顽强不息,坚持不懈,决心要把东海填平。

九牛一毛

【拼音】jiǔ niú yī máo

【解释】九头牛身上的一根毛。比喻极大数量中极微小的数量。

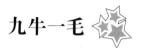

【成语故事】

西汉时代，有个很有名的大将军名叫李陵，他奉汉武帝的命令，率领军队去攻打匈奴。后来，因为兵力不足而战败投降。武帝听到这件事后非常生气，他觉得李陵不但没有立下大功，反而轻易对敌人投降，背叛了汉朝，其他的大臣们也纷纷指责李陵的不忠。只有太史令司马迁为李陵打抱不平，他仗义执言，说道："李陵将军孤军作战，每一次出兵攻打敌方都有很好的成绩。而这一次，他没有得到担任正面主攻任务的将军李广利的协助，五千人的步兵虽然被八万匈奴兵团团围住，但是仍然冒死对抗，而且连续打了十几天的仗，还杀伤敌兵一万多人，直到粮草都用尽了，才不得不假装投降。这样的战绩大概没有几个人能做得到，李陵实在是个了不起的将领啊！至少他的功劳能够抵他的罪过吧！"

汉武帝听到司马迁不但为李陵辩解，而且还讽刺自己的亲戚李广利，顿时火冒三丈，立即下令把司马迁打入死牢。接着又判了司马迁当时最残酷、最耻辱的宫刑。司马迁遭受到如此大的打击，受到这种侮辱，好几次都想自杀一死了之，可是他想到自己这种情形即使死了，在大家眼中也不过就像是九头牛丢失了一根毛，跟蝼蛄蚂蚁无异。于是，他下定决心，要勇敢地活下去，最后终于完成《史记》这部名留千古的史学巨著，其首创的纪传体的编史方法为后来历代"正史"所传承。

居安思危

【拼音】jū ān sī wēi

【解释】居：处于；思：想。虽然处在平安的环境里，也要想到有出现危险的可能。指随时有应付意外事件的思想准备。

【成语故事】

宋、齐等国联合攻打郑国，弱小的郑国知道自己兵力不足，于是请晋国做中间人，希望宋、齐等国能够打消攻打的念头。其他国家因为害怕强大的晋国，并不想得罪晋国，于是纷纷决定退兵。为了答谢晋国，于是郑国国君就给晋国送去了大批礼物。见到这些礼物之后，晋悼公十分高兴，就将一半赏给这件事的大功臣魏绛。没想到被正直的魏绛一口拒绝，并且他还劝晋悼公说："现在晋国虽然很强大，但是我们绝对不能因此而大意，因为人在安全的时候，一定要想到未来可能会发生的危险，这样才会先做准备，以避免失败和灾祸的发生。"晋悼公听完魏绛的话之后，知道他时时刻刻都牵挂着国家与百姓的安危，从此对他更加敬重。

鞠躬尽瘁

【拼音】jū gōng jìn cuì

【解释】指恭敬谨慎，竭尽心力。

【成语故事】

东汉末年，刘备三顾茅庐，请诸葛亮出山。此后，诸葛亮全力辅助刘备建立蜀汉政权，形成三分天下的局面。不久后，刘备病逝，儿子刘禅继位。为了帮助刘禅统一天下，诸葛亮一面与东吴结盟；一面南征孟获，清除后患；还一面充实军队，准备伐魏。在出兵前，他写了《出师表》给刘禅，详细分析了攻打魏国的道理。最后表示，自己一定“鞠躬尽瘁，死而后已”，以报刘备的知遇之恩。

举案齐眉

【拼音】jǔ àn qí méi

【解释】案：古时有脚的托盘。送饭时把托盘举得跟眉毛一样高。后形容夫妻互相尊敬。

【成语故事】

东汉学者梁鸿回老家时，有许多女子想嫁给他，他都谢绝了。有个叫孟光的女子虽然生得又矮又胖，但品行修养很好。她拒绝了许多人的登门求婚后，三十多岁如愿以偿地嫁给了梁鸿。婚后，他们靠种地和织布为生，日子过得幸福和睦。后来梁鸿因在一首诗中触犯了汉章帝，夫妻俩不得不流落到吴中。每天梁鸿帮人干完活回来，孟光总是低着头，把准备好的饭菜用托盘举到跟眉毛平齐的高度侍候丈夫用餐。

举一反三

【拼音】jǔ yī fǎn sān

【解释】反：类推。比喻从一件事情类推而知道其他许多事情。

【成语故事】

有一天，“至圣先师”孔子对他的学生说：“举一隅，不以三隅反，则不复也。”意思是说：我举出一个方面，你们应该要能灵活地推想到另外三个方面，如果不能的话，我也不会再教你们了。

K

开诚布公

【拼音】kāi chéng bù gōng

【解释】开诚：敞开胸怀，显示诚意。指以诚心待人，坦白无私。

【成语故事】

三国时，蜀汉的丞相诸葛亮极得皇帝刘备的信任。刘备临终前，曾将自己的儿子刘禅托付给他，请他帮助刘禅治理天下，并且诚恳地表示，你能辅佐他就辅佐他，如果他不好好听你话，干出危害国家的事来，你就取而代之。

刘备死后，诸葛亮尽全力帮助平庸的后主刘禅治理国家。有人劝他晋爵称王，他严词拒绝，并认为自己受先帝委托，已经担任了这么高的官职，如今讨伐曹魏没见什么成效，却要加官晋爵，这样做是不义的。

诸葛亮待人处事公正合理，不徇私情。马谡是他非常看重的一位将军，在攻打曹魏时当前锋。因为他违反了诸葛亮的约束，指挥失当，失守街亭，诸葛亮严守军令状规定，忍痛杀了他。马谡临刑前上书诸葛亮，说自己虽然死去，在九泉之下也没有怨恨。诸葛亮自己也为失守街亭等承担责任，请求后主批准他由丞相降为右将军。他还特地下令，要下属批评他的缺点和错误。这在当时是罕见的。

因此，陈寿在《三国志》中评价诸葛亮为“开诚心，布公道”。

开卷有益

【拼音】kāi juàn yǒu yì

【解释】开卷：打开书本，指读书；益：好处。读书总有好处。

【成语故事】

宋太宗赵光义，很爱读文史一类书籍。他把文学家李昉等人召来，要他们编一部大型辞书。

李昉等人花了七年工夫，摘录了一千多种古籍才终于在太平年间，编成了共一千卷的《太平总类》。太宗见了这部巨著，非常高兴。他规定自己，每天必须阅读三卷。有时候，由于朝政繁忙，他没能按计划阅读，之后一有空，他就补读。侍臣们见宋太宗读这厚厚的书太劳神，劝他休息。宋太宗对他们说："开卷有益，我不觉得疲劳啊！"

这部书因为是皇帝看过的，后来就改名为《太平御览》。

开门揖盗

【拼音】kāi mén yī dào

【解释】揖：拱手作礼。开门请强盗进来。比喻引来坏人，招来祸患。

【成语故事】

孙策临终时，长史张昭等人都来看他。他对张昭说：“麻烦你们好好扶助我的弟弟孙权！”这时，孙权才十五岁，他见哥哥去世了，万分悲痛。大臣们都劝他不要过分悲伤，可他还是天天啼哭。大臣们见劝说无效，都非常着急。张昭就劝孙权说：“如果你只顾悲啼，不理国事……”孙权听到这里，停止了哭泣，请张昭说下去。张昭继续说：“这好比开门揖盗，必将自取其祸。”孙权听后马上更换了衣服，去视察军营，以安定军心。

开天辟地

【拼音】kāi tiān pì dì

【解释】古代神话传说：盘古氏开辟天地，开始有人类历史。后指宇宙开始或有史以来。

【成语故事】

神话中传说，世上最早时，天地浑然一体。世界像个鸡蛋，天地的开创人盘古就在蛋里。

一万八千年后，盘古劈开天地，蛋里淡淡的烟云冉冉上升，变成了青天。混浊的沉渣逐渐凝聚，变成大地。天地近在咫尺。盘古弯曲着背把天地撑开。盘古顶天立地一万八千年，终于把天撑高。天地再也不会合在一起，盘古才安然死去。他呼出的气，变成风和云。他留下的声音，变成雷霆。他的眼睛，变成太阳和月亮。

盘古开创了世界。

侃侃而谈

【拼音】kǎn kǎn ér tán

【解释】侃侃：理直气壮，从容不迫。理直气壮、从容不迫地说话。

【成语故事】

在周朝的等级制度中，大夫是诸侯下面的一个等级。其中又分为两等，最高一级称为卿，即上大夫，其余称为下大夫。

孔子是春秋末期的思想家、政治家、教育家，又是儒家学派的创始者。但他在当时的地位仅相当于下大夫。

孔子大力宣传“仁”的学说，并提出“仁”的执行要以“礼”为规范，极力维护贵族等级秩序，所以他是一个一举一动、一言一行都力求合乎周礼的人。在乡里，在朝廷上，和上大夫说话，和下大夫说话，他都有不同的举止和言语。

平时，在乡里与乡亲们谈话，他显得温和恭顺，好像不善辞令的样子；但在宗庙和朝堂上，他却十分善言，只是比较谨慎罢了。在朝廷上，当国君不在场时，与下大夫说话，他言谈毫无顾忌，侃侃而谈，显得从容不迫；但和上大夫说话，他和颜悦色，十分谦恭；如果国君临朝，在国君面前，他一切都按朝仪去做，小心谨慎，还怕有不妥之处。

孔子提倡的礼教，是中华民族传统文化的组成部分，即使在现在，也仍有一定的积极意义。

克己奉公

【拼音】kè jǐ fèng gōng

【解释】克己：约束自己；奉公：以公事为重。克制自己的私心，一心为公。比喻一个人对自己要求严格，一心为公。

【成语故事】

祭遵，字弟孙，东汉初年颍阳人。他从小喜欢读书，知书达理，虽然出身豪门，但生活非常俭朴。

公元24年，刘秀攻打颍阳一带，祭遵去投奔他，被刘秀收为门下吏。后随军转战河北，当了军中的执法官，负责军营的法令。任职中，他执法严明，不徇私情，为大家所称道。

有一次，刘秀身边的一个小侍从犯了罪，祭遵查明实情后，依法把这小侍从处以死刑。刘秀知道后，十分生气，想祭遵竟敢处罚他身边的人，欲降罪于祭遵。但马上有人来劝谏刘秀说："严明军令，本来就是大王的要求。如今祭遵坚守法令，上下一致做得很对。只有像他这样言行一致，号令三军才有威信啊。"

刘秀听了觉得有理。于是，非但没有治罪于祭遵，还升他为征虏将军，赐爵颍阳侯。

祭遵为人廉洁，为官清正，处事谨慎，克己奉公，常受到刘秀的赏赐，但他每次都将这些赏赐拿出来分给手下的人。他生活十分俭朴，家中也没有多少私人财产，即使在安排后事时，他仍嘱咐手下的人，不许铺张浪费，只用牛车装载自己的尸体和棺木，拉到洛阳草草下葬就可以了。

祭遵死后多年，汉光武帝刘秀仍对他的克己奉公精神十分怀念。

克勤克俭

【拼音】kè qín kè jiǎn

【解释】克：能够。既能勤劳，又能节俭。

【成语故事】

古时候，我国黄河流域，洪水经常泛滥成灾。人们苦于水患，热切地希望能够加以治理。

尧帝时，鲧受尧的委派负责治水，九年不成。

舜帝时，他把这一任务交给了鲧的儿子——禹。禹深知人民的疾苦，欣然接受了任务。虽然当时他才刚刚结婚四天，但他毅然告别了新婚的妻子，踏上了治理水害的征途。

禹认真地察看了地形，吸收了前人失败的教训，废弃了过去一贯采取的堵塞方针，采用了疏导的办法。他日夜辛劳地带领着百姓疏通河道，开渠做坝，把河水引入大海。

在长达十三年的艰苦岁月中，大禹曾三次路过自己的家门口，都没进去看一下，与群众一起节衣缩食，同甘共苦，最后，终于治理好了洪水。

大禹治水成功后，舜见大禹是一个有德有才的人，于是决定让位给禹。他对禹说："大禹啊，你是最贤能的人，既能勤劳地治国，又能节俭地持家，是担当得起这个帝位的。”

在舜的再三坚持下，禹接替了舜的帝位，同时他也受到了百姓们的拥戴。

空前绝后

【拼音】kōng qián jué hòu

【解释】从前没有过，今后也不会再有。夸张性地形容独一无二。

【成语故事】

晋朝顾恺之，才华出众，学识渊博，他的绘画才能更是出色，闻名于世。顾恺之画人物，神态逼真，形象生动。与众不同的是，他画人物，从来不先点眼珠。有人问其原因，他说：“人物传神之处，正在这个地方。”一语道出了其中的诀窍，使人叹服。史书记载，他有三绝：才绝、画绝、痴绝。

南北朝时的梁朝，又出了一个叫张僧繇的大画家。他善画山水、人物、佛像，在当时名气很大。梁武帝建了很多寺庙佛塔，都命他作画，说明他作画的技艺是很高超的。

到了唐朝，又出了个更有成就的画家——吴道子，集绘画、书法大成于一身。他的山水、佛像画闻名当时，且写得一手好字。传说，他曾为唐玄宗画巨幅嘉陵江图，几百里山水竟在一天内画好了；他在寺庙中画了地狱变相图，不画鬼怪而阴森逼人，相传看过这幅画后改过自新、弃恶从善的大有人在。

所以，后来有人评价这三个画家时，认为顾恺之的绘画成就超越前人，张僧繇的绘画成就后人莫及，而吴道子则兼两人的长处。

空穴来风

【拼音】kōng xué lái fēng

【解释】穴：孔、洞；来：招致。有了洞穴才进风。比喻消息和谣言的传播不是完全没有原因的。现多用来指消息和传说毫无根据。

【成语故事】

楚国人宋玉，是屈原的学生，也是当时著名的文学家。有一次，他陪着楚顷襄王到兰台去游玩，这时，正好有一阵凉风徐徐吹来，顷襄王披着衣襟，觉得很凉快。“好凉快的风！”顷襄王愉快地说，“这是我和老百姓们共有的呀！”宋玉因为顷襄王淫乐无道，想借着“风”这件事情来讽刺顷襄王，就说：“这风是大王您独有的，老百姓哪有资格和您共有呢？”顷襄王觉得风的吹拂是不分贵贱的，现在听说是他独有的，倒觉得奇怪了，就把宋玉叫来，叫他说说道理。宋玉说：“枳树弯曲了，就会有鸟在上面做巢；空的洞穴中，也会因为空气的流动而产生风。”停了一下，宋玉再用讥刺的口吻说：“皇宫里面，因为地方清静，产生的风自然清凉，这是属于贵族的；而老百姓们因为住在陋巷里，产生的风自然都夹有泥沙恶臭，那种风才是属于老百姓的。”

空中楼阁

【拼音】kōng zhōng lóu gé

【解释】悬在半空中的阁楼。比喻虚幻的事物或脱离实际的空想。

【成语故事】

很久以前，山村里有一位财主。他非常富有，但生性愚钝，尽做傻事，所以常遭到村里人的嘲笑。

有一天，傻财主到邻村的一位财主家做客。他看到一幢三层楼高的新屋，宽敞明亮，高大壮丽，心里非常羡慕，心想：我也有钱，而且并不比他的少，他有这样一幢楼，而我没有，这像什么话呢？一回到家，他马上派人把工匠找来，问道："邻村新造的那幢楼，你们知道是谁造的吗？"

工匠们回答道："知道，那幢楼是我们几个造的。"傻财主一听，非常高兴，说："好极了，你们照样子再给我盖一次。记住要三层楼的房子，要和那幢一模一样。"工匠们一边答应，心里一边嘀咕：不知这次他又会做出什么傻事来。可是不管怎样，还得照吩咐去做，大家便各自忙开了。

一天，财主来到工地，东瞅瞅，西瞧瞧，心里十分纳闷，便问正在打地基的工匠："你们这是在干什么？"

"造一幢三层楼高的屋子呀，是照您吩咐干的。"

“不对，不对。我要你们造的是那第三层楼的屋子。我只要最上面的那层，下面那两层我不要，快拆掉。先造最上面的那层。”

工匠们听后哈哈大笑，说：“只要最上面那层，我们不会造，你自己造吧！”

工匠们走了，傻财主望着房基发愣。他不知道，只要最上面一层，不要下面两层，那是再高明的工匠也造不出来的。

口若悬河

【拼音】 kǒu ruò xuán hé

【解释】 若：好像；悬河：激流倾泻。讲起话来滔滔不绝，像瀑布不停地奔流倾泻。形容能说会辩，说起来没个完。

【成语故事】

晋朝有一位很有学问的大学问家，名叫郭象。他年纪还小的时候，就展现出了很高的才华，十几岁的时候，不但已经读完《老子》《庄子》等古书，而且还能一口气背诵出来。

郭象的名声愈来愈大，朝廷派人请他做官，他推辞不掉只好答应，于是就当上了黄门侍郎。因为他平时读了许多书，知识非常丰富，并且他喜欢将知识应用在日常生活中的小细节里，所以提出的见解往往比别人深刻，而且能够将各种道理说得很清楚，因此他受到许多人的推崇。郭象口才很好，讲起话来滔滔不绝、有声有色，大家都听得很入神。其中有个太尉叫王衍，听完他的议论后感慨地说：“听郭象说话，就好像看到瀑布流泻下来的水，滔滔不绝，好像永远不会停止。”

胯下之辱

【拼音】kuà xià zhī rǔ

【解释】胯下：两条腿之间。从胯下爬过的耻辱。

【成语故事】

韩信是汉代军事家、开国功臣。他年轻时家贫，被人瞧不起。有一次，一个青年人当众侮辱韩信，说："你虽然身高体大，喜欢佩带刀剑，内心里却十分胆怯。"他还说："韩信，若你不怕死，就用剑刺我；怕死，就从我裤裆下钻过去。"韩信注视了这个人好久，然后就低下头从这个人叉开的双腿间钻了过去，又爬着走了几步。满街的人都嘲笑他，以为他怯懦。后来，韩信做了楚王，他召见了当时侮辱自己，让自己从他裤裆下钻过的那个人，提拔他做了楚国的中尉。韩信对各位文武官员说："这个人是一位壮士。当初他侮辱我时，我难道不能杀了他吗？不过杀他没有什么值得称道的，因此我就忍耐下来，而成就了今天的功业。"

脍炙人口

【拼音】kuài zhì rén kǒu

【解释】脍：切细的肉；炙：烤熟的肉。脍和炙都是人们爱吃的食物。指美味人人爱吃。比喻好的诗文受到人们的称赞。

【成语故事】

春秋时的曾参是个孝子。他的父亲曾皙喜欢吃羊枣（一种野生小柿子，俗名牛奶柿）。曾皙死后，曾参竟不忍心再吃羊枣。此事被传为美谈。

有一次，孟子的学生公孙丑就这件事向孟子提问："脍炙（精美的肉食）和羊枣哪样东西好吃？"孟子说："当然是脍炙好吃。"公孙丑说："那么曾参父子一定都爱吃脍炙了，可为什么父亲死后，曾参只戒羊枣，不戒脍炙呢？"

孟子回答说："脍炙，是大家都爱吃的；羊枣却是曾皙的特殊嗜好，所以他死后，曾参会继续吃脍炙而不吃羊枣。"

困兽犹斗

【拼音】kùn shòu yóu dòu

【解释】被围困的野兽还要做最后挣扎。比喻身处绝境仍要拼命挣扎抵抗。

【成语故事】

春秋时，晋国发兵去救援被楚攻打的郑国，可是晚到了一步，郑国已投降了楚军。这时晋军主帅荀林父主张退兵，可副帅反对，最后由于意见不一致，晋军被楚军打得大败。

晋景公得到这一消息后，很是气愤。晋军将领回国后，晋景公立即叫人把败军将领带上殿来，大声斥责，追究责任。那些将领见国君大发雷霆，跪在一旁，不敢吱声。过了一会儿，荀林父想到自己是主帅，对这次大败应负有责任，就跪前一步说："末将罪该万死，现请求一死。"

景公盛怒之下，拂袖示意卫兵来捆绑荀林父。这时，大夫士贞子上前阻止，不慌不忙地对景公说："三十多年前，先君文公在对楚的城濮之战中大获全胜，晋国举国欢腾，但文公面无喜色，左右感到很奇怪，就问文公：'既然击败了强敌，为何反而愁闷？'文公说：'这次战斗，由于我们采取了正确的战略原则，击破了楚军的左、右翼，中军主帅子玉就完全陷入被动，无法挽回败局，只得收兵。但楚军虽败，主帅子玉尚在，哪里可以松口气啊！困兽犹斗，更何况子玉是一国的宰相呢？我们又有什么可高兴的，他是要来报仇的！'直到后来楚王杀了子玉，文公才喜形于色。楚王杀子玉，是帮了我们晋国的忙。如果说楚国被先王打败是一次失败，那么，杀掉子玉是再次失败。现在您要杀掉荀林父……"

景公听了士贞子的话，恍然大悟，笑着说："大夫别说了，我懂了，我杀了荀林父，岂不是帮了楚国的忙？这样，我们不是也将一败再败了吗？"

于是，景公当场就赦免了荀林父等将帅。

L

滥竽充数

【拼音】làn yú chōng shù

【解释】滥：失实的，与真实不符，引申为蒙混的意思；竽是一种簧管乐器；充数是凑数。不会吹竽的人混在吹竽的队伍里充数。比喻没有真才实学的人混在行家里充数，或拿不好的东西混在好的里面充数。

【成语故事】

战国时期，齐宣王非常喜欢听人吹竽，而且喜欢许多人一起合奏给他听，所以他派人到处搜罗能吹善奏的乐工，组成了一支三百人的吹竽乐队。而那些被挑选入宫的乐师，受到了特别优厚的待遇。

当时，有一个游手好闲、不务正业的浪荡子弟，名叫南郭。他听说齐宣王有这种嗜好，就一心想混进那个乐队，便设法求见宣王，向他吹嘘自己是一名了不起的乐师。在博得了宣王的欢心后，他就被编入了吹竽的乐师班里。可笑的是，这位南郭先生根本不会吹竽。每当乐队给齐宣王吹奏的时候，他就混在队伍里，学着别的乐工的样子，摇头晃脑，东摇西摆，装模作样地吹奏。因为他学得惟妙惟肖，又由于是几百人在一起吹奏，齐宣王也听不出谁会谁不会。就这样，南郭先生混了好几年，不但没有露出一丝破绽，而且还和别的乐工一样领到一份优厚的赏赐，过着舒适的生活。

后来，齐宣王死了，他儿子齐湣王继位，湣王同样爱听吹竽。只有一点不同，他不喜欢合奏，而喜欢乐师们一个一个单独吹给他听。

南郭先生听到这个消息后，吓得浑身冒汗，整天提心吊胆。心想，这回要露出马脚来了，丢饭碗是小事，要是落个欺君犯上的罪名，连脑袋也保不住了。所以，趁湣王还没叫他演奏，就赶紧溜走了。

狼狈为奸

【拼音】láng bèi wéi jiān

【解释】传说狈是一种兽，前腿特别短，走路时要趴在狼身上，没有狼，它就不能行动。比喻互相勾结做坏事。

【成语故事】

传说古时候，有狼和狈两种野兽。狼的前肢长，后腿短；狈的前肢短，后腿长。有一次，狼和狈一道去偷羊，但羊圈又高又结实，既跳不进，也撞不开。于是它们就想出了一个办法：狼骑到狈的脖子上，狈用两条后腿站起来，把狼托得很高，然后狼就用它的两条前肢攀上羊圈，把羊拖走。根据狼和狈勾结干坏事的传说，人们创造了成语“狼狈为奸”。

老当益壮

【拼音】lǎo dāng yì zhuàng

【解释】当：应该；益：更加；壮：雄壮。年纪虽老而志气更旺盛，干劲更足。

【成语故事】

东汉时期的名将马援曾在北方经营畜牧业，因为管理得当，发展很快，许多人都来投奔他。

他经常语重心长地对周围的人说："丈夫为志，穷当益坚，老当益壮。"意思就是，大丈夫立志，越是穷困，越要坚强；越是年纪大，越要不服老。人们听了，都很佩服他。

马援有几千头牛和羊，还有大批粮食，但是他不看重这些财物，常把经营得来的钱分给大家，自己却过着比较朴素的生活。他说："积累资财，就在于用它来帮助别人，否则，只不过是一个守财奴罢了！"

老马识途

【拼音】lǎo mǎ shí tú

【解释】老马认识路。比喻有经验的人对事情比较熟悉。

【成语故事】

古代战国时，齐国发兵攻打另一个国家。齐军胜利返回时，因为不熟悉地形，走进了一个险谷，迷失了方向。足智多谋的齐国军师说："老马无论走多远，总能顺着来路回去。"果然，齐军跟在老马后面，走出了险谷。将士们乐呵呵地夸赞："还是老马识途啊！"

老生常谈

【拼音】lǎo shēng cháng tán

【解释】老书生经常说的话。比喻人们听惯了的没有新鲜意思的话。

【成语故事】

三国时候，有个名叫管辂的人，他从小勤奋好学、才思敏捷，尤其喜爱天文。十五岁时，已熟读《周易》，通晓占卜术，渐渐有了小名气。日子一久，传到了吏部尚书何晏、侍中尚书邓飏耳里。

这一天，正好是农历十二月二十八，这两个大官吃饱喝足后，闲着无聊，便派人把管辂召来替他们占卜。管辂早就听说这两人是曹操侄孙曹爽的心腹，倚仗权势，胡作非为，名声很不好。他考虑了一会儿，想趁这个机会好好教训他们一顿，灭灭他们的威风。何晏一见管辂，就大声嚷道："听说你的占卜很灵验，快替我算一卦，看我能不能再有机会升官发财。另外，这几天晚上我还梦见苍蝇总是叮在鼻子上，这是什么预兆？"管辂想了一想，说："从前周公忠厚正直，辅助周成王建国立业，国泰民安；现在你的职位比周公还高，可感恩你的人很少，惧怕你的人却很多，这恐怕不是好预兆。你的梦按照卜术来测，也是个凶相啊！"管辂接着又说："要想逢凶化吉，消灾避难，只有多效仿周公等大圣贤们，发善心，行善事。"邓飏一旁听了，很不以为然，连连摇头说："这都是些老生常谈，没什么意思。"何晏脸色铁青，一语不发。管辂见了，哈哈一笑："虽说是老生常谈的话，却不能加以轻视啊！"不久，新年到了，传来消息说何晏、邓飏与曹爽一起因谋反而遭诛杀。管辂知道后，连声说："老生常谈的话，他们却置之不理，所以难怪有如此下场啊！"

乐不思蜀

【拼音】lè bù sī shǔ

【解释】很快乐，不思念蜀国。比喻在新环境中得到乐趣，不再想回到原来的环境中去。

【成语故事】

三国时，蜀国的建立者刘备在驾崩之后，把皇帝的位置传给了他的儿子刘禅，并请丞相诸葛亮来辅佐刘禅治理国家。刘禅有个小名叫作阿斗，阿斗当了皇帝后，每天只会吃喝玩乐，根本不管事，还好有诸葛亮帮他撑着，蜀国才能一直很强盛。可是，当诸葛亮去世之后，魏国马上派兵来攻打蜀国，蜀国不但打不过魏国，阿斗还自愿投降，带着一些旧大臣到魏国去当"安乐公"，继续过着吃喝玩乐的日子，完全忘记自己的国家已经灭亡了。有一天，魏国的大将军司马昭请阿斗吃饭，故意叫人来表演蜀国的杂耍，想羞辱这些蜀国来的人。旧大臣们看到这些蜀国的杂耍，都非常的难过，可是，阿斗却高兴地拍着手说："好！好！真是好看！"一点也没有伤心的样子。后来，司马昭故意讽刺阿斗说："怎么样，在这里过得开心吗？想不想蜀国呀？"没想到，阿斗居然开心地说："此间乐，不思蜀。"意思是说："在这里有得吃、有得玩，不会想念蜀国呢！”司马昭听了以后，在心里窃笑：“真是一个扶不起的阿斗呀！难怪会让自己的国家亡掉。”

乐极生悲

【拼音】lè jí shēng bēi

【解释】高兴到极点时，发生使人悲伤的事。

【成语故事】

战国时，齐威王经常通宵饮酒作乐，不理朝政。楚国乘机出兵进攻齐国。齐王派淳于髡去赵国请来救兵，才解了齐国之危。

在庆贺淳于髡搬兵有功的宴会上，齐王问淳于髡喝多少酒才会醉，淳于髡回答说：“我喝一斗也醉，喝一石也醉。”齐威王不解其意，又问道：“先生喝一斗酒就醉了，怎么能喝得了一石呢？”

淳于髡想借此机会规劝齐威王不要通宵饮酒，于是就委婉地说：“道理是这样的：如果大王赏给我酒，在喝酒的时候，大王坐在我面前，法官站在我旁边，御史站在我后边，我就感到恐惧，喝上一斗也就醉了；若是在民间，不分男女坐在一起，一边饮酒，一边游戏，喝上八斗也不会醉；假如到了夜里，主人把我留下，无拘无束地坐在一起，这时喝上一石，也不会醉。所以古人说，酒喝到了极点，就不能遵守礼节，人快乐到了极点，就会发生悲哀的事情。”

齐威王听出淳于髡是在讽谏自己，从那以后就不再通宵饮酒了。

力不从心

【拼音】lì bù cóng xīn

【解释】心里想做，可是力量或能力够不上。

【成语故事】

东汉的时候，班超因为明帝的派遣，率领数十人到西域出使，立下很多功劳。但是，在西域住了二十七年的班超，年纪大了，身体又不好，很想回家，于是就写了封信，叫他的儿子寄回汉朝，请和帝把他调回去。可是班超一直没有接到答复。所以，他的妹妹班昭又上书给皇帝，说明哥哥的意思。

信中有几句这样的话："班超在和他一起去西域的人当中，年龄最大，现在已经过了花甲之年，体弱多病，头发斑白，两手不太灵活，耳朵也听不清楚，眼睛不再像以前那样明亮，要撑着手杖才能走路。如果有突然的暴乱发生，恐怕班超也不能顺着心里的意愿替国家卖力。这样一来，对上会损害国家治理边疆的成果，对下会破坏忠臣好不容易立下的功劳，让人感到难过啊。"被感动的汉和帝，马上下令把班超调回。班超回到洛阳不久后便病逝了，享年七十一岁。

梁上君子

【拼音】 liáng shàng jūn zǐ

【解释】 梁：房梁。躲在梁上的君子。后来用作窃贼的代称。

【成语故事】

东汉的时候，有一个叫陈寔的人。每次别人遇到什么纷争的时候，都会请他出来主持公道，因为大家都知道陈寔是一个忠厚诚恳的大好人，每个人都很喜欢他、听他的话。有一年陈寔的家乡闹饥荒，有的人为了生活，就做了小偷。

一天晚上，一个小偷溜进陈寔的家，准备等陈寔睡觉以后偷东西，这个小偷不知道陈寔已发现他躲在屋梁上面。不过陈寔却假装没看到，安静地坐在客厅里喝茶。过了一会儿，陈寔把全家人都叫到客厅，对着大家说："你们知道，人活在世界上只有短短的几十年，如果我们不好好把握时间去努力，等我们老了以后再努力就来不及了。所以，我们应该从小就养成努力向上的好习惯，长大以后才能对社会、家庭，还有自己有好的贡献！当然也有一些不努力的人，只喜欢享受，这些人的本性并不坏，只是他们没有养成好的习惯，才会做出一些危害社会的坏事情，你们现在把头往上看，在我们屋梁上的这位先生，就是一个活生生的例子。"

小偷一听，吓得赶快从屋梁上爬下来，跪在陈寔的前面："陈老爷，对不起！我知道错了，请您原谅我！”陈寔不但没有责骂小偷，还和蔼地对小偷说：“我看你不像是一个坏人，可能是为生活困苦所逼，我现在给你一些钱，你不要再去偷东西了，好好努力，做错事情只要能改过，你还是会成为一个有用的人的！”小偷感动地哭着对陈寔说：“谢谢陈老爷！我一定会好好努力的！”后来，这个小偷果然把自己的坏习惯改掉，努力做事，成了一个大家都称赞的好青年！

两败俱伤

【拼音】liǎng bài jù shāng

【解释】俱：都。斗争双方都受到损伤，谁也没得到好处。

【成语故事】

从前有两个人，一个叫管庄子，另一个叫管与。有一次打猎的时候，他们看见两只老虎为了抢肉吃而打得不可开交。管庄子迫不及待想杀了那两只老虎，管与马上阻止他，说：“老虎很喜欢吃肉，肉可以说是它们的美食，现在两只老虎都抢着吃肉，一定会争个你死我活，力气比较小的那只肯定会被比较强的那只打死。最后，比较强的那只也一定会伤痕累累。等到那时候，我们不用花什么力气就可以得到两只老虎，这不是一举两得吗？”果然，两个人很轻松地就得到了两只老虎。

两袖清风

【拼音】liǎng xiù qīng fēng

【解释】衣袖中除清风外，别无所有。比喻做官廉洁。

【成语故事】

明代的地方官进京见皇帝时，要送礼物给皇帝及权贵，以博取他们的欢心。兵部侍郎于谦对此事非常反感，他从外地进京时，不但没有带东西，还作了一首诗以表明自己的态度。诗中说，虽然当地有绢帕、蘑菇、线香等土产，但它们是百姓的生活依靠，当官的要是去搜刮，那百姓可就遭殃了。所以他见皇上什么都不带，只有两只袖管里的风，免得被百姓闲话短长。

柳暗花明

【拼音】liǔ àn huā míng

【解释】垂柳浓密，鲜花夺目。形容柳树成荫、繁花似锦的春天景象。也比喻在困难中遇到转机。

【成语故事】

陆游是南宋著名的爱国诗人。他的诗抒发了爱国的情怀，一度得到孝宗的赏识，所以入朝当了军器少监。但朝中的投降派百般排挤他，不断上书皇帝，诬陷他终日赏花吟诗，不务正业，皇帝偏听偏信，结果陆游被弃。

陆游怀着满腔的愤怒，回到老家绍兴闲居。一天，陆游前往山西村拜访友人，友人及左邻右舍听说陆游来访，都热情地接待他，家家户户摆酒设宴相迎。那淳朴的民风使陆游十分感动，他诗兴大发，写下诗作《游山西村》。诗中有这样两句："山重水复疑无路，柳暗花明又一村。"诗句既描绘了大自然的景象，又表达了诗人对未来寄予希望的心境。

洛阳纸贵

【拼音】luò yáng zhǐ guì

【解释】借指著作有价值，流传广。

【成语故事】

晋代文学家左思，小时候是个非常顽皮、不爱读书的孩子。父亲经常为这事发脾气，可是小左思仍然淘气得很，不肯好好学习。

有一天，左思的父亲与朋友们聊天，朋友们羡慕他有个聪明可爱的儿子。左思的父亲叹口气说："快别提他了，小儿左思的学习，还不如我小时候，看来没有多大的出息了。"说着，脸上流露出失望的神色。这一切都被小左思看到听到了，他非常难过，觉得自己不好好念书确实很没出息。于是，他暗暗下定决心，一定要刻苦学习。

日复一日，年复一年，左思渐渐长大了，由于他坚持不懈地发奋读书，终于成为一位学识渊博的人，文章也写得非常好。他用一年时间写成的《齐都赋》，显示出他在文学方面的才华，为他成为杰出的文学家奠定了基础。这以后他又计划以三国时魏、蜀、吴首都的风土、人情、物产为内容，撰写《三都赋》。为了在内容、结构、语言诸方面都达到一定水平，他潜心研究，精心撰写，废寝忘食，用了整整十年，文学巨著《三都赋》终于写成了。

《三都赋》受到大家的好评，人们把它和汉代文学杰作《两都赋》相比。由于当时还没有发明印刷术，喜爱《三都赋》的人只能争相抄阅，因为抄写的人太多，京城洛阳的纸张供不应求，一时间全城纸价大幅度上升。

M

马首是瞻

【拼音】mǎ shǒu shì zhān

【解释】瞻：往前或往上看。古代作战时士兵看着主将的马头，决定进退，泛指跟随别人行动或听从别人指挥。

【成语故事】

战国时，晋悼公联合了十二个诸侯国攻伐秦国，指挥联军的是晋国的大将荀偃。

荀偃原以为十二国联军攻秦，秦军一定会惊慌失措。不料景公已经得知联军军心不齐，士气不振，所以毫不胆怯，并不想求和。荀偃没有办法，只得准备打仗，他向全军将领发布命令说："明天早晨，鸡一叫就开始驾马套车出发。各军都要填平水井，拆掉炉灶。作战的时候，全军将士都要看我的马头来定行动的方向。我奔向哪里，大家就跟着奔向哪里。"

想不到荀偃的下军将领认为，荀偃这样的指令，大专横了，就说："晋国从未下过这样的命令，为什么要听他的？好，他马头向西，我偏要向东。"

这个将领的副手说："你是我们的头，我听你的。"于是也率领自己的队伍朝东而去。这样一来，全军顿时混乱起来。

荀偃失去了下军，仰天叹道："既然下的命令不能执行，就不会有取胜的希望，一交战肯定会让秦军得到好处。"他只好下令将全军撤回去。

买椟还珠

【拼音】mǎi dú huán zhū

【解释】椟：木匣；珠：珍珠。买下木匣，退还了珍珠。比喻没有眼力，取舍不当。

【成语故事】

春秋时期，楚国有一个商人到齐国去兜售珍珠，为了使生意好，珍珠畅销，他特地用名贵的木料，做了个盒子，把盒子雕刻装饰得非常精致美观，还使盒子散发香味，然后把珍珠装在盒子里面。

有一个郑国人看见装珍珠的盒子既精致又美观，问明了价钱后，就买下了。随后他打开盒子，把里面的珍珠拿出来，退还给了商人。

毛遂自荐

【拼音】máo suì zì jiàn

【解释】毛遂自己推荐自己。比喻自告奋勇，自己推荐自己担任某项工作。

【成语故事】

春秋时，秦军在长平一线，大胜赵军。秦军主将白起，领兵乘胜追击，包围了赵国都城邯郸。

大敌当前，赵国形势万分危急。平原君赵胜奉赵王之命，去楚国求兵解围。平原君把门客召集起来，想挑选二十个文武全才一起去。他挑了又挑，选了又选，最后还缺一个人。这时，门客毛遂自我推荐，说："算我一个吧！"平原君见毛遂再三要求，才勉强同意了。

到了楚国，楚王只接见平原君一个人。两人坐在殿上，从早晨谈到中午，还没有结果。毛遂大步跨上台阶，远远地大声叫起来："出兵的事，非利即害，非害即利，简单而又明白，为何议而不决？"楚王非常恼火，问平原君："此人是谁？"平原君答道："此人名叫毛遂，乃是我的门客！"楚王喝道："赶快退下！我和你主人说话，你来干吗？"毛遂见楚王发怒，不但不退下，反而又走上几个台阶。他手按宝剑，说："如今十步之内，大王性命在我手中！"楚王见毛遂那么勇敢，没有再呵斥他，就听毛遂讲话。毛遂就把出兵援赵有利楚国的道理，作了非常精辟的分析。毛遂的一番话，说得楚王心悦诚服，答应马上出兵。短短几天，楚、魏等国联合出兵援赵。秦军撤退了。平原君回赵后，待毛遂为上宾。他很感叹地说："毛先生一至楚，楚王就不敢小看赵国。"

门可罗雀

【拼音】mén kě luó què

【解释】罗：张网捕捉。大门之前可以张起网来捕麻雀。形容十分冷落，宾客稀少。

【成语故事】

西汉著名的史学家、文学家司马迁，曾经为汉武帝手下的两位大臣合写了一篇传记，一位是汲黯，另一位是郑庄。汲黯，字长孺，濮阳人，景帝时，曾任太子洗马，武帝时，曾做过东海太守，后来又任主爵都尉。郑庄，陈人，景帝时，曾经担任太子舍人，武帝时担任大农令。这两位大臣都为官清正，刚直不阿，曾位列九卿，声名显赫，权势大，威望重，到府上拜访的人络绎不绝，出出进进，十分热闹，谁都以能与他们结交为荣。可是，由于他们太刚直了，汉武帝后来撤了他们的职。他们丢了官，失去了权势，就再也没人去拜访了。开封的翟公曾经当过廷尉，他在任上的时候，登他家门拜访的宾客十分拥挤，塞满了门庭。后来他被罢了官，就没有宾客再登门了。结果门口冷清得可以张起网来捕捉鸟雀了。官场多变，过了一个时期，翟公官复原职。于是，那班宾客又想登门拜访他。翟公感慨万千，在门上写了几句话："一生一死，乃知交情；一贫一富，乃知交态；一贵一贱，交情乃见。"

门庭若市

【拼音】mén tíng ruò shì

【解释】庭：院子；若：像；市：集市。门前和院子里人很多，像市场一样。原形容进谏的人很多，现形容来的人很多，非常热闹。

【成语故事】

战国时，齐国的相国邹忌为了劝齐威王虚心接受臣子们的规劝，于是对齐威王说："我们齐国地方这么大，皇宫上上下下，有谁敢对大王无礼？有谁敢忤逆大王？满朝的文武将官，又有谁不怕您？全国百姓，有谁不希望得到您的关怀？看来恭维您的人一定很多，这样可不好，您一定被蒙蔽得很严重！"齐威王听了，觉得很有道理，马上下令——奖励正直而敢规劝他的全国官员和百姓，于是进宫提意见的人很多，热闹得像市集一样。

孟母三迁

【拼音】mèng mǔ sān qiān

【解释】孟子的母亲为选择良好的环境教育孩子，多次迁居。形容家长教子有方。

【成语故事】

战国的时候，有一个很伟大的大学问家孟子。他小的时候非常调皮，他的妈妈为了让他接受好的教育，花了很多的心血。他们住在墓地旁边，有一次，孟子和邻居的小孩一起学着大人跪拜、哭号的样子，玩起办理丧事的游戏。孟子的妈妈看到了，就皱起眉头："不行，我不能让我的孩子住在这里了！"于是就带着孟子搬到市集旁边去住。到了市集，孟子又和邻居的小孩，学起商人做生意的样子，一会儿鞠躬欢迎客人，一会儿招待客人，一会儿和客人讨价还价，表演得像极了！孟子的妈妈知道了，又皱皱眉头："这个地方也不适合我的孩子居住！"于是，他们又搬家了。这一次，他们搬到了学校附近。孟子开始变得守秩序、懂礼貌、喜欢读书。这个时候，孟子的妈妈很满意地点着头说："这才是我儿子应该住的地方呀！"

名落孙山

【拼音】míng luò sūn shān

【解释】名字落在榜末孙山的后面。指应试不中或选拔没有被录取。

【成语故事】

宋代有一个名叫孙山的才子，他为人幽默，很善于说笑话，所以人称滑稽才子。

一次，他和一个同乡的儿子去京城参加举人的考试。放榜的时候，孙山的名字虽然列在榜文的倒数第一名，但仍然是榜上有名，而他那位同乡的儿子，却没能考上。

不久，孙山先回到家里，同乡便来问他自己的儿子有没有考取。孙山既不好意思直说，又不便隐瞒，于是，就随口念出两句不成诗的诗句来："解名尽处是孙山，贤郎更在孙山外。"他的意思是说：举人榜上的最后一名是我孙山，而令郎的名字却还在我孙山的后面。后来，人们便根据这个故事，把投考学校或参加各种考试没有被录取叫作名落孙山。

名正言顺

【拼音】míng zhèng yán shùn

【解释】名：名分，名义；顺：合理，顺当。原指名分正当，说话合理。后多指做某事名义正当，道理也讲得通。

【成语故事】

公元前501年，五十一岁的孔子当上了鲁国的中都宰。孔子做了一年，很有成绩，所以被提升为管理建设工程的司空；不久，转而为司寇，管司法工作。这样，孔子参与政治的抱负终于实现了。孔子五十六岁那年，又由大司寇代理相国职务。他参与国政仅仅三个月，鲁国的风俗就大大变了样。

孔子的成就让齐景公感到害怕，他特地挑了八十个美貌的女子，教她们学会舞蹈，让她们穿上华丽的衣服，加上一百二十匹骏马，一起送给贪图享乐的鲁定公，以腐蚀他的意志。这一计果然奏效，鲁定公沉湎于歌舞淫乐之中，不再过问政事了。

孔子的学生子路见到这种情况，便对孔子说："老师，我们可以离开这里了吧！"孔子回答说："鲁国马上就要在郊外祭祀，如果能按照礼法把典礼后的烤肉分给大夫们，那我还可以留下不走。"结果，鲁定公违背常礼，没有把烤肉分给大夫们。于是，孔子离开鲁国，来到了卫国。卫灵公问孔子，他在鲁国得到的俸禄是多少。孔子回答说是俸米六万斗。

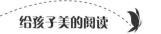

于是，卫灵公也给了他这个数的俸米。跟随孔子的学生们见有了安身之处，都很高兴。子路尤其高兴，问孔子道："卫国的君主等待你去治理国政，你首先干些什么？"孔子略为思索了一下，说："我以为首先要纠正名分。"子路不客气地说："老师未免太迂腐了，这有什么纠正的必要呢？"孔子反驳说："你真粗暴！君子对他所不知道的只有疑在心中。名分不正，道理也就讲不通；道理不通，事情也就办不成；事情办不成，国家的礼乐教化也就兴办不起来；礼乐教化兴办不起来，刑罚就不会得当；刑罚不得当，老百姓就会不知如何是好，连手脚都不晓得往何处摆了。所以君子用的名分，一定要有道理可以说得出来，讲出来的道理也一定要行得通。"

不久，有人向卫灵公说了孔子不少坏话，卫灵公就派人监视孔子的出入。孔子怕继续留在这里会出事，在卫国只居住了十个月，就离开了。

模棱两可

【拼音】mó léng liǎng kě

【解释】模棱：含糊，不明确；两可：可以这样，也可以那样。指不表示明确的态度，或没有明确的主张。

【成语故事】

唐朝时，栾城有一个人，名字叫苏味道。他九岁的时候就会写文章，后来和他的同乡李峤都以才学出名，当时的人合称他们为"苏李"。

苏味道在二十岁的时候，考取了进士，曾做到吏部侍郎的职位。后来在武则天当皇帝的时候，做了宰相。根据《唐书》的记载，苏味道做了宰相以后，只求保持个人的地位和安全，处理事情总是这样办也行，那样办也可以，从不表示明确的态度和意见，更谈不上什么创建和改革了。他还常常对别人说：“处理事情不能做明确的决断。因为如果发生了错误，就要负失责的责任，只要保持‘模棱’两端就可以了。”当时的人听他这么一说，都叫他“苏模棱”或者是“模棱手”。

N

南柯一梦

【拼音】nán kē yī mèng

【解释】形容一场大梦，或比喻一场空欢喜。

【成语故事】

隋末唐初的时候，有个叫淳于棼的人，家住在广陵。他家的院中有一棵根深叶茂的大槐树，盛夏之夜，月明星稀，树影婆娑，晚风习习，是一个乘凉的好地方。

淳于棼过生日的那天，亲友都来祝寿，他一时高兴，多喝了几杯。夜晚，亲友散尽，他一个人带着几分酒意坐在槐树下歇凉，不觉沉沉睡去。

梦中，他到了大槐安国，正赶上京城会试，他报名入场，三场结束，诗文写得十分顺手。发榜时，他高中了第一名。紧接着殿试，皇帝看淳于棼生得一表人才，举止大方，亲笔点为头名状元，并把公主许配给他为妻，状元公成了驸马郎，一时成了京城的美谈。

婚后，夫妻感情十分美满。淳于棼被皇帝派往南柯郡任太守，一待就是二十年。淳于棼在太守任内经常巡行各县，使属下各县的县令不敢胡作非为，很受当地百姓的称赞。皇帝几次想把淳于棼调回京城升迁，当地百姓听说淳于太守离任，纷纷拦住马头进行挽留。淳于棼被百姓的爱戴感动，只好留下来，并上表向皇帝说明情况。皇帝欣赏淳于棼的政绩，赏给他不少金银珠宝，以示奖励。

有一年，敌兵入侵，大槐安国的将军率军迎敌，几次都被敌兵打得溃不成军。败报传到京城，皇帝震惊，急忙召集文武群臣商议对策。大臣们听说前线军事屡屡失利，敌兵逼近京城，凶猛异常，一个个吓得面如土色，你看着我，我看着你，都束手无策。

皇帝看了大臣的样子，非常生气地说："你们平日养尊处优，享尽荣华，朝中一旦有事，你们都成了没嘴的葫芦，胆小怯阵，一句话都不说，要你们何用？"

宰相立刻向皇帝推荐淳于棼。皇帝立即下令，让淳于棼统率全国精锐与敌军决战。

淳于棼接到圣旨，不敢耽搁，立即统兵出征。可惜他对兵法一无所知，与敌兵刚一接触，立刻一败涂地，手下兵马被杀得丢盔弃甲、东逃西散，淳于棼差点被俘。皇帝震怒，撤掉淳于棼的职务，把他遣送回家。淳于棼气得大叫一声，从梦中惊醒，但见月上枝头，繁星闪烁。此时他才知道，所谓南柯郡，不过是槐树最南边的一枝树枝而已。

难兄难弟

【拼音】nán xiōng nán dì

【解释】指兄弟两人才德俱佳，难分高下。今多反用，讥讽两者同样低劣。

【成语故事】

东汉时，颍川有个叫陈寔的人，自幼好学，办事公道。后来做了县官，更是廉洁奉公，百姓都很佩服他。他的大儿子叫元方，小儿子叫季方，也有很高的德行。

元方有个儿子叫长文，季方有个儿子叫孝先。有一天，他们为自己父亲的功德争论起来，都说自己父亲的功德高，争来争去没有结果，便一同来请祖父陈寔裁决。陈寔想了一会儿，对两个孙子说："元方难为兄，季方难为弟。他俩的功德都很高，难以分出上下啊！"两个孙子听后满意而去了。

鸟尽弓藏

【拼音】niǎo jìn gōng cáng

【解释】鸟没有了，弓也就藏起来不用了。比喻事情成功之后，把曾经出过力的人一脚踢开。

【成语故事】

春秋末期，吴、越争霸，越国被吴国打败，屈服求和。

越王勾践卧薪尝胆，任用大夫文种、范蠡整顿国政，十年生聚，十年教训，使国家转弱为强，最终击败吴国，洗雪国耻。吴王夫差兵败出逃，连续七次向越国求和，文种、范蠡坚持不允。夫差无奈，把一封信系在箭上射入范蠡营中，信上写道：兔子捉光了，捉兔的猎狗没有用处了，就被杀了煮肉吃；敌国灭掉了，为战胜敌人出谋献策的谋臣没有用处了，就被抛弃或铲除。两位大夫为什么不让吴国保存下来，替自己留点余地呢？

文种、范蠡还是拒绝议和，夫差只好拔剑自刎。越王勾践灭了吴国，在吴宫欢宴群臣时，发觉范蠡不知去向，第二天在太湖边找到了范蠡的外衣，大家都以为范蠡投湖自杀了。可是过了不久，有人给文种送来一封信，上面写着：飞鸟打尽了，弹弓就被收藏起来；野兔捉光了，猎狗就被杀了煮来吃；敌国灭掉了，谋臣就被废弃或遭害。越王为人，只可和他共患难，不宜与他同安乐。大夫至今不离他而去，不久难免有杀身之祸。

文种此时方知范蠡并未死去，而是隐居起来。他虽然不尽相信信中所说的话，但从此常告病不去上朝，日久引起勾践疑忌。一天勾践登门探望文种，临别留下一把佩剑。文种仔细端详这把剑，认出正是当年吴王夫差逼忠良伍子胥自裁的那把属镂剑。他明白勾践的用意了，后悔不该不听范蠡的劝告，只得引剑自尽。

这个故事还引申出另一个成语“兔死狗烹”。

宁为玉碎，不为瓦全

【拼音】nìng wéi yù suì，bù wéi wǎ quán

【解释】宁做玉器被打碎，不做瓦器而保全。比喻宁愿壮烈地死去，也不愿苟且偷生。

【成语故事】

公元550年，北朝东魏的孝静帝被迫将帝位让给专横不可一世的丞相高洋。从此，北齐代替了东魏。高洋心狠手辣，为了斩草除根，登基次年就毒死了孝静帝及其三个儿子。

高洋当皇帝第十年六月的一天，出现了日食。他认为这是不祥之兆，担心自己篡夺的皇位快保不住了。于是，他把一个亲信召来问道：“西汉末年王莽夺了刘家的天下，为什么后来光武帝刘秀又能把天下夺回来？”那亲信说不清这是什么道理，随便回答说：“陛下，这要怪王莽自己了。因为他没有把刘氏宗室人员斩尽杀绝。”残忍的高洋竟相信了那亲信的话，马上又大开杀戒：把东魏宗室近亲全部处死，连婴儿也无一幸免。

消息传开后，东魏宗室的远房宗族也非常恐慌，生怕什么时候高洋的屠刀会砍到他们头上。他们赶紧聚集起来商量对策。有个名叫元景安的县令说，眼下保命的唯一办法，是请求高洋准许他们脱离元氏，改姓高氏。

元景安的堂兄元景皓，坚决反对这种做法。他气愤地说：“怎么能用抛弃本宗、改为他姓的办法来保命呢？大丈夫宁可做玉器被打碎，也不愿做陶器得保全。我宁愿死而保持气节，也不愿为了活命而忍受屈辱！”元景安为了保全自己的性命，卑鄙地把元景皓的话报告了高洋。高洋听后立即逮捕了元景皓，并将他处死。元景安因告密有功，高洋赐他姓高，并且升了官。

但是，残酷的屠杀不能挽救北齐摇摇欲坠的政权。三个月后，高洋因病去世。十八年后，北齐王朝也寿终正寝了。

弄巧成拙

【拼音】nòng qiǎo chéng zhuō

【解释】本想要弄聪明，结果做了蠢事。

【成语故事】

北宋时期有位画家叫孙知微，擅长人物画。一次，他受成都寿宁寺的委托，画一幅《九耀星君图》。他用心地将图用笔勾好，人物栩栩如生，衣带飘飘，宛然仙姿，只剩下着色最后一道工序。恰好此时有朋友请他去饮酒，他放下笔，将画仔细看了好一会儿，觉得还算满意，便对弟子们说："这幅画的线条我已全部画好，只剩下着色，你们须小心些，不要着错了颜色。我去朋友家有事，回来时，希望你们已经画好。"

孙知微走后，弟子们围住画，反复观看老师用笔的技巧和总体构图的高妙，互相交流心得。

有人说："你看那水暖星君的神态多么逼真，长髯飘洒，不怒而威。"

还有的说："菩萨脚下的祥云环绕，真正的神姿仙态，让人肃然起敬。"

其中有一个叫童仁益的弟子，平时专门卖弄小聪明，喜欢哗众取宠，但此时只有他一个人装模作样地一言不发。

有人问他："你为什么不说话，莫非这幅画有什么缺欠？"

童仁益故作高深地说："水暖星君身边的童子神态很传神，只是他手中的水晶瓶好像少了点东西。”

众弟子说：“没发现少什么呀。”

童仁益说：“老师每次画瓶子，总要在瓶中画一枝鲜花，可这次却没有。也许是急于出门，来不及画好，我们还是画好了再着色吧。”

童仁益说着，用心在瓶口画了一枝艳丽的红莲花。

孙知微从朋友家回来，发现童子手中的瓶子生出一朵莲花，又气又笑地说：“这是谁干的蠢事，若仅仅是画蛇添足倒还罢了，这简直是弄巧成拙嘛。童子手中的瓶子，是水暖星君用来降服水怪的镇妖瓶，你们给添上莲花，把宝瓶变成了普通的花瓶，岂不成了天大的笑话。”说着，把画撕了个粉碎。

众弟子看着童仁益，默默低头不语。

O

呕心沥血

【拼音】ǒu xīn lì xuè

【解释】呕：吐。沥：一滴一滴。形容费尽心血。

【成语故事】

唐朝著名的诗人李贺，七岁就开始写诗做文章，才华横溢。成年后，他一心希望朝廷能重用他，但是他在政治上从来没有得志过，只好把这苦闷的心情倾注在诗歌的创作上。他每次外出，都让书童背一个袋子，只要一有灵感，想出几句好诗，他就马上记下来，回家后再重新整理、提炼。母亲总是心疼地说："我的儿子已把全部的精力和心血放在写诗上了，真是要把心呕出来才罢休啊！"

李贺在他二十六年的短暂生命中，留下了二百余首诗歌，这是他用毕生的心血凝成的。唐代文学家韩愈，曾写过这样两句诗："刳肝以为纸，沥血以书辞。"即是说挖出心肝来当纸，滴出血来写文章。

P

攀龙附风

【拼音】pān lóng fù fèng

【解释】指巴结投靠有权势的人以获取富贵。

【成语故事】

西汉的开国皇帝刘邦，出身于一个农民家庭，他的父母连名字都没有。刘邦原名季，意思是“老三”，直到做了皇帝，才改名为邦。

刘邦三十岁时，做了秦朝沛县的一个乡村小吏——亭长。他为人豁达大度，胸怀开朗，做事很有气魄，很多人都和他合得来。当地的萧何、樊哙、夏侯婴等，都是他的好朋友。这些人后来都为刘邦建立汉朝出了大力。

樊哙是刘邦的同乡，是个杀狗卖狗的。陈胜、吴广发动起义后，沛县县令惊恐万分，打算借起义之机响应陈胜，就派樊哙去找刘邦来相助。不料刘邦带了几百人来时，县令又反悔了。于是，刘邦说服城里人杀了县令，自己带领两三千人马誓师起兵。

夏侯婴与刘邦也早就有了交情。他原来是县衙里的马夫，每次奉命为过往使者赶车，回来时经过刘邦那里，总要与刘邦闲谈很长时间，直到日落西山才走。后来夏侯婴当了县吏，与刘邦交往更密切了。一天刘邦与他闹着玩，一不小心打伤了他。有人告刘邦身为亭长，动手打人，应当严惩，夏侯婴赶紧为他解释。不料，后来夏侯婴反以伪证罪被捕下狱，坐了一年多班房。后来刘邦在沛县起兵，他和樊哙主动参加，并在刘邦手下担任将领。

刘邦的势力逐渐发展后，有个名叫灌婴的人又来投奔他。灌婴是睢阳人，本为贩卖丝绸的小商人。此人后来也成为刘邦的心腹，领兵转战各地，立了不少战功。

公元前208年，刘邦根据各路起义军开会的决定，带领人马西攻秦都咸阳。第二年初，刘邦大军兵临陈留，把营扎在城郊，当地有个名叫郦食其的小吏前来献计。郦食其对刘邦说，现在您兵不满万人，又缺乏训练，要西攻强秦，如进虎口。不如先攻取陈留，招兵买马，等兵强马壮后再打天下。郦食其还表示，他和陈留县令相好，愿意前去劝降；如县令不降，就把他杀了。

刘邦采纳了郦食其的计谋。郦食其连夜进陈留城劝说县令，但那县令不肯起义。于是郦食其半夜割下他的头颅来见刘邦。第二天刘邦攻城时，把那县令的头颅高悬在竹竿上，结果守军没有抵抗就开城门投降了。在陈留，刘邦补充了大量粮食、武器和兵员。

接着郦食其又推荐了他颇有智勇的弟弟郦商，郦商又给刘邦带来了四千人。刘邦就任命他为副将，带领这支队伍西攻开封。后来，刘邦又战胜项羽，在公元前202年即位称帝，建立了西汉王朝。

刘邦当皇帝后大封功臣，樊哙、夏侯婴、灌婴、郦商等人也先后被封为舞阳侯、汝阴侯、颍阴侯和曲周侯。《汉书》中称他们是攀附龙凤，一并升上高空。

盘根错节

【拼音】pán gēn cuò jié

【解释】盘：盘曲。错：交错。节：枝节。树根盘绕，枝节交错。形容事情或关系相互交织，纷繁复杂。

【成语故事】

东汉时有个读书人名叫虞诩，他是个孤儿，由祖母养大。他为了报答祖母的恩情，一直侍奉祖母到九十岁高龄寿终正寝后，才应太尉李修的聘请到府里任职。

这时，西羌和匈奴突然入侵，北边的并州和西边的凉州同时受到威胁。大将军邓骘认为与其兵分两地驻守，分散实力，还不如把兵力集中防守并州而弃凉州，朝廷中不少大臣也附和邓骘的意见。只有虞诩独排众议，他对太尉李修提出自己的看法说："凉州的百姓不但熟习军事，而且个个英勇善战；西羌之所以不敢入侵关中，也是因为畏惧凉州的百姓——他们也一向认为自己是大汉的一脉，才义无反顾地牺牲一切来捍卫国家。今天如果照邓将军意见，舍弃凉州，那对整个局势恐怕只有害处而没有好处吧！"

邓骘听了虞诩的意见，认为虞诩是故意和自己作对，怀恨在心，一直想找机会进行报复。

过了没多久，朝歌发生民变，老百姓纷纷武装起来与官府对抗，常有地方官吏被杀的事情发生，朝廷虽然一再派兵前去镇压，却始终没法平息。

邓骘看到这是一个很好的报复机会，便找了个理由，把虞诩调去当朝歌的县令。虞诩的亲朋好友知道后，都很为他担心，认为这次去一定凶多吉少，没有一个不替他抱不平的。可是虞诩却很有信心地笑着说："一个有抱负、有志气的人绝不会避开困难的事而专门去找容易的事来做。这就像我们在砍树时，如果不遇到坚硬牢固的盘根错节，就显不出斧头的锋利一样。我去出任朝歌县令，又有什么可怕的呢？"

虞诩到了朝歌后，很快表现出他出色的政治才能，平息了当地官民之间的纠纷和动乱。朝廷认为他有将帅之才，于是把他升为武都太守。不久以后，他又率兵大破羌人，为国家立下了汗马功劳，最后官至尚书仆射。

旁若无人

【拼音】páng ruò wú rén

【解释】身旁好像没有人。形容态度傲慢，不把别人放在眼里。

【成语故事】

荆轲，卫国人。他平时的一言一行、一举一动就与常人不一样。他喜欢击剑，整天和朋友一起练剑习武，切磋武艺。每天早晨，天刚亮，他就起身去练剑，直练到汗水淋漓，才收剑休息。但他同时又十分喜欢读书，饱读诗书，好学不倦。因此，成为战国时期著名的侠士。

荆轲到了燕国以后，和隐居卖狗肉的高渐离成了知己。每天，两个人一起在燕市上喝酒，一直到喝醉才肯罢休。高渐离也是一名勇士。不仅如此，他还善于演奏一种名叫“筑”的古乐器。他们常趁着酒兴，到闹市上引吭高歌。

一次，荆轲和高渐离两人在闹市上喝酒。当喝到八九分醉时，他们俩来到了闹市中央，高渐离击筑，荆轲和着乐声放声高歌。两人越唱越高兴，歌声也越来越激昂。高亢的歌声引来了许多围观的人，而且越聚越多。他们对于人们的指点和围观视若无睹，一点也不在乎。当唱到悲切慷慨处，两人还相对放声痛哭，泪如雨下，旁若无人，仿佛这个世界上只有他们二人一样。

正是由于这种豪迈和旁若无人的气概，荆轲后来受到了燕太子丹的赏识，被引为上宾，委以重任。公元前 222 年，他带着藏有匕首的燕国地图到咸阳去刺杀秦王，结果行刺失败，不幸身亡。

抛砖引玉

【拼音】pāo zhuān yǐn yù

【解释】谦辞。比喻用自己粗浅的、不成熟的意见或作品引出别人高明的、成熟的意见或好作品。

【成语故事】

唐朝有个叫赵嘏的人，写得一手好诗，就连著名诗人杜牧也十分赞赏他。当时有个叫常建的诗人，也很欣赏赵嘏的才能。一天，常建听说赵嘏要到灵岩寺去游览，便先到了寺里，在墙上写了两句诗，希望能引出赵嘏的诗来。果然，赵嘏看到墙上的诗句后，觉得很好，便顺手续了两句，使它成为了一首完整的诗。后来人们就称常建这种办法为“抛砖引玉”。

其实常建是中唐之前的诗人，赵嘏则是中唐之后的诗人，两者活动年代相距甚远，诗风亦大相径庭，续诗之说不过是后人附会，并不可信。不过由于这个故事满足了人们对唐朝诗人的浪漫想象，因此广为流传。

鹏程万里

【拼音】péng chéng wàn lǐ

【解释】相传鹏鸟能飞万里路程。比喻前程远大。

【成语故事】

《庄子·逍遥游》中讲道：传说有一种鹏鸟，是由一种名叫鲲的大鱼变成的。它的背长达几千里。每年六月，它都要飞往南海的天池。它的翅膀一拍，天池的水就被击起三千里的浪花。它乘着旋风，一下子能飞越九万里的高空。

披荆斩棘

【拼音】pī jīng zhǎn jí

【解释】拨开荆，砍掉棘。比喻扫除前进道路上的障碍和重重困难。

【成语故事】

冯异是东汉光武帝刘秀手下的得力大将。刘秀在洛阳建立东汉政权后，任命冯异为征西大将军，派他前往关中平定赤眉起义军。冯异设计收降了赤眉军的大部后，又用武力扫除了其残部，圆满完成了刘秀交给的任务。后来冯异到洛阳朝见刘秀时，刘秀指着冯异对满朝大臣说："他为我拨开多刺丛生的荆棘，平定了关中。"

匹夫之勇

【拼音】pǐ fū zhī yǒng

【解释】指不用智谋单凭个人蛮干的勇气。

【成语故事】

项羽虽然是一个失败的英雄，但是司马迁却称赞他说："当年秦国政治腐败，百姓纷纷起来反抗，项羽趁势起事……前后只花了三年时间，就把秦国灭掉，然后分封王侯，一切政令都由项羽颁布，号称霸王。虽然最后他失去了霸主的地位，但是他的功绩伟业，近古以来还没有人能做到。"

刘邦做了皇帝以后，在洛阳宫摆设筵席宴请群臣的时候说："我之所以能成功，顺利取得天下，是因为我知道每个人的特长，并且也懂得如何让他发挥长处。"然后他问韩信对自己的看法。韩信回答说："大王您很清楚自己各方面的才能与长处，因此您心里明白，说到机智与才华，其实是不如项王的。不过我曾经当过他的部下一段时间，对于他的性情、作风、才能，了解得比较清楚。项王虽然勇猛善战，一人可以压倒几千人，但是却不知道如何用人，因此一些优秀杰出的贤臣良将虽然在他手下，可惜都没能好好发挥各自的专长。所以项王虽然很勇猛，却只是匹夫之勇，做事不懂得深谋远虑、三思而行。而大王任用贤人勇将，把天下分封给有功劳的将士，使人人心悦诚服。所以天下终将成为大王您的。”

贫贱之交

【拼音】pín jiàn zhī jiāo

【解释】贫穷而社会地位低下时结交的知心朋友。

【成语故事】

东汉初年，刘秀起用西汉时期任侍中一职的宋弘，并升他为太中大夫。刘秀还想把自己的姐姐嫁给宋弘，于是问他对“贵易交，富易妻”的看法。而宋弘则回答道：“贫贱之交不可忘，糟糠之妻不下堂。”知道宋弘的想法后，刘秀只好放弃了。

平步青云

【拼音】píng bù qīng yún

【解释】平：平稳。步：行走。青云：高空。比喻一下子达到很高的地位。

【成语故事】

魏国有一个叫范雎的人，他想说服魏王重用他，可惜没有适当的机会。有一次，范雎随须贾到齐国去，齐王非常欣赏他的才华，便送了许多金钱和礼物给他，这让须贾十分嫉妒，回国后就禀报宰相，说范雎私通齐国。宰相听了就叫人把范雎抓了起来，把他打得遍体鳞伤，最后还是他装死才被门人救出来。

之后，他一直躲在好朋友——郑安平家里。后来，郑安平把他介绍给秦王，秦王让他做了秦国的宰相，范雎便主张攻打魏国，魏王知道后很害怕，就派须贾去求和。须贾来到秦国宰相府，对范雎叩头说："我没料到您靠自己的能力，平步青云，如今做到宰相。我犯了死罪，请把我送走吧，我再也不参与各国的事，如今我的生死全在您的手上了。"

平易近人

【拼音】píng yì jìn rén

【解释】态度谦逊和蔼，使人容易接近。也指文字浅显，容易理解。

【成语故事】

周武王的弟弟周公，曾为周武王攻灭商朝，为建立西周王朝立下了大功。周公被封在曲阜为鲁公，但他没有到那里去，仍旧留在都城辅佐王室。他派长子伯禽去接受封地，当了鲁公。

伯禽到鲁地后，过了三年才向周公汇报在那里施政的情况。周公很不满意，问他说："为什么这么迟才来汇报？"伯禽答道："改变那里的习俗，革新那里的礼法，三年后才能看到效果，所以来晚了。"在这以前，曾辅佐文王、武王灭商有功的姜尚被封在齐地。他只过了五个月，就向周公来报告在那里的施政情况了。当时，周公感到惊奇，便问他说：

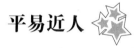

“你怎么这样快就报告情况呀？”姜尚回答说：“我简化了君臣之间的礼节，一切按照当地风俗去做，所以这样快。”

周公听了伯禽过三年后才来作的汇报后，不由叹息道：“唉，鲁国的后代将要当齐国的臣民了！政令不简约易行，百姓就不会对它亲近；政令平和易行，百姓才会归附。”

破釜沉舟

【拼音】pò fǔ chén zhōu

【解释】比喻下决心，不顾一切地干到底。

【成语故事】

秦朝末年，秦二世派大将章邯攻打赵国。赵军不敌，退守巨鹿（今河北平乡西南），被秦军团团围住。楚怀王封宋义为上将军，项羽为副将，派他们率军去救援赵国。

不料，宋义把兵带到安阳（今山东曹县东南）后，接连四十六天停滞不进。项羽忍不住，一再要求他赶紧渡江北上，赶到巨鹿，与被围赵军来个里应外合。但宋义另有所谋，想让秦、赵两军打得精疲力竭时再进兵，这样便于取胜。他对军中不听调遣的人，不管是谁都要杀。与此同时，宋义又邀请宾客，大吃大喝，而士兵和百姓却忍饥挨饿。

项羽忍无可忍，进营帐杀了宋义，并声称他勾结齐国反楚，楚王有密令杀他。将士们马上拥戴项羽代理上将军。项羽把杀宋义的事及原因报告了楚怀王，楚怀王只好正式任命他为上将军。

项羽杀宋义的事，震惊了楚国，并在各国有了威名。他随即派出两名将军，率两万军队渡河去救巨鹿。在获悉取得小胜并接到增援的请求后，他下令全军渡河救援赵军。

项羽在全军渡河之后，采取了一系列果断的行动：凿沉所有的船只，击破烧饭用的锅子，烧掉宿营的屋子，只携带三天干粮，以此表示决心死战，没有一点后退的打算。

这支有进无退的大军到了巨鹿外围，立即包围了秦军。经过九次激战，截断了秦军的补给线。负责围攻巨鹿的两名秦将，一名被活捉，另一名投火自焚。

在这之前，来援助赵国的各路诸侯虽然有几路军队在巨鹿附近，但都不敢与秦军交锋。楚军的拼死决战并取得胜利，大大地提高了项羽的声威。

从此，项羽率领的军队成了当时反秦力量中最强大的一支武装力量。项羽也成了当时农民起义军的著名领袖人物，并在不久后和刘邦的起义军一起，推翻了秦朝的统治。

破镜重圆

【拼音】pò jìng chóng yuán

【解释】比喻夫妻失散或决裂后又团圆。

【成语故事】

南朝陈的乐昌公主与丈夫徐德言非常恩爱，过着幸福的生活。后来隋文帝派兵灭陈，徐德言便将镜子破成两半，一半自己收着，一半交给公主，并和她约好，如他们分散了，就在每年的元宵节，拿镜子到市场上去卖，以求有重逢的机会。后来，将军杨素掳去乐昌公主，使他们夫妇分散了。到了元宵节，公主派老仆拿镜子去市场上卖，结果真的遇到了徐德言。杨素被他们夫妇俩的真情感动，便将乐昌公主还给了徐德言，使得这对夫妇终于团圆。

扑朔迷离

【拼音】pū shuò mí lí

【解释】原指把兔子捏住耳朵提起来，雄兔脚乱踢，雌兔眼半闭，可是在地上跑的时候就辨认不出雌雄了。形容事物错综复杂，难于辨别。

【成语故事】

《木兰辞》是南北朝时期的一首民歌，诗中叙述的是我国古代一位智勇双全的孝顺女孩代父从军的经过。

那时，有个姑娘名叫花木兰，她的父亲原是朝廷的武将，后来年纪大了，退休在家。花木兰小时候，曾经跟父亲习武，十八般武艺样样精通。

有一年，国家发生战争，朝廷征召民众为国家效力，花木兰的父亲也在被征召之列。花木兰看到父亲年纪大了，身体又不好，而弟弟年龄还小，不能代父从军，于是就想自己女扮男装，代父亲从军。

她把自己的想法跟父母说了，她的父亲起先坚决不肯，但后来被她的孝心感动，且一时之间也没有其他办法，最后终于同意了。

花木兰辞别了父母，随着大军辗转到边疆去作战。她虽然是个女子，但武艺高强，反应灵敏，聪明机智，在战场上表现得十分英勇，屡次建立奇功。经过十年的苦战，花木兰和她的战友们一起打败了敌人，终于凯旋。

因为在漫长的战争中，花木兰的功劳最大，皇上在奖励有功人员时，一定要封花木兰为兵部尚书。可是，她却再三辞谢，说："谢谢皇上的恩典，但我不想做兵部尚书，只求皇上赐一匹千里马，让我早日回家和父母团圆。"

不久，花木兰如愿以偿回到家里。当她脱下战袍，重新穿上女装时，她那些一起征战多年的伙伴大吃一惊，说："同行十二年，竟然不知木兰是女郎！"

这首诗的最后几句用比兴的手法写道："雄兔脚扑朔，雌兔眼迷离；双兔傍地走，安能辨我是雄雌？"以分不出兔的雌雄，来比喻穿上了战袍，分辨不出木兰是男的还是女的。

Q

七步之才

【拼音】qī bù zhī cái

【解释】指敏捷的文才。

【成语故事】

曹植是曹操的第三个儿子，也是魏文帝曹丕的同母弟弟。他从小受到良好的文学熏陶，有非凡的文学才华。曹操曾多次打算把他立为魏世子，继承自己的事业。

曹操的第二个儿子曹丕一心想当魏世子，一些拥护他的人一再在曹操面前说他的好话，最后终于促使曹操改变主意，立曹丕为魏世子。

为了稳住自己的地位，曹丕想尽办法使曹操对曹植反感。曹植生性随意，几次遭到曹操处罚，从而很难让曹操改变对他的看法。

汉献帝延康元年（公元 220 年），曹操因病去世，曹丕继任丞相。就在这一年，曹丕废献帝自立为帝（即魏文帝）。

曹丕称帝后，借口曹植在父丧期间礼仪不当，把他拿下问罪。因这罪名很重，曹植当时要被处死。在审问的时候，曹丕指责他仗着自己有才学，故意蔑视礼法，还说：“父亲在世时，常夸你的诗文，我一直怀疑有人为你代笔。今天限你七步成诗一首，如若不成，休怪我问你死罪！”

曹植点点头，说：“请皇上赐题。”

“就以‘兄弟’为题，但不许出现‘兄弟’二字。”

曹植略一思忖，便迈开脚步，走一步吟一句："煮豆持作羹，漉菽以为汁。萁在釜下燃，豆在釜中泣。本是同根生，相煎何太急？"这几句诗的意思是：要煮豆子做豆羹，抱来豆梗当柴烧。豆梗在锅下呼呼燃烧，豆子在锅里被煮得又哭又叫："咱俩都是一条根上长出来的，为什么这样狠心地煮我不轻饶？"

曹植吟完，正好走了七步。曹丕听了，羞愧难当，免去了他的死罪，将他贬为安乡侯。曹植七步成诗的事很快传开，人们也因此称赞他有"七步之才"。

歧路亡羊

【拼音】 qí lù wáng yáng

【解释】 歧路：岔路。亡：丢失。因岔路太多无法追寻而丢失了羊。比喻事物复杂多变，没有正确的方向就会误入歧途。

【成语故事】

一天，杨子的邻居家丢失了一只羊。失主很焦急，请许多亲友去寻找。过了不久，他来找杨子请求帮助说：

"先生，我想请您家的仆人帮助我去找羊。"

杨子了解情况后，奇怪地说：

"逃失了一只羊，竟要派这么多人去寻找，真是小题大做！"

那邻居苦笑着解释说："先生您听我说，村子外有几条岔路，人少了是不行的。"

杨子无奈，只好叫仆人帮他去找羊。又过了一段时间，羊丢了的邻居及其亲友、杨子的仆人等都来到杨子家。

杨子问他们："羊找到了没有？"

邻居垂头丧气地表示没有找到。

杨子惊奇地问："你们这么多人寻找，怎么还会找不到呢？"

邻居说：

"出村子上了大路后，有几条岔路，岔路中还有岔路。越走远，岔路就越多，简直像蜘蛛网一样。所以即使这么多人寻找，到后来也没弄清楚羊究竟是从哪条岔路上逃走的。"

杨子听后没有说话，但神色严肃起来，并带有忧伤。

他的学生不解，问道："先生，一只羊不值多少钱，再说逃走的那只羊也不是先生家的，您为什么要如此忧伤呢？"

杨子听了仍然没有说话。有个学生把这件事告诉了一位名叫心都子的学者，心都子说："岔路太多了，所以羊容易逃失。同样的道理，读书人因学说不一致而找不到真理，以致误入歧路，一无所获！"

骑虎难下

【拼音】qí hǔ nán xià

【解释】骑在老虎背上不能下来。比喻事情中途遇到困难，为形势所迫，又难以中止。

【成语故事】

公元328年，东晋大将苏峻起兵反叛朝廷，逼攻京师建康（今南京），大臣温峤组织联军讨伐叛军。由于叛军力量强，联军一时不能取胜，主帅陶侃的情绪有些消极，有退兵之意。温峤对陶侃说："在当前的形势下，不能回转方向，正像骑在猛虎身上难以下来一样，只有把它打死这一条出路。"陶侃听了温峤的话，觉得很有道理，就振作精神，最后终于打败了叛军。

杞人忧天

【拼音】qǐ rén yōu tiān

【解释】杞：周代诸侯国名，在今河南杞县一带。传说杞国有个人怕天塌下来，吃饭睡觉都感到不安。借指为不必要忧虑的事情而忧虑。

【成语故事】

春秋时，杞国有个人一天到晚都在担心天会突然塌下来，地会突然陷下去，这样自己会无处安身。为此，他睡不着觉、吃不下饭。当人们告诉他天是由大气组成，不可能掉下来时，他又担心起太阳、月亮、星星是否会落下来，砸破自己的头。直到有人告诉他这一切都不可能时，他才放下了长久提着的一颗心。

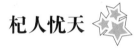

气壮山河

【拼音】qì zhuàng shān hé

【解释】气：气概。山河：高山和大河。形容气概像高山大河那样雄伟豪迈。

【成语故事】

北宋末年，解州闻喜县人赵鼎，少年时已经通读了经史百家著作。他二十一岁时考中了进士。由于他敢于批评权贵，在士大夫中较有声望。

公元 1126 年，金军大举南侵，宋钦宗惊慌失措，召集百官商议。不少大臣主张割让土地求和，可赵鼎极力反对。但钦宗昏庸懦弱，还是把黄河以北的广大土地割让给了金国。公元 1127 年春，金军俘获了徽钦两帝，北宋王朝灭亡了。当年五月，宋钦宗的弟弟康王赵构在南京建立了南宋王朝，就是宋高宗。高宗为了鼓舞士气，保住半壁江山，就起用李纲、宗泽、张浚等主战派代表人物。赵鼎由于敢说敢为，受到宋高宗重用，当了御史中丞这一要职。后来，秦桧受到宋高宗重用，就千方百计排挤赵鼎。不久，赵鼎生了重病，临死前亲手写下“气作山河壮本朝”的句子。

千变万化

【拼音】qiān biàn wàn huà

【解释】形容变化极多。

【成语故事】

传说周穆王有八匹骏马，日行千里，深受宠爱。他非常喜欢游玩，曾经接受西王母的邀请，参加过瑶池盛会。

一天，周穆王西巡返回，途中听说有个叫偃师的人，手艺精巧，制作的动物能叫会跑。他有些不大相信，立即召见偃师，问："听说你能造出各种精巧的玩意儿，拿出一件，让我看看。"

第二天，偃师带上木头雕成的假人拜见穆王。穆王看这些假人五官齐全，眉毛胡子跟真人一模一样，觉得很吃惊。

穆王问偃师："你雕的这些人都能动吗？"

偃师说："不但能动，而且能唱歌、跳舞，就像真人一样。"

穆王说："让他们表演一下，我看比真人差多少。"

偃师用鼓声指挥木头人开始动作。木头人按着鼓声的节奏，拉开阵势，进行攻守，但见木头人手执刀枪剑棍攻杀、防守，进退有序，一会儿排成一字长蛇阵，忽然又变成十面埋伏，继而化作九宫八卦阵、六花阵、七星阵、八门阵，阵势千变万化。穆王看得眼花缭乱，非常高兴。他觉得如此新奇的玩意儿不让妃子欣赏一番，实在有些遗憾，于是命令宫女请妃子一同观看。

偃师见嫔妃到来，有意卖弄本领，便说：“刚才表演的阵容气势太激烈，不宜在娘娘们面前施展，还是来番歌舞，换换口味吧。”

偃师拿起云板，吹响笙簧，木头人引吭高歌，歌声婉转悠扬，忽而如百鸟朝凤，莺声燕语，回响不已；忽而如猿啼三峡，哀怨凄恻，催人泪下；忽而如龙吟深潭，虎啸幽谷，气势磅礴。

穆王和众妃子都沉醉在悦耳动听的歌声中。

偃师把鼓板的节拍略加变动，木头人在歌声中舒卷长袖，行云流水般舞动起来，舞姿优美，或如雨中荷花，争红吐艳；或如风吹杨柳，摇曳生姿。其中一个木头人，还频频向妃子挤眉弄眼，好像是在调情，被穆王发现了。他非常生气，认为是行为不端，有意调戏，便下令将挤眉弄眼的木头人斩首。

偃师知道引起了误解，急忙将木头人拆散。穆王一看，木头人不过是用皮革、颜料、马尾毛、木头制成的，他不由笑了起来。演出结束，穆王惊叹不已地说：“太妙了，简直像神仙一样。”

千钧一发

【拼音】qiān jūn yī fà

【解释】钧：古代重量单位，一钧等于三十斤。千钧的重量系在一根头发上，形容事态极其危险。

【成语故事】

西汉时期有个著名的文学家名叫枚乘，他擅长写辞赋。开始他在吴王刘濞那里做郎中，刘濞想要反叛朝廷，枚乘就劝阻他说："用一缕头发系上千钧重的东西，上面悬在没有尽头的高处，下边是无底的深渊，这种情景就是再愚蠢的人也知道是极其危险的。如果上边断了，那是接不上的；如果坠入深渊也就不能取上来了。所以，你反叛汉朝，就如将千钧系在这缕头发上一样危险啊！"

千里鹅毛

【拼音】qiān lǐ é máo

【解释】从很远的地方带来极轻微的礼物，表示礼轻情意重。

【成语故事】

有一个地方官，偶然得到了一只稀有的飞禽——天鹅，便派一位名叫缅伯高的心腹拿去向皇帝进贡。缅伯高抱着天鹅，走到鄱阳湖边时，忽然觉得应该停下来给天鹅洗个澡，就小心翼翼地将天鹅放入水中。不料，天鹅却振翅飞走了，只掉下一根鹅毛。缅伯高没有办法去捉，只好拿着这根鹅毛去面见皇帝。他害怕皇帝处罚自己，就编了一首顺口溜，大意是这样的："我来向您朝贡，经过了万水千山，可到了鄱阳湖时天鹅飞走了；我悲痛欲绝，今天上复天子，请您饶了缅伯高。再说，千里送鹅毛，礼轻情意重。"皇帝听后，饶了缅伯高。

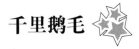

黔驴技穷

【拼音】qián lǘ jì qióng

【解释】黔：今贵州省一带。技：技能。穷：尽。指仅有的一点本领也用完了。多含贬义。

【成语故事】

从前贵州一带没有驴，后来有人用船运来了一头，但没有什么用处，就把它放到山里了。一天，一只老虎看到这个庞然大物，很害怕，躲在树林里偷偷地看，驴突然大叫一声，老虎以为要吃自己，就急忙逃跑了。后来，老虎经过长时间观察，觉得驴没有什么特殊的本领，就试着冲撞它。驴非常愤怒，用蹄子踢老虎，老虎发现驴只有这点本领，立即扑上前把驴咬死吃掉了。

强弩之末

【拼音】qiáng nǔ zhī mò

【解释】强弩射出的箭，飞行已达末程。比喻起初很强后来变得很微弱的力量。

【成语故事】

韩安国，汉初人，汉武帝时任大臣。有一次，北方的匈奴派人来汉朝请求和亲，武帝就和大臣们商议对策。有人认为匈奴反复无常，建议武帝发兵，把它彻底征服。韩安国极力反对，说道："人家派人来同我们交好，我们反而进攻，这是不合情理的。况且，千里远征，路途跋涉，战线拉得很长，人马拖得很累，正如强弩之末，已势衰力竭，就连极薄的细绢，也穿不过去。我们出兵，未必能获胜！"大臣们都认为韩安国说得有理，汉武帝也表示同意，于是接受了匈奴的和亲请求，建立了和睦关系。

青出于蓝

【拼音】qīng chū yú lán

【解释】青：靛青。蓝：蓼蓝之类可作染料的草。青是从蓝草里提炼出来的，但颜色比蓝更深。比喻学生胜过老师或后人胜过前人。

【成语故事】

南北朝时，李谧拜孔璠为师，过了几年，他的学问超过了他的老师孔璠，孔璠对此很是高兴。有时，孔璠有了疑难问题还向李谧请教，而李谧对老师的请教则觉得很不好意思。孔璠很诚恳地对他说："你不要觉得不好意思。凡在某一方面有学问的人，都可以做我的老师，何况是你呢！"

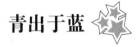

后来，孔璠虚心向学生求教的佳话广为传扬，人们深受感动。有人

编了一首短歌，颂扬孔璠不耻下问的精神：

青成蓝，蓝谢青。

师何常，在明经。

意思是说，靛青这种染料，是从蓼蓝中提炼出来的，但是颜色比蓼蓝更深。同样，师生关系也不是固定不变的，谁的知识多，谁就可以当老师。

轻于鸿毛

【拼音】qīng yú hóng máo

【解释】鸿毛：大雁的毛。比大雁的毛还要轻。形容轻微或不足道。

【成语故事】

司马迁，字子长，西汉夏阳人。他的父亲司马谈在汉武帝建元年间任太史令，他自幼受父亲影响，十岁便开始阅读古文经典，从二十岁起，司马迁漫游全国，扩展了胸襟和视野，为日后的写作积累了历史知识和生活经验。司马谈去世后三年，司马迁继承父志，担任太史令，有机会博览皇家图书典籍。经过四五年的准备，四十二岁那年，他正式开始写作《史记》。正当司马迁专心著述之际，巨大的灾难降临到了他的头上。公元前 99 年，汉将李陵领兵五千抗击匈奴，不料被八万匈奴骑兵包围，在杀伤敌军一万多人之后，粮尽援绝，被俘投降，朝廷震惊。司马迁认为李陵有功于汉，投降出于一时无奈，必将寻找机会报答国家。正好汉武帝问他对此事的看法，他就把自己的想法说了。汉武帝听后大怒，以为这是为李陵辩护，还有讽刺国舅李广利率领大军正面拒敌而怯懦无功的意味。司马迁因此获罪，翌年被处腐刑，受到极大的摧残和侮辱。于是，司马迁想到了死。可“人固有一死，或重于泰山，或轻于鸿毛”，著述还没完成，不应甘于一死，他终于从周文王被拘禁而写《周易》、孔子一生困顿不得志而作《春秋》、屈原被放逐而赋《离骚》、左丘失明而有《国语》传世等先贤的遭遇中看到自己的出路。出狱后，司马迁忍辱负重，发愤著书，经过多年努力，终于完成了历史巨著《史记》，成为我国古代伟大的史学家和文学家。《史记》则被誉为“史家之绝唱，无韵之《离骚》”。

请君入瓮

【拼音】qǐng jūn rù wèng

【解释】瓮：一种陶制的盛器。比喻用某人整治别人的办法来整治他自己。也借指设计好圈套引人上当。

【成语故事】

唐朝女皇武则天为了镇压反对她的人，任用了一批酷吏。其中两人最为狠毒，一个叫周兴，一个叫来俊臣。他们利用诬陷、控告和惨无人道的刑罚，杀害了许多正直的文武官员和平民百姓。

有一回，一封告密信送到武则天手里，内容竟是告发周兴与人联络谋反。武则天大怒，责令来俊臣严查此事。来俊臣心里直犯嘀咕，他想，周兴是个狡猾奸诈之徒，仅凭一封告密信，是无法让他说实话的；

可万一查不出结果，皇帝怪罪下来，我来俊臣也担待不起呀。这可怎么办呢？苦苦思索半天，终于想出一条妙计。

他准备了一桌丰盛的酒席，把周兴请到自己家里。两个人你劝我喝，边喝边聊。酒过三巡，来俊臣叹口气说：“兄弟我平日办案，常遇到一些犯人死不认罪，不知老兄有何办法？”周兴得意地说：“这还不好办！”说着端起酒杯抿了一口。来俊臣立刻装出很恳切的样子说：“哦，请快快指教。”周兴阴笑着说：“你找一个大瓮，四周用炭火烤热，再让犯人进到瓮里，你想想，还有什么犯人不招供呢？”来俊臣连连点头称是，随即命人抬来一口大瓮，按周兴说的那样，在四周点上炭火，然后回头对周兴说：“宫里有人密告你谋反，上边命我严查。对不起，现在就请老兄自己钻进瓮里吧。”周兴一听，手里的酒杯啪嚓掉在地上，跟着又扑通一声跪倒在地，连连磕头说：“我有罪，我有罪，我招供。”

曲高和寡

【拼音】qǔ gāo hè guǎ

【解释】和：唱和。寡：少。曲调高深，能跟着唱的人很少。旧指知音难得。现比喻言论或艺术作品不通俗，能理解或欣赏的人很少。

【成语故事】

宋玉是楚国伟大诗人屈原的学生。有一天，楚襄王问宋玉：“现在不少人对你有意见，你是不是有什么不对的地方？”

宋玉委婉地回答说：“有位歌者在我们都城的广场上演唱，唱《下里》《巴人》这些通俗歌曲时，有几千听众跟着唱起来；唱《阳阿》《薤露》，有几百人可跟着唱；唱《阳春》《白雪》这类高深歌曲时，能跟着唱的只有几十人；到了唱更高级的歌曲时，跟着唱的只有几个人了。从这里可以看出，曲调越是高深，能跟着一起唱的人就越少。”

宋玉这段话的意思是说自己品行高洁，一般的人不能了解，所以才有人说三道四。

权宜之计

【拼音】quán yí zhī jì

【解释】权宜：暂时适宜，变通。计：计划，办法。指为了应付某种情况而暂时采取的办法。

【成语故事】

东汉末年，军阀董卓率军进入洛阳，废掉汉少帝，另立九岁的汉献帝，窃居相位，权势煊赫一时。董卓有一个部将名叫吕布，精通武艺。他们二人专横跋扈，任意杀戮朝臣和百姓，弄得民怨沸腾。

司徒王允见董卓祸害日深，曾几次秘密召集一些大臣商议诛杀董卓，决定用计策制造吕布和董卓的矛盾，让吕布来杀死董卓。公元192年，汉献帝久病初愈，在未央殿大会群臣。董卓则命令吕布等带领卫队护卫。这时候，王允设下的伏兵，突然朝董卓冲杀过去，董卓从马车上跌下来，大声疾呼：“吕布在哪里？”吕布怒喝一声：“皇上下令诛杀你这个逆贼！”喊声刚落，一戟将董卓刺死了。

董卓被杀死后，王允认为大患已除，天下太平，做事就不因时因事而采取变通办法（原文是“不循权宜之计”），所以好多部下对他逐渐疏远了。不久，当汉献帝西迁长安后，董卓的旧部郭汜、李傕攻入长安，杀死王允，赶走吕布。后来，郭汜、李傕又争权夺利，互相火拼起来，关中地区因此出现军阀混战的局面。

R

人非圣贤，孰能无过

【拼音】rén fēi shèng xián，shú néng wú guò

【解释】非：不是。孰：谁。一般人不是圣人和贤人，谁能不犯错？旧时指一般人犯错误是难免的。

【成语故事】

晋灵公生性残暴，时常借故杀人。一天，厨师送上来的熊掌炖得不透，他就残忍地当场把厨师处死了。两个宫人奉命把尸体装在筐里，抬到宫外去埋葬。

正好，尸体被赵盾、士季两位正直的大臣看见。他们了解情况后，非常气愤，决定进宫去劝谏晋灵公。士季先去朝见，晋灵公从他的神色看出是为自己杀厨师这件事而来的，便假装没有看见他。直到士季往前走了三次，来到屋檐下，晋灵公才瞟了他一眼，轻描淡写地说："我已经知道自己所犯的错误了，今后一定改正。"

士季听他这样说，也就用温和的态度说道："谁没有过错呢？有了过错能改正，那就最好了。如果您能接受大臣正确的劝谏，就是一个好的国君。"

但是，晋灵公并非真正认识了自己的过错，行为依然残暴。相国赵盾屡次劝谏，他不仅不听，反而心生厌恶，竟派刺客去暗杀赵盾。不料刺客不愿去杀害正直忠贞的赵盾，宁可自杀。晋灵公见此事不成，便改变方法，假意请赵盾进宫赴宴，准备在席间杀他。结果赵盾被卫士救出，晋灵公的阴谋又未能得逞。最后，这个作恶多端的国君，终于被一个名叫赵穿的人杀死了。

人杰地灵

【拼音】rén jié dì líng

【解释】杰：杰出。灵：好。人物杰出，山川有灵气。指杰出的人物出生或到过的地方成为名胜之区，也指杰出人物生于灵秀之地。

【成语故事】

唐初，洪州阎都督在新落成的滕王阁大宴宾客，当地知名人士都应邀出席。

王勃正好路过这里，也应邀参加。因为他才十四岁，所以被安排在不显眼的座位上。阎都督的女婿很会写文章，阎都督叫他预先写好一篇序文，以便当众炫耀一番。

大家酒酣之际，阎都督站起来说："今天洪州的文人雅士欢聚一堂，不可无文章记下这次盛会，各位都是当今名流，请写赋为序，使滕王阁与妙文同垂千古。"话毕，侍候的人将纸笔放在众人面前。

但是大家推来推去，没有一个人动笔。后来推到王勃面前时，王勃竟将纸笔收下，低头沉思。过了一会儿，王勃卷起袖口，挥毫即书。阎都督见是一个少年动笔，不太高兴，走出大厅，凭栏眺望江景，并嘱咐侍从将王勃写的句子，随时抄给他看。

才过一会儿，侍从抄来《滕王阁序》的开头四句：“南昌故郡，洪都新府。星分翼轸，地接衡庐。”这四句的意思是：滕王阁所在之处过去属南昌郡治，现在归你洪州府。它的上空有翼、轸两星，地面连接衡山、庐山两山。阎都督看了，认为这不过是老生常谈，谁都会写，一笑置之。其实，这十六个字把南昌的历史和地理的概况都交代清楚了，纵横交错，起笔不凡。

接着，侍从又抄来了两句：“襟三江而带五湖，控蛮荆而引瓯越。”阎都督看了有些吃惊。他想，这少年以三江（泛指长江中下游的江河）为衣襟，又以五湖（指太湖、鄱阳湖、青草湖、丹阳湖、洞庭湖）为飘带，既控制着南方辽阔的楚地，又接引着东方肥美的越地，大有举足轻重、扭动乾坤之气。写出这样有气魄的句子，不是大胸襟、大手笔是不可能的。

侍从接着抄上来几句，更使阎都督吃惊：“物华天宝，龙光射牛斗之墟；人杰地灵，徐孺下陈蕃之榻。”原来，王勃在这里用了两个典故。前一个典故是说，物有精华，天有珍宝，龙泉剑的光芒直射天上二十八星宿中的斗宿和牛宿之间。意思是洪州有奇宝。后一个典故是说，东汉时南昌人徐孺家贫而不愿当官，但与太守陈蕃是好朋友。陈蕃特地设一只榻，专供接待徐孺之用。意思是洪州有杰出的人才。

阎都督越看越有滋味，越看越钦佩，连声称赞：“妙！妙！妙文难得！”然后他也就不让女婿把预先写好的序文拿出来了。王勃写完后，走到阎都督面前，谦逊地说：“出丑之作，望都督指教。”阎都督高兴地说：“你真是当今的奇才啊！”于是重新就座，阎都督把王勃奉为上宾，并亲自陪坐。

人人自危

【拼音】rén rén zì wēi

【解释】危：危险，危难。每个人都感到不安全，有危险。

【成语故事】

秦始皇晚年时到会稽游玩，丞相李斯、中车府令赵高随行。因为秦始皇很偏爱自己的小儿子胡亥，所以就带了胡亥，而其他的儿子都没有一起出游。

这年七月，秦始皇在沙丘行宫时，得了病，而且病得很重。他知道自己快要死了，便令赵高写信给领兵驻扎在边境的大儿子扶苏，想让大儿子立刻赶回都城咸阳，主持丧事。

赵高刚刚把诏书写好，秦始皇就断了气。因为赵高负责掌管秦始皇的玉玺，这样，秦始皇的遗诏和玉玺都落到了赵高手里；于是，赵高和胡亥合谋，伪造了一道遗诏，说秦始皇立胡亥为太子，让胡亥继位。

丞相李斯起先不同意，后来在赵高的威胁利诱下，也被迫同意了。

接着，赵高又伪造了另一道诏书，说扶苏不孝顺，赐给他一把剑，让他自杀，并派人夺了与扶苏一起镇守边境的大将蒙恬的兵权，也逼他自杀。经过一番阴谋活动，胡亥当上了皇帝，后世称为秦二世。赵高当上了郎中令。从此，朝政大权便全落到了赵高手里。

秦二世非常昏庸暴虐，他害怕别人识破他与赵高的阴谋，坐不稳皇位，便问赵高怎么办。奸诈阴险的赵高说：“必须采用严刑酷法，把那些老臣全部除掉，用新人来代替他们。”

秦二世听后，便下令处死蒙毅等一批老臣，又把对自己皇位有威胁的十二位兄长全部斩首，另外有十个公主也全部用酷刑处死。因受到牵连而被杀害的人更是不计其数，弄得上上下下一片恐怖，人人自危，朝廷中一片混乱。

秦二世和赵高用这种残酷的手段屠戮亲族和大臣，对老百姓更是凶狠残暴。这更激起了广大人民的反抗。

不久，陈胜、吴广揭竿而起，在大泽乡起义。历时三年，秦王朝最终为起义军所灭。

忍辱负重

【拼音】 rěn rǔ fù zhòng

【解释】 为了完成艰巨的任务，忍受屈辱，承担重任。

【成语故事】

公元221年，蜀主刘备不顾将军赵云等人的反对，出兵攻打东吴，想夺回被东吴袭夺的战略要地荆州（今湖北江陵），并为大意失荆州而被杀的关羽报仇。东吴孙权派人求和，刘备拒绝。于是孙权任命三十八岁的陆逊为大都督，率领五万兵马前往迎敌。

次年初，刘备的军队水陆并进，直抵夷陵（今湖北宜昌东南），在距长江南岸六七百里的山地上，设置了几十处兵营，声势十分浩大。陆逊见蜀军士气高涨，又占据有利地形，便坚守阵地，不与交锋。当时，东吴的一支军队在夷道（今湖北宜昌西北）被蜀军包围，要求陆逊增援。陆逊不肯出兵，并对众将说，夷道城池坚固，粮草充足，等我的计谋实现，那里自然会解围。

陆逊手下的将领见主将既不攻击蜀军，又不援救夷道，以为他胆小怕战，都很气愤。众将领中有的是老将，有的是孙权的亲戚，他们不愿听从陆逊的指挥。于是陆逊召集众将议事，手按宝剑说："刘备天下知名，连曹操都畏惧他。现在他带兵来攻，是我们的劲敌。希望诸位将军以大局为重，同心协力，共同消灭来犯敌人，上报国恩。我虽然是个书生，但主上拜我为大都督，统率军队，我当恪尽职守。国家之所以委屈诸位听从我的调遣，就是因为我还有可取之处，能够忍受委屈，负担重任。军令如山，违者要按军法从事，大家切勿违反！"

陆逊这一席话，把众将领都镇住了，从此再也不敢不听从他的命令了。

陆逊打定主意坚守不战，时间长达七八个月。直到蜀军疲惫不堪后，他利用顺风放火，取得了最后胜利。刘备逃归白帝城，不久就病逝了。

任人唯贤

【拼音】rèn rén wéi xián

【解释】贤：有德有才的人。指用人只选有德有才的人。

【成语故事】

齐襄公有两个弟弟，一个叫公子纠，另一个叫公子小白，他们各有一个很有才能的师傅。由于襄公荒淫无道，公元前686年，公子纠跟着他的师傅管仲到鲁国去避难，公子小白则跟着他的师傅鲍叔牙逃往了莒国。

不久，齐国发生大乱，襄公被杀，另外立了国君。第二年，大臣们又杀了新君，派使者到鲁国去迎回公子纠当齐国国君。鲁庄公则亲自带兵护送公子纠回国。

公子纠的师傅管仲，怕逃亡在莒国的公子小白因为离齐国近，抢先回国夺到君位。所以经庄公同意，先带领一队人马去拦住公子小白。

果然，管仲的队伍急行到即墨附近时，发现公子小白正在赶往齐国，便上前劝说他不要去。但是，公子小白坚持要去。于是管仲偷偷向公子小白射了一箭。公子小白应声倒下，管仲以为他已被射死，便不慌不忙地回鲁国去护送公子纠到齐国去。

不料，公子小白并未被射死，鲍叔牙将他救治后，赶在管仲和公子纠之前回到了齐国都城，说服大臣们迎立公子小白为国君。这就是齐桓公。

再说管仲回到鲁国后，与公子纠在庄公军队的保护下来继任君位。于是，齐、鲁之间发生了战争。结果鲁军大败，只得答应齐国的条件，将公子纠逼死，又把管仲抓起来。齐国的使者表示，管仲射过他们的国君，国君要报一箭之仇，非亲手杀了他不可，所以一定要将他押到齐国去。庄公也只好答应。

管仲被捆绑着，从鲁国押往齐国。一路上，他又饿又渴，吃了许多苦头。来到绮乌这个地方时，他去见那里守卫边界的官员，请求给点饭吃。

不料，那守边界的官员竟跪在地上，端饭给管仲吃，神情十分恭敬。等管仲吃好饭，他私下问道："如果您到齐国后，侥幸没有被杀而得封任用，您将怎样报答我？"

管仲回答道："要是照你所说的那样我得到任用，我将会任用贤人，使用能人，评赏有功的人。我能拿什么报答您呢？"

管仲被押到齐国都城后，鲍叔牙亲自前去迎接。后来齐桓公不仅没有对他报一箭之仇，反而任命他为相国，而鲍叔牙自愿当他的副手。原来，鲍叔牙知道管仲的才能大于自己，所以才说服齐桓公这样做。

如火如荼

【拼音】rú huǒ rú tú

【解释】荼：茅草的白花。像火那样红，像荼那样白。原形容军容之盛。现用来形容旺盛、热烈或激烈。

【成语故事】

春秋末期，吴国君主夫差连续征服了越国、鲁国和齐国，雄心勃勃，又继续向西北进军，打算一鼓作气征服晋国。

正在这个时候，越王勾践抄了吴王的后路。他带领军队一直打到吴国的国都姑苏（今江苏省苏州市内），又派人马占据淮河，把吴王的退路切断了。

这消息给吴王夫差当头泼了一盆冷水，他非常震惊，立即召集文臣武将商量对策。大家说，现在退回去等于两头打了败仗，还会两头挨打；

但如果能打败晋国，就等于在诸侯国中当定了霸主，再回去收拾越王勾践也不算晚。

大主意已经拿定，当务之急是尽快征服晋国。考虑再三，吴王夫差决定出奇制胜。

一天傍晚，吴王下达了命令。全军将士吃得饱饱的，马也喂足了草料。从全军中挑出三万精兵强将。每一万人摆成一个方阵，共摆了三个方阵。每个方阵横竖都是一百人，每一行排头的都是军官司。每十行，也就是一千人，由一个大夫负责。每一个方阵由一名将军率领。中间的方阵白盔白甲、白衣服、白旗帜、白弓箭，由吴王自己指挥，称为中军；左边的方阵，红盔红甲、红衣服；右边的方阵则一水儿黑色。半夜出发，黎明时分到达离晋军仅有一里路的地方。天色刚刚显出亮色，吴军鼓声大作，欢呼之声震天动地。

晋军从梦中醒来，一看吴军那三个方阵和声威气势，简直都惊呆了：那白色方阵，望之如荼——像开满白花的茅草地；那红色方阵，望之如火——如熊熊燃烧的火焰；而那黑色的方阵，简直就像深不可测的大海。

如胶似漆

【拼音】rú jiāo sì qī

【解释】像胶和漆一样粘在一起。形容感情深厚，难舍难分。多指夫妻恩爱。

【成语故事】

《后汉书》中有这样一个故事：在汉朝的时候，有一对学问很好的朋友，一个叫雷义，一个叫陈重。他们一块儿到京城去考试，结果雷义榜上有名，陈重却名落孙山。雷义觉得陈重的学问其实比他好，却没有考中，很替朋友不平，就向刺史要求把自己的功名让给陈重。刺史当然不会答应。雷义就躲在家中装疯，不去上任，刺史只好把他除名解职了。过了几年，雷义和陈重又去考试，这回两人同时都考中了，而且一起被皇帝选为尚书郎，成了同事。乡人见到两人的友谊深厚，都赞叹地说："胶与漆和在一起，可以说是十分牢固，但却比不上雷义和陈重的情谊呀！"

知心朋友是非常难得的，保持这种珍贵的友谊更为重要。胶与漆和在一起，其牢固程度是不言而喻的，雷义和陈重深厚的友谊，比胶漆还要牢固，实在是令人羡慕，就像古诗中说的："以胶投漆中，谁能别离此？"

如鱼得水

【拼音】rú yú dé shuǐ

【解释】好像鱼得到水一样。比喻有所凭借。形容遇到的人跟自己很投合或所处的环境对自己很合适。

【成语故事】

三国时期，曹操的实力很强大，刘备在还没有做皇帝之前，被迫依附于亲戚刘表，并且驻守新野这个地方。可是刘备是个胸怀大志的人，他并不想长久寄人篱下，只做别人的军师。正好这个时候徐庶向他推荐诸葛亮是个难得的人才，徐庶劝刘备一定要争取到诸葛亮。

为了请诸葛亮协助自己夺天下，刘备曾三次亲自到他住的茅庐拜访，诸葛亮看到刘备非常诚恳，最后才同意与刘备见面。刘备向他请教了许多治理国家的方法，诸葛亮仔细分析了当时的情势，建议刘备先占据荆州，这样才能有机会和曹操、孙权鼎足而立，互相抗衡。

刘备很欣赏诸葛亮，和诸葛亮的感情逐渐加深，高兴的刘备甚至对结拜兄弟关羽和张飞两人说："我得到孔明的辅助，就好像鱼得了水一样快乐。"

如坐针毡

【拼音】 rú zuò zhēn zhān

【解释】 像坐在有针的毡子上一样。形容心神不定，坐立不安。

【成语故事】

这个成语出自《晋书·杜锡传》："性亮直忠烈，屡谏愍怀太子，言辞恳切，太子患之。后置针着锡常所坐处毡中，刺之流血。"

西晋名臣杜预之子杜锡，学识渊博，性格耿直，在做了太子舍人以后，多次规劝晋惠帝的儿子愍怀太子。

可是，愍怀太子是个不思上进的人，他不仅不听劝告，反而对杜锡心怀怨恨，还派人悄悄地在杜锡平日坐的毡垫中插了许多针。杜锡没有发觉，坐下时屁股被刺得流出血来。

孺子可教

【拼音】rú zǐ kě jiào

【解释】孺子：小孩子。指年轻人有出息，可以把本事传授给他。

【成语故事】

张良，字子房。他原是韩国的公子，姓姬，后来因为行刺秦始皇未遂，逃到下邳隐匿，才改名为张良。

有一天，张良来到下邳附近的圯水桥上散步，在桥上遇到了一个穿褐色衣服的老人。那老人的一只鞋掉在桥下，看到张良走来，便喊道："喂！小伙子！你替我去把鞋捡起来！"

张良心中很不痛快，但他看到对方年迈，便下桥把鞋捡了回来。那老人见了，又对张良说："来！给我穿上！"

张良很不高兴，但转念想到鞋都捡起来了，又何必再计较，便恭敬地替老人穿上鞋。老人站起身，一句感谢的话也没说，就转身走了。

张良愣愣地望着老人的背影，猜想这老人一定很有来历。果然，那老人走了大概一里路，返身回来，说："你这小伙子很有出息，值得我教。五天后的早上，到桥上来见我。"张良听了，连忙答应。

第五天早上，张良赶到桥上。老人已先到了，生气地说："跟老人约会，应该早点来。再过五天，早些来见我！"

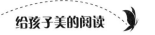

又过了五天，张良起了个早，赶到桥上，不料老人又先到了，老人

说：“你又比我晚到，过五天再来。”

又过了五天，张良下决心这次一定要比老人早到。于是他刚过半夜就摸黑来到桥上等候。天蒙蒙亮时，他看到老人一步一挪地走上桥来，赶忙上前搀扶。老人这才高兴地说：“小伙子，你这样才对！”

老人说着，拿出一部《太公兵法》交给张良，说：“你要下苦功钻研这部书。钻研透了，以后可以做帝王的老师。”

张良对老人表示感谢后，老人扬长而去。后来，张良认真研读《太公兵法》，成了汉高祖刘邦手下的重要谋士，为刘邦建立汉朝立下了汗马功劳。

入木三分

【拼音】rù mù sān fēn

【解释】相传王羲之在木板上写字，木工刻时，发现字迹透入木板三分深。形容书法极有笔力。现多比喻议论、见解深刻。

【成语故事】

王羲之是我国古代一位杰出的书法家，在历史上享有很高的评价，被后人称为“书圣”。因为曾经做过右军将军，所以后人又称他为王右军。

他写的字既秀丽，又很苍劲，这是非常不容易的。想想看，一般秀丽的字会显得柔软，而苍劲的字则显得粗硬，但是他竟能出尘脱俗，二者兼善，可见得他书法的功力之深，这恐怕不是天生具备，而是靠后天勤学苦练而得来的。

有一次，当时的皇帝要到京都建康北郊覆舟山去祭祀，让王羲之把祝词写在一块木制祝板上，再派工人雕刻。雕刻的工人在雕刻时把木头剔去一层又一层，然后惊讶地发现王羲之写字的墨迹竟渗进木板深处，直到剔去三分厚才见白底！雕刻的工人不禁惊叹其笔力雄劲："右军将军的字，竟入木三分！"

S

三令五申

【拼音】sān lìng wǔ shēn

【解释】令：命令。申：表达，说明。多次命令和告诫。

【成语故事】

春秋时，有个著名的军事家叫孙武。吴王为了试试他的才能，从宫中选出了一百八十名宫女，让孙武训练。

孙武命令宫女手拿着长戟（古代一种兵器）分成两队，并且让吴王最宠爱的两个妃子当队长。孙武对她们说："我说前，你们就看前方，说左就转向左边，说右就转向右边，说后就转向后面。"他命令人准备了处罚的刑具斧头，又再三重申刚才的命令。孙武喊"右"，宫女们你看我，我看你，觉得好玩，根本就不服从孙武的命令。孙武说："是我解释得不够明白，命令得不到执行，是指挥官的责任。"于是就把前面的命令又详细说了一遍。当他再次发出"左"的命令时，宫女们还是笑着不动，吴王也觉得好笑。这次孙武不再自责，他说："解释、交代得不清楚是将官的责任，交代清楚而不服从命令就是队长和士兵的过错。"于是命令左右把队长推出去砍头。吴王吓得大叫："等等，她们是我的爱妃，将军用兵的才能，我能明白，但请不要杀她们。"孙武回答："将在军中，君王的命令可以不听从。"说完坚持把吴王的两名宠妃砍了头，同时另外任命两位宫女做队长。宫女们很害怕，孙武再次发令时，所有的宫女都整齐认真地操练，不敢当作儿戏了。吴王也不得不佩服孙武的才能。

三人成虎

【拼音】sān rén chéng hǔ

【解释】三个人谎报城市里有老虎，听的人就信以为真。比喻说的人多了，就能使人们把谣言当事实。

【成语故事】

战国时代，各国互相攻伐，为了使大家能真正遵守信约，国与国之间通常都将太子交给对方作为人质。《战国策·魏策》有这样一段记载：魏国大臣庞葱（一作庞恭），将要陪魏太子到赵国去做人质，临行前庞葱对魏王说："现在有一个人来说街市上出现了老虎，大王相信吗？"

魏王道："我不相信。"

庞葱说："如果有第二个人说街市上出现了老虎，大王相信吗？"

魏王道："我有些将信将疑了。"

庞葱又说："如果有第三个人说街市上出现了老虎，大王相信吗？"

魏王道："我当然会相信。"

庞葱就说："街市上不会有老虎，这是很明显的事，可是经过三个人一说，好像真的有了老虎。现在赵国国都邯郸离魏国国都大梁，比这里的街市远了许多，议论我的人又不止三个。所以将来要是有人毁谤微臣，还希望大王明察。"

魏王道："一切我心里自然有数，你就放心去吧。"

可是，等庞葱走后，毁谤他的人越来越多，最后魏王就不再重用他了。

杀鸡取卵

【拼音】shā jī qǔ luǎn

【解释】卵：蛋。为了得到鸡蛋，不惜把鸡杀了。比喻贪图眼前的好处而不顾长远利益。

【成语故事】

传说从前有个老太婆养了一只老母鸡，这只鸡不仅长得高大肥壮，叫起来好听，还有一个特别的珍奇之处，就是每天下一个金蛋。老太婆每天得到一个金蛋后，就什么事也不用干了，日子过得很不错。可惜她是个贪心的人，想尽快得到更多的金蛋，因此常常守候在鸡身边。这只鸡一天只能下一个金蛋，老太婆心想，既然它能下金蛋，说明肚子里的金蛋还很多。她为了取出所有的金蛋，就把鸡给杀了，没想到剖开鸡肚子一看，里面一个金蛋也没有。她十分后悔，但已经来不及了。

杀鸡焉用牛刀

【拼音】shā jī yān yòng niú dāo

【解释】原作"割鸡焉用牛刀"。杀只鸡何必用宰牛的刀。比喻做小事情不值得用大的力量。

【成语故事】

春秋末期，孔子的学生子游在鲁国武城县做县官。有一次，孔子来到武城，听见弹琴唱歌的声音，他笑了一下，对子游说："治理武城这个小地方，根本用不着礼乐。比如杀鸡，何必用宰牛的大刀（原文是'割鸡焉用牛刀'）！"

子游引用孔子以前讲过的话来反驳他："以前我听老师讲过，君子学了礼乐就能相亲相爱，小人学了礼乐就易于驱使。我照您的话去做，为什么又取笑我？"孔子听了子游的辩驳，连忙改口说："子游这话讲得对，我刚才说的那句话，不过是开个玩笑罢了！"

上下其手

【拼音】shàng xià qí shǒu

【解释】比喻玩弄手法，暗中作弊。

【成语故事】

春秋时期楚襄王 26 年，楚国出兵侵略郑国。当时楚国很强大，弱小的郑国实在没有能力抵抗。结果，郑国战败，连郑王颉也被楚将穿封戌俘虏了。战事结束后，楚军中有楚王之弟公子围，想冒认俘获郑王颉的功劳，说郑王颉是由他俘获的，于是穿封戌和公子围二人便发生了争执，彼此都不肯让步，一时没有办法解决。后来，他们便请伯州犁来判定这是谁的功劳。

伯州犁的解决办法本是很公正的，他主张要知道这是谁的功劳，最好是问问被俘的郑王。于是命人带了郑王颉来，伯州犁便向他说明原委，接着手伸二指，用上手指代表楚王弟公子围，用下手指代表楚将穿封戌，然后问他是被谁俘获的。郑王颉因被穿封戌俘虏，很是恨他，便指着上手指，表示是被公子围所俘虏。于是，伯州犁便判定这是公子围的功劳。

上行下效

【拼音】shàng xíng xià xiào

【解释】效：仿效，跟着学。上面或上辈的人怎么做，下面或下辈的人就学着怎么做。

【成语故事】

春秋时，自从宰相晏婴死了之后，一直没有人当面指责齐景公的过失，因此心中感到很苦闷。

有一天，齐景公欢宴文武百官，席散以后，众人一起到广场上射箭取乐。每当齐景公射一支箭，即使没有射中箭靶的中心，文武百官都是高声喝彩："好呀！妙呀！真是箭法如神，举世无双。"

事后，齐景公把这件事情对他的臣子弦章说了一番。弦章对景公说："这件事情不能全怪那些臣子，古人有话说：'上行而后下效。'国王喜欢吃什么，群臣也就喜欢吃什么；国王喜欢穿什么，群臣也就喜欢穿什么；国王喜欢人家奉承，自然群臣也就常向大王奉承了。"

景公听了之后，认为弦章的话很有道理，就派侍从赏给弦章许多珍贵的东西。弦章看了摇摇头，说："那些奉承大王的人，正是为了要多得一点赏赐。如果我受了这些赏赐，岂不是也成了卑鄙的小人了！"他说什么也不接受那些珍贵的东西。

舍本逐末

【拼音】shě běn zhú mò

【解释】舍：舍弃。逐：追求。舍弃事物的根本的、主要的部分，而去追求细枝末节。指轻重倒置。

【成语故事】

战国时期，齐国为了和赵国加强外交关系，就派使臣访问赵威后。赵威后接过使臣的献礼，还没打开信，就先问使臣说："贵国的情形怎么样了？庄稼好吗？人民好吗？还有你们的君王也好吗？"使臣听了，心里很不高兴，就回答说："我是奉君王之命来拜访您的，不先问我们君王的情形，却先问庄稼和人民，这样未免先贱后贵了吧！"赵威后笑着说："你的观念错了，想想看，没有庄稼，哪会有人民呢？没有人民，又哪来的国君呢？难道要先舍根本去问末节的事吗？"

舍我其谁

【拼音】shě wǒ qí shuí

【解释】舍：除了。除了我还有哪一个？形容人敢于担当，遇到该做的事，决不退让。

【成语故事】

孟子想到齐国施展自己的雄图大志，也希望齐国君王能像历史上的商汤和周武王那样有作为。他到齐国后，齐王很高兴，并且任用了他。但孟子总感到不理想，于是决定离开齐国。但孟子在离开时，心里又是矛盾的，很想齐王能亲自出面来挽留他。后来，尽管齐王也亲自到孟子住处见了面，但只是寒暄而已，并没有表示要真正留他。孟子出京城临淄到齐国西南部的昼地后，住了三天才走。途中有人问孟子为什么这样慢吞吞的，孟子说，我自认为还是太快了呢。我想齐王也许能最终改变态度，把我召回去。齐王如果用我，何止齐国的老百姓得到太平，全天下的老百姓都能够得到太平。

在路上，又有一个名叫充虞的人问孟子，说："老夫子现在好像很不愉快的样子，从前我听您说过：'君子不怨天，不尤人。'"

孟子回答道："彼一时，此一时嘛。每过五百年就会有一位圣君出现，而这时也必然会有一位闻名于世的贤臣去辅佐这位君王。从周朝到现在，已经过去七百余年了，论年头，早超过五百年了；而以时势的发展来考察，则现在正该是出圣君贤臣的时候了。老天爷如果想使天下太平，那么当今之世，除了我，还有谁呢？我有何不愉快的呢？"

生花妙笔

【拼音】shēng huā miào bǐ

【解释】指杰出的写作才能。

【成语故事】

唐代著名的大诗人李白，从小学习刻苦，志向远大。传说他有一天在油灯下读书写字，一连三个时辰没动过地方。后来实在太累了，不知不觉趴在桌上睡着了。这时他做了一个梦，梦见他还在写字，写着写着，笔杆上开出了鲜艳的花朵，花香沁人心脾，令人陶醉。后来又从空中飞来了一张张白纸，雪白雪白的，直落笔下。李白高兴极了，紧握那支妙笔，飞快地写了一张又一张。不一会儿，李白身边开满了鲜花，原来这些花都是落在纸上的字变的。

李白后来写下了大量的不朽诗篇，这些佳作，流传千古，是中国优秀民族文化的重要组成部分。

生灵涂炭

【拼音】shēng líng tú tàn

【解释】生灵：百姓。涂：泥沼。炭：炭火。百姓像掉在烂泥和炭火中一样。形容政治混乱时期人民处于极端困苦的环境中。

【成语故事】

东晋时，后燕、后秦联合攻打前秦，于是前秦的国都长安被人包围，苻坚因此退到五将山，等待适当的机会重新再来。后来苻坚被后秦活捉处死，苻坚的儿子苻丕就一直驻在邺城。不过，前秦的幽州刺史王永听说苻坚已经死了，就请苻丕到晋阳。在王永等人的拥护下，苻丕当了皇帝。

苻丕当上皇帝以后，加封王永为左丞相。王永写了一篇昭告，想号召前秦的部队去讨伐后秦和后燕。昭告中说：自从苻坚被害，国都长安沦陷后，国家就一蹶不振！老百姓好像生活在泥沼和炭火之中，十分痛苦。各地官员接到这份昭告以后，就要派出兵马到临晋会师，准备作战。

可惜后秦的军队实在太强大了，王永无法获得胜利，前秦也逐渐衰落，不久后就被后秦消灭了。

生吞活剥

【拼音】shēng tūn huó bō

【解释】原指生硬地搬用别人诗文的词句。现比喻生硬地接受或机械地搬用别人的方法、经验、理论等。

【成语故事】

唐朝时，有个县里的武官叫张怀庆。他为了追求名利，常常弄虚作假，把别人的作品改头换面当作自己的“创作”。当时诗人王昌龄、名士郭正一声望都很高，张怀庆便常常抄袭他们的作品。

大臣李义府写了一首“镂月为歌扇，裁云作舞衣”的五言诗。意思是要把天上的明月雕刻成歌舞时用的扇子，把空中的彩云剪裁成跳舞时穿的衣裳，想象奇特。张怀庆一看，便抄了下来，并在每句诗的开头加上两个字，凑成了一首“生情镂月为歌扇，出性裁云作舞衣”的七言诗。经他这么一“创作”，诗句都不通了，谁也不知道写的是什么意思。

张怀庆这首诗一传出，人们就议论纷纷，有人根据他常常抄王昌龄、郭正一作品的行为，还给他编了顺口溜，嘲笑他是“活剥王昌龄，生吞郭正一”。

而这句嘲笑的话，经过简化成了成语“生吞活剥”，使用上也发生了变化。

声名狼藉

【拼音】shēng míng láng jí

【解释】声名：名誉。狼藉：杂乱不堪。形容名声极坏。

【成语故事】

蒙恬是秦朝著名的将领，秦王朝建立以后，秦始皇就派他带领三十万人马去抗击北方匈奴的侵扰，收复了黄河南北的大片土地。

接着，蒙恬又按照秦始皇的命令，把过去秦、赵、燕三国原来的长城连接起来，花了多年时间。西从临洮（今甘肃岷县）起，翻山越岭一直到东边的辽东，建成了一道万里长城。

蒙恬的兄弟蒙毅也为秦始皇平定天下，立下卓著战功。

秦始皇死后，赵高、李斯玩弄阴谋让秦始皇众子之一的胡亥继位。赵高完全掌握了朝中大权。

在秦始皇在世之时，赵高曾有过受贿舞弊、胡作非为的事，秦始皇知道了，就让蒙毅去审理这个案子，蒙毅查清了事实，把赵高判了死刑。后来，赵高向秦始皇苦苦哀求，才免了他的罪。

秦二世一上台，赵高就假借胡亥之手，派人通知蒙毅命令他自杀。

蒙毅在申辩中，列举了秦昭襄王杀名将白起、楚平王杀贤臣伍奢、吴王夫差杀良将伍员等几件事，说明这些君王犯下的大错，结果是“恶声狼藉，布于诸国”，遭到人们普遍的谴责，并希望秦二世能从中引为鉴戒。

但一贯看赵高脸色行事的胡亥不听，还是杀了蒙毅。这时，蒙恬正带着三十万人马守卫北部边疆，胡亥怕他不服，又连夜派人赐死了蒙恬。

十面埋伏

【拼音】shí miàn mái fú

【解释】设伏兵于十面以围歼敌军。指周围布置了重重埋伏。

【成语故事】

秦朝末年到汉朝初年，韩信作为一员大将，在楚汉相争时，他原本投身的是项羽的阵营，但是一直没有受到项羽的重用。后来，他就改投汉王刘邦的阵营了，在那里受到丞相萧何的赏识，被刘邦拜为大将。

楚汉相争多年，渐渐地，汉王刘邦取得胜利，西楚霸王项羽则节节败退。最后，韩信率领三十万大军将项羽和他的军队围困在了垓下。

韩信知道项羽骁勇善战，如果采取正面攻击，硬碰硬是无法取得胜利的。所以，他便采用步步为营、十面埋伏的战术，逐步缩小包围圈，让项羽四面冲杀都无法冲出重围。

最后，项羽走投无路，眼见大势已去，便悲壮地自刎于乌江边。

楚汉相争的局面自此结束。

识时务者为俊杰

【拼音】shí shí wù zhě wéi jùn jié

【解释】能认清当前的重大事情或客观形势的才是杰出的人物。

【成语故事】

东汉末年，军阀混战，当时，刘备正依附荆州牧刘表。他觉得要成大事，必须有有智谋的人辅佐，因此一直在物色有智谋的人才。后来，他听说司马徽在襄阳很有名声，便去拜访他，并问他对当今天下大势的看法。司马徽说："平庸的书生文士怎么会认清天下大势？能认清天下大势的人才是杰出人物。这里的卧龙和凤雏，才是这样的人物。"

拾人牙慧

【拼音】shí rén yá huì

【解释】拾：捡取。牙慧：指别人说过的话。比喻拾取别人的只言片语当作自己的话。

【成语故事】

东晋时候，有一个名叫殷浩的人。因为他曾经当过中军将军，所以被人称为“殷中军”。当被任命为建武将军时，他统领扬州、豫州、徐州、兖州、青州的兵马，后因作战失败被罢官，并流放到信安（今浙江省境内）。

殷浩很有学问，他爱好《老子》《易经》，并能引经据典谈得头头是道。

殷浩有个外甥，姓韩，名康伯，非常聪明也很健谈，殷浩很喜欢他，但对他的要求却十分严格。殷浩被流放时，康伯也随同前往。有一次，殷浩见他正在对别人发表言论，仔细一听，康伯所讲的，完全是抄袭自己的只言片语，套用自己说过的话，没有他个人的创见，却露出自鸣得意的样子，于是殷浩很不高兴，说：“康伯连我牙齿后面的污垢都没有得到，就自以为了不起，真不应该。”

始作俑者

【拼音】shǐ zuò yǒng zhě

【解释】俑：古代殉葬用的木制或陶制的俑人。开始用俑殉葬的人。后泛指恶劣风气的创始者。

【成语故事】

战国时，有一次孟子和梁惠王谈论治国之道。孟子问梁惠王：“用木棍打死人和用刀子杀死人，有什么不同吗？”

梁惠王回答说：“没有什么不同。”

孟子又问：“用刀子杀死人和用政治害死人有什么不同？”

梁惠王说：“也没有什么不同。”

孟子接着说：“现在大王的厨房里有的是肥肉，马厩里有的是壮马，可老百姓面有饥色，野外躺着饿死的人。这是当权者在带领着野兽来吃人啊！大王想想，野兽相食，尚且使人厌恶，那么当权者带着野兽来吃人，怎么能当好老百姓的父母官呢？孔子曾经说过，首先开始用俑的人，他会断子绝孙、没有后代的吧！您看，用人形的俑来殉葬尚且不可，又怎么可以让老百姓活活地饿死呢？”

世外桃源

【拼音】shì wài táo yuán

【解释】原指一个与世隔绝、没有战乱的安乐而美好的地方。后借指不受外界影响的地方或幻想中的美好世界。

【成语故事】

晋朝陶渊明在他写的《桃花源记》里讲述了这样一个故事：有一个渔夫，划着小船顺溪流而下，忽然发现了一片桃花林，穿过桃花林，迎面有一个山洞。过了山洞，就像来到另一个天地。这里的人男耕女织，土地肥沃，人人生活幸福，家家和睦相处。村里的人热情招待了他，并告诉他，他们的祖先在秦朝因避战乱，来到这里安家落户。一代一代下来，与外界完全隔绝了，根本不知道外面世界有什么变化。渔夫在桃源住了几日准备离开，临别时，村里人叮嘱渔夫，不要对外人讲这里的事。渔夫出桃花源，并一路做了记号，还告知了当地太守。但无论是太守派的人还是名士，都没有寻找到那个世外桃源。

势如破竹

【拼音】shì rú pò zhú

【解释】势：气势，威力。形势像劈竹子一样，劈开上端几节以后，下面各节就顺着刀势分开了。形容节节胜利，毫无阻碍。

【成语故事】

三国末年，晋武帝司马炎灭掉蜀国夺取魏国政权以后，准备出兵攻打东吴，实现统一全中国的愿望。他召集文武大臣们商量灭吴大计。多数人认为，吴国还有一定实力，一举消灭它恐怕不易，不如做好充足的准备再说。

大将杜预不同意多数人的看法，他写了一道奏章给晋武帝。杜预认为，必须趁目前吴国衰弱，马上灭掉它，不然等它有了实力就很难打败它了。司马炎看了杜预的奏章后，找自己最信任的大臣张华征求意见。张华同意杜预的分析，也劝司马炎尽快攻打吴国，以免留下后患。于是司马炎就下了决心，任命杜预为征南大将军。公元 279 年，晋武帝司马炎调动了二十多万兵马，分成六路，水陆并进，攻打吴国，一路战鼓齐鸣，战旗飘扬，战士威武雄壮。第二年就攻占了江陵，斩了吴国一员大将，军队乘胜追击。在沅江、湘江以南的吴军听到风声吓破了胆，纷纷打开城门投降。司马炎下令让杜预从小路向吴国国都建业进发。此时，有人担心长江水势暴涨，不如暂时收兵等到冬天进攻更有利。杜预坚决反对退兵，他说："趁现在士气高涨，斗志正旺，取得一个又一个胜利，势如破竹，一举攻击吴国不会再费多大力气了！"晋朝大军在杜预的率领下，直冲向吴都建业，不久就攻占建业灭了吴国。晋武帝统一了全国。

手不释卷

【拼音】 shǒu bù shì juàn

【解释】 释：放下。卷：指书籍。书本不离手。形容勤奋好学。

【成语故事】

三国时，吕蒙是吴国的大将。

一次，他点兵三万，用船八十余只袭击荆州。水手一律身着白衣，大批精兵埋伏在船舱里。黑夜，船到当阳江边，烽火台的汉兵厉声盘问。吴军诈称是商船，要求靠岸避风，汉兵信以为真。约至二更，船上吴军突然袭击，占据了烽火台。随后，吕蒙带兵长驱直入，轻取荆州。

吕蒙作战勇猛，平时却不肯读书。孙权劝道："你读点历史和兵法，用兵会更高明。汉光武帝从前行伍出身，却'手不释卷'。"从此，吕蒙勤勉自学，受益匪浅。

熟能生巧

【拼音】shú néng shēng qiǎo

【解释】熟练了，就能产生巧办法，或找到窍门。

【成语故事】

宋代有个叫陈尧咨的人，射箭技术极为高超，常因此而骄傲。一天，他正在给大家表演射箭，箭全射中靶心，于是就向旁边卖油的老人吹嘘起来。然而老人却说："没有什么了不起，只不过是手法熟练而已罢了。"说着，他拿来一个葫芦，在葫芦口放上一枚铜钱，用勺子舀了一勺油，高高地举起倒了下去。倒下去的油像一条线一样穿过钱眼，全部流进了葫芦里，而铜钱上一点油也没沾上。老头说："干任何事都一样，熟能生巧而已。"

双管齐下

【拼音】shuāng guǎn qí xià

【解释】管：指笔。原指手握双笔同时作画。后比喻做一件事两个方面同时进行或两种方法同时使用。

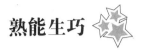

【成语故事】

唐代有一位著名的画家名叫张璪，擅长画松树，为世人称道。他在绘画创作上有一个绝技——他能双手握笔，左右同时画两棵松树，而且一支笔将松树画得苍翠挺拔、生机蓬勃，另一支笔则将松树画得惨同秋色、憔悴干枯。虽然两棵树的形态和笔法迥异，但却同样生动、逼真，令赏画的人惊叹不已。更令人叫绝的是，他用的还是两支秃笔。甚至画到兴奋的时候，竟用手指代笔蘸墨，然后在绢纸上纵横挥洒，不一会儿，就将松树及其生长的环境勾勒了出来。

后来有人把张璪这种“手握双管，一时俱下”的独特画法叫作“双管齐下”。

水滴石穿

【拼音】shuǐ dī shí chuān

【解释】水不停地滴，石头也能被滴穿。比喻力量虽小，只要有恒心，坚持不懈，事情就一定能成功。

【成语故事】

宋朝时，张乖崖（张咏号乖崖）在崇阳当县令。当时，常有军卒侮辱将帅、小吏侵犯长官的事。张乖崖认为这很反常，就下决心要整治这种现象。

一天，他在衙门周围巡行。突然，他看见一个小吏从府库中慌慌张张地走出来。张乖崖喝住小吏，发现他头巾下藏着一文钱。那个小吏支吾了半天，才承认是从府库中偷来的。张乖崖把那个小吏带回大堂，下令拷打。那小吏不服气："一文钱算得了什么！你也只能打我，不能杀我！"张乖崖大怒，判道："一日一钱，千日千钱，绳锯木断，水滴石穿。"为了惩罚这种行为，张乖崖当堂斩了这个小吏。

水落石出

【拼音】shuǐ luò shí chū

【解释】水落下去，水底的石头就露出来。比喻事情的真相完全显露出来。

【成语故事】

苏轼，字子瞻，号东坡居士，是著名文学家苏洵的长子。宋神宗在位时，想采用王安石的变法政策，苏轼因不赞成新法，和王安石辩论。那时王安石为神宗所器重，苏轼敌不过他，被贬到湖北当团练副使。他在黄州一个叫东坡的地方，建了一间房屋居住，因此自号东坡居士。

苏东坡喜欢山水，时时出去游玩并写下诗文，抒发情感。在《后赤壁赋》中，他写下这样几句诗句："……于是携酒与鱼，复游于赤壁之下。江流有声，断岸千尺；山高月小，水落石出。曾日月之几何，而江山不可复识矣。……"

"水落石出"在苏轼的赋中，本来是指冬季的一种风景，但后人把"水落石出"这四字，用作真相毕露的意思。把一件事情的原委弄清楚以后，等到真相大白，也叫作"水落石出"。

水深火热

【拼音】shuǐ shēn huǒ rè

【解释】形容人民生活极其痛苦。

【成语故事】

齐国出兵攻打燕国。战场上一片混乱，老百姓家破人亡。齐宣王亲自督战，十分得意。齐国大小官员，有的赞扬齐宣王的壮举，有的私下里批评君主不仁不爱。

孟子历来主张仁爱，反对战争，所以他很不高兴。当齐宣王凯旋，设酒宴招待文武百官时，他说："有人对我攻打燕国有意见，现在我五十天就征服了他们，这不是天意吗？"群臣一声不吭，你看看我，我看看你。"孟子，你倒说说看。"齐宣王有点咄咄逼人。孟子回答说："如果您占领燕国，燕国人民很高兴，您就去占领吧！"齐宣王很不高兴。孟子继续说："如水益深，如火益热，燕国的百姓会来送水、送饭，争相欢迎吗？"

司空见惯

【拼音】sī kōng jiàn guàn

【解释】司空：古代官名。指看惯了就不觉得奇怪。

【成语故事】

唐代诗人刘禹锡，因为性格放荡不羁，在京中受人排挤，后来被贬作苏州刺史。当地有一个曾任过司空官职的人名叫李绅，因仰慕刘禹锡的诗名，邀请他饮酒，并请了几个歌女在席上作陪。席间，刘禹锡一时诗兴大发，作诗一首："高髻云鬓新样妆，春风一曲杜韦娘。司空见惯浑闲事，断尽苏州刺史肠。""司空见惯"这个成语，就是从刘禹锡这首诗中得来的。诗中所用的"司空"两个字，是唐代一种官职的名称，相当于清代的尚书。从刘禹锡的诗来看，整句成语的意思，就是指李司空对这样的事情已经见惯，不觉得奇怪了。

死里逃生

【拼音】sǐ lǐ táo shēng

【解释】形容从极危险的境地中逃脱，幸免于死。

【成语故事】

从前楚国有个人叫次非，有一天得到一把宝剑，便高兴地渡河回家。当船划到河中心的时候，突然出现了两条蛟龙，绕着他的船兴风作浪。船上的人都吓坏了，不知道该怎么办。次非却镇静地问船夫："照这样下去的话，全船的人不是等死吗？"船夫消极地说："这注定必死无疑，还能有什么办法呢？"次非沉思片刻，立刻拔出宝剑说："以前丢了性命的人，之所以会死在这里，就是因为他们虽然有武器，但不敢和蛟龙拼命。"

次非话一说完，便跳进江里，拼死杀了这两条蛟龙。全船的人也就死里逃生了。

四面楚歌

【拼音】sì miàn chǔ gē

【解释】比喻四面受敌，处于孤立危急的困境。

【成语故事】

项羽和刘邦原来约定以鸿沟（今河南荥县境贾鲁河）东西边作为界限，互不侵犯。后来刘邦听从张良和陈平的规劝，觉得应该趁项羽衰弱的时候消灭他，就又和韩信、彭越、刘贾会合兵力追击正在向东开往彭城（今江苏徐州）的项羽部队。终于在布置了几层兵力后，把项羽紧紧围在了垓下（今安徽灵璧县东南）。

这时，项羽手下的兵士已经很少，粮食又没有了。夜里听见四面围住他的军队都唱起楚地的民歌，项羽不禁非常吃惊地说："刘邦已经得到楚地了吗？为什么他的部队里楚人这么多呢？"说着，心里已丧失了斗志，便从床上爬起来，在营帐里喝酒，并和他最宠爱的妃子虞姬一同唱歌。项羽唱完，直掉眼泪，在一旁的人也非常难过。虞姬自刎于项羽的马前，项羽英雄末路，带了仅剩的兵卒至乌江，最终自刎于江边。

T

太公钓鱼，愿者上钩

【拼音】tài gōng diào yú，yuàn zhě shàng gōu

【解释】太公：指周初的吕尚，即姜子牙。比喻心甘情愿地上当。

【成语故事】

商朝末年，姜子牙年近八十，却怀才不遇，只当了一个下大夫。

他见纣王无道，又受到妲己的迫害，于是逃出商朝都城朝歌。他来到渭水边隐居，天天钓鱼。他钓鱼的方法与众不同，竿短线长，钩直无饵。他一边钓鱼，一边自言自语地说：“姜太公钓鱼，愿者上钩！”

一天，西伯侯姬昌经过渭水，回西岐去。他听说姜子牙是位贤人，就亲自来请他到西岐去。姜子牙故意回避，躲在芦苇丛里不出来。姬昌斋食三天，沐浴整衣，又命人抬着礼品，再来请姜子牙，姜子牙这才出来相迎。

后人称这件事为“姜太公八十遇文王”。姜子牙被文王封为丞相，帮助文王、武王伐纣，创立了周朝。

贪得无厌

【拼音】tān dé wú yàn

【解释】厌：满足。贪心大，总不满足。

【成语故事】

智伯是春秋时的人，他野心很大，有一次他联合了韩、赵、魏三国，把中行氏灭掉，并侵占了中行氏的领土。过了几年，他又派人向韩国要求割地，韩国惧怕，就给了他一块有万户人家的土地。智伯又向魏国要求割地，魏国本来不想给，但是也怕围攻，只好和韩国一样，也给了他一块土地。智伯更高兴了，向赵国索取蔡和皋狼这两个地方；但是赵襄子拒绝了，智伯便联合韩国和魏国要攻打赵国。赵襄子采用谋士的计策，退守晋阳，准备了充足的粮食来抵抗智伯。

这样经过了三年，智伯始终没办法攻下晋阳。但是，赵国的粮食快要吃完了，于是派人去游说魏和韩，让他们联合起来，倒戈攻打智伯。因为智伯的野心太大了，魏国、韩国就答应了。于是，赵国连夜出兵，韩、魏两国跟着响应，把智伯击败，并瓜分了他的土地；当时，天下的人不但不同情智伯，反而讥笑他“贪得无厌”，得到了报应。

螳臂当车

【拼音】táng bì dāng chē

【解释】当：阻挡。螳螂举起前肢企图阻挡车子前进。比喻不正确估计自己的力量，去做办不到的事情，必然招致失败。

【成语故事】

《庄子·人间世》中有这样一个故事：春秋时期，鲁国有个贤人叫颜阖，他被卫灵公请去做太子蒯聩的老师，但蒯聩自认为将来会当国君，就作威作福，蛮不讲理。颜阖感到十分为难，于是向卫国大夫蘧伯玉诉苦。蘧伯玉劝他说："你的意图是好的，但实际上是不可能教好他的。你知道吗，螳螂想举起它的臂膀，以挡住前进中的车子，这是不可能的啊！"

天经地义

【拼音】tiān jīng dì yì

【解释】经：规范，原则。义：正理。天地间历久不变的常道。指绝对正确、不容置疑的道理。也指理所当然的事。

【成语故事】

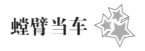

公元前520年周景王姬贵死后，按习俗应由他正夫人所生的世子姬

敬继位。但是，景王生前曾与大夫宾孟商讨过，打算立非正夫人所生的长子姬朝为世子。这样，姬朝也有资格继位。于是，周王室发生了激烈的王位之争。

在这种情况下，晋顷公召集各诸侯国的代表在黑壤会盟，商讨如何使王室安宁。参加商讨的有晋国的赵鞅、郑国的游吉、宋国的乐大心等。

会上，晋国的赵鞅向郑国的游吉请教什么叫“礼”。

游吉回答说：“我国的子产大夫在世时曾经说过，礼就是天之经，地之义，也就是老天规定的原则，大地施行的正理！它是百姓行动的依据，不能改变，也不容怀疑。”

赵鞅对游吉的回答很满意，表示一定要牢记这个道理。其他诸侯国的代表听了，也大都觉得有理。

接着，赵鞅提出各诸侯国应全力支持姬敬，为他提供兵卒、粮草，并且帮助他把王室迁回王城。

后来，晋国的大夫率领各诸侯国的军队，帮助姬敬恢复了王位，结束了周王室的王位之争。

天涯海角

【拼音】tiān yá hǎi jiǎo

【解释】形容极远的地方，或相隔极远。

【成语故事】

韩愈，字退之，是唐代中叶伟大的文学家。他两岁时就没了父亲，不久他的母亲也故去了。他幼时依靠哥哥韩会和嫂嫂郑夫人生活。韩会有一个嗣子（愈次兄介之子，出继与长兄会为嗣）叫老成，排行十二，所以小名叫十二郎，年纪比韩愈小一点。韩会在四十二岁的时候，因宰相元载的事，被贬为韶州刺史，不到几个月就病死在韶州，这时韩愈只有十一岁，十二郎也很小。韩愈虽然有三个哥哥（会、介、弁），但都很早就离开了人世，继承祖先后代的只有韩愈和他的侄子十二郎两个人。两人伶仃孤苦，没有一天分开过。

韩愈十九岁时自宜城前往京城，以后十年的时间中，只和十二郎见过三次面。当他正打算西归和十二郎永远生活在一起时，十二郎却死了。韩愈得知此事，悲痛欲绝，写了一篇《祭十二郎文》，派仆人建中从很远的地方备了一些时下的鲜美食物去祭奠他。这篇祭文，一字一泪，读来令人心酸。

祭文中有“一在天之涯，一在地之角”的句子，后人便把它引申为“天涯海角”这个成语。此成语也可作“海角天涯”。

铁杵磨成针

【拼音】tiě chǔ mó chéng zhēn

【解释】杵：舂米或捶衣用的棒。将铁棒磨成细针。比喻只要有恒心，肯努力，做任何事情都能成功。

【成语故事】

唐代大诗人李白，小的时候很贪玩，不爱学习。他的父亲为了让他成才，就把他送到学堂去读书。可是，李白学起那些经史、诸子百家的书很困难，就更加不愿意学了，有的时候还偷偷跑出学堂去玩。

有一天，李白没有上学，跑到一条小河边去玩。忽然，他看见一位白发苍苍的老婆婆蹲在小河边的一块磨石旁，一下一下地磨着一根铁棍。

李白好奇地来到老婆婆身边，问道："老婆婆，您在干什么？""我在磨针。"老婆婆没有抬头，她一边磨一边回答。

"磨针！用这么粗的铁棍磨成细细的绣花针，什么时候能磨成啊！"李白脱口而出。而老婆婆这时抬起头，停下手，亲切地对李白说："孩子，铁棒虽粗，可我天天磨，滴水能穿石，难道铁棒就不能磨成针吗？"

李白听了老婆婆的话，很受感动。心想："是呀，做事只要有恒心，不怕困难，天天坚持做，就能做好。读书不也是一样吗？"李白转身跑回学堂。

从此以后，他刻苦读书，历代诗词歌赋、诸子百家书籍，他见到就读，终于成为一位著名的诗人。

同仇敌忾

【拼音】 tóng chóu dí kài

【解释】 同仇：共同的仇敌。敌：对抗，抵拒。忾：愤怒。指全体一致地仇恨敌人。

【成语故事】

春秋时期，有一首流传于军中的歌谣，表现了士兵们慷慨从军、同心对敌的乐观精神和保卫祖国的英雄气概。

这首歌谣分为三节，可以反复咏唱。其中第一节是这样的："谁说没有衣服？我的战袍就是你的。国王兴兵打仗，快把刀枪修好。我与你共同对付仇敌。""同仇"这个词就来源于上面的歌谣。

公元前 623 年，卫国的宁俞出使鲁国，鲁文王设宴招待。席间，文王让乐工演唱《湛露》和《彤弓》，宁俞一听就知道，这是周天子对诸侯恩赐、褒奖时的宴乐。为此，他在席间不作任何答谢之辞。鲁文王对宁俞在席间的沉默不理解。宴饮完毕后，命人私下询问他其中的原因。宁俞回答说："当年诸侯以周天子的愤恨作为自己的愤恨，所以为天子献上战功。天子为了酬谢诸侯，在酒宴中赐《彤弓》、赋《湛露》，这是应该的。但如今我们卫国来到鲁国表示友好，大王学天子赐诸侯的礼节，也命乐工演唱《湛露》和《彤弓》。在这种情况下，我只好沉默不言了。""敌忾"这个词就来自宁俞说的话。

同流合污

【拼音】tóng liú hé wū

【解释】流：流俗。污：肮脏。原指随世浮沉。现指随着坏人一起做坏事。

【成语故事】

孟子有一次同他的学生万章谈起："孔子很厌恶那些八面玲珑、惯会奉承讨好的人。这种人虽然在乡里被称作好人，但实际上是言行不符、伪善欺世的伪君子，是道德的破坏分子。”万章问道：“既然人们都称他们是好人，他们自己也处处表现出是个老好人，为什么孔子还要称之为道德败坏者呢？”孟子答道：“这种人‘同乎流俗，合乎污世’（对世俗的不合理现象只会附和），看似好人，实际根本不能起好的作用。”

后将“同乎流俗，合乎污世”简化为“同流合污”。

同舟共济

【拼音】tóng zhōu gòng jì

【解释】舟：船。济：渡。坐一条船，共同渡河。比喻团结互助，同心协力，共同渡过难关。

【成语故事】

春秋时期，吴国和越国经常打仗。两国的百姓也都将对方视为仇人。有一次，两国百姓恰巧共同坐一艘船渡河。刚开船的时候，他们在船上互相瞪着对方，一副要打架的样子。但是当船开到河中央时，突然遇到了暴风雨，眼见船就要翻了，为了保住性命，他们顾不得彼此的仇恨，纷纷互相救助，并且合力稳定船身，才逃过了这场天灾而安全到达河的对岸。

投笔从戎

【拼音】tóu bǐ cóng róng

【解释】从戎：从军，参军。扔掉笔去参军。指文人从军。

【成语故事】

班超是东汉一个很有名气的将军，他从小就很用功，对未来也充满了希望。有一天，他正在抄写文章的时候，写着写着，突然觉得很闷，忍不住站起来，丢下笔说："大丈夫应该像傅介子、张骞那样，在战场上立下功劳，怎么可以在这种抄抄写写的小事中浪费生命呢！"

傅介子和张骞两个人，生在西汉，曾经出使西域，替西汉立下无数功劳。

因此，班超决定学习傅介子、张骞，将自己奉献给国家。后来，他当上了一名军官，在对匈奴的战争中取得胜利。接着，他建议和西域各国往来，以共同对付匈奴。朝廷采纳了他的建议，就派他带着数十人出使西域。在西域三十多年的时间里，他靠着智慧和胆量，度过了一切危机。

班超一生总共到过五十多个国家，使汉朝和这些国家保持和平，同时也宣扬了汉朝的国威。

投鼠忌器

【拼音】tóu shǔ jì qì

【解释】投：用东西去掷。忌：怕，有所顾虑。想要打老鼠，又怕打坏了它近旁的器物。比喻做事有所顾忌，不敢放手干。

【成语故事】

三国初期，汉献帝与丞相曹操、皇叔刘备一起去打猎。曹操为了显示自己的武力，竟跟汉献帝齐头并进。汉献帝见不远处有只兔子，就叫刘备射，说是要看看皇叔的箭法。刘备连忙弯弓射箭，正好射中兔子，献帝见状连夸好箭法。献帝又看见一只大鹿，但连射三箭不中，就叫曹操射。曹操拿过献帝的金比箭，一箭就射中了鹿。将士们见射中鹿的是金比箭，以为是献帝射的，都高呼万岁，曹操得意地站到献帝前。关云长实在看不下去了，要拍马刀砍曹操，刘备忙暗示他不可轻举妄动。事后，关云长问刘备为什么不让他杀曹操，刘备说："投鼠忌器，他身边还有献帝呢。"

土崩瓦解

【拼音】tǔ bēng wǎ jiě

【解释】瓦解：制瓦时先把陶土制成圆筒形，分解为四，即成瓦，比喻事物的分裂。像土崩塌、瓦破碎一样，不可收拾。

【成语故事】

商纣王是商朝的末代君主，是一个暴虐无道的昏君。他贪恋酒色、荒淫无度，整日花天酒地，寻欢作乐，不理朝政；他听信谗言，重用奸臣，残害忠良，戮杀无辜；他强征暴敛，动用巨资，强迫百姓为自己修建宫苑；他惨无人道，制造种种酷刑，以观看人受刑后的痛苦为乐。在他暗无天日的统治下，百姓怨声载道，苦不堪言。

虽说商朝的疆土辽阔广袤，东起东海，西至杳无人烟的沙漠，南起五岭以南的交趾，北至遥远的幽州，军队从容关一直驻扎到蒲水，士兵不下数万，但打起仗来，因为兵士不愿意为纣王战死，所以"倒矢而射"，把兵器扔在一边。商朝军队士气如此低落，商朝的政权自然是岌岌可危了。

所以，当周武王左手擎着用黄金作装饰的大戟，右手执着用牦牛尾装饰的白色旌旗，坐着战车，势不可当地杀来时，所到之处，无不披靡。商纣王军队的溃败、政权的垮台，就如瓦片的碎裂、泥土倒塌，迅速而无法挽救。

退避三舍

【拼音】tuì bì sān shè

【解释】舍：古时行军计程以三十里为一舍。主动退让九十里。泛指对人让步，不与之相争。

【成语故事】

春秋时候，晋献公听信谗言，杀了太子申生，又派人捉拿申生的弟弟重耳。重耳闻讯，逃出了晋国，在外流亡十几年。

经过千辛万苦，重耳来到楚国。楚成王认为重耳日后必有大作为，就以国君之礼相迎，待他如上宾。

一天，楚王设宴招待重耳，两人饮酒叙话，气氛十分融洽。忽然楚王问重耳："你若有一天回晋国当上国君，该怎么报答我呢？"重耳略一思索说："人民财物、珍宝丝绸，大王您有的是，珍禽羽毛，象牙兽皮，更是楚地的盛产，晋国哪有什么珍奇物品献给大王呢？"楚王说："公子过谦了。话虽然这么说，可总该对我有所表示吧？"重耳笑笑回答道："要是托您的福，果真能回国当政的话，我愿与贵国友好。假如有一天，晋楚两国之间发生战争，我一定命令军队先退避三舍，如果还不能得到您的原谅，我再与您交战。"

四年后，重耳真的回到晋国当了国君，就是历史上有名的晋文公。晋国在他的治理下日益强大。

公元前 633 年，楚国和晋国的军队在作战时相遇。晋文公为了兑现他许下的诺言，下令军队后退九十里，驻扎在城濮。楚军见晋军后退，以为对方害怕了，马上追击。晋军利用楚军骄傲轻敌的弱点，集中兵力，大破楚军，取得了城濮之战的胜利。

W

外强中干

【拼音】wài qiáng zhōng gān

【解释】干：枯竭。形容外表强壮，内里空虚。

【成语故事】

春秋时期的晋献公死后，晋公子夷吾结束逃亡生活，回到晋国继承王位，当上了国君。

在夷吾的逃亡生涯中，曾经答应过秦穆公，若是有一天他能够有机会回国当上国君，就把五座城镇割让给秦国，以报答救命之恩。可是，当上国君之后的夷吾并没有兑现诺言。

后来秦国发生饥荒，晋惠公也没有伸出援手帮助秦国，秦穆公为此怀恨在心。后来，秦穆公发兵攻打晋国，很快就打到晋国的一个城镇，为了抵抗强大的秦军，晋惠公亲自领兵反抗。他下令拉战车的马一定要用郑国的骏马。有位大臣看到，连忙对晋惠公说："郑国的马虽然看起来很强壮，但是实际上却很虚弱，打起仗来一紧张就会不听指挥。到那时，进退不得，大王还是不要做此决定！"但是晋惠公一点都不愿意听大臣的劝告。果然，没多久晋惠公的马车就不听指挥，而晋惠公一下就被秦军捉住，当了俘虏，晋国因此而大败。

玩物丧志

【拼音】wán wù sàng zhì

【解释】玩：玩赏。丧：丧失。志：志气。指迷恋于所玩赏的事物而消磨了积极进取的志气。

【成语故事】

周武王姬发灭商后，建立了西周王朝。为了巩固自己的统治，周武王一面分封诸侯，一面派出使臣到边远地区，号召各国臣服周朝。

慑于武王的威名，许多远方国家和部族都先后派人到镐（周都，在今陕西西安市西）向周王朝称臣纳贡。有一天，来自西方旅国的一位使臣献上了一只叫獒的大狗。这只狗身高体重，且通人性，见了周武王还俯首行礼。武王看了，非常高兴，命人收下了这只宝狗，并重赏了使者。

这件事被太保召公奭看在眼里，记在心中。退朝以后，他写了一篇《旅獒》呈给周武王，劝他艰苦奋斗，不要使胜利果实毁于一旦。其中写道：轻易侮弄别人，会损害自己的德行；沉迷于供人玩弄的事物，会丧失进取的志向。武王读了《旅獒》，想到商朝灭亡的教训，觉得召公奭的劝告是对的，于是把收到的贡品分赐给诸侯和有功之臣，自己则兢兢业业地致力于国家的治理和建设。

万事俱备，只欠东风

【拼音】wàn shì jù bèi，zhǐ qiàn dōng fēng

【解释】一切都准备好了，只差东风没有刮起来，不能放火。比喻什么都已准备好了，只差最后一个重要条件了。

【成语故事】

《三国演义》小说中讲道：东汉末年，曹操率兵南下，进攻刘备和孙权的联军。东吴都督周瑜决定用火攻破曹军。一切准备好后，周瑜突然想起，必须要刮东南风才能使火借风势，取得成功，而当时是冬天，刮的是西北风，哪里来的东南风呢？周瑜急得病倒了。诸葛亮猜中了他的心事，给他写下了十六个字的“药方”：欲破曹公，宜用火攻；万事俱备，只欠东风。周瑜忙向诸葛亮请教办法。诸葛亮懂得天文，知道几天内会刮东南风，就说自己能用法术借来东南风。后来，果然刮起了东南风，使吴军火攻成功，曹军大败而归。

万死不辞

【拼音】wàn sǐ bù cí

【解释】万死：死一万次（夸张说法），形容冒生命危险。死一万次也不推辞。表示愿意不惜一切代价完成任务。

【成语故事】

《三国演义》小说中讲道：东汉末年，朝政大权落在董卓手中。董卓骄横跋扈，出入宫廷用皇帝的仪仗，并让弟弟、侄儿统率禁军，把董氏宗族的人不论老小一律封为列侯。他还征二十五万民夫为自己修筑宫室，又从民间选来八百美女，纳入宫内。

司徒王允见董卓如此嚣张，很为汉王室担心，但又无法除掉董卓，心中十分烦恼。一天夜里，他到后花园散心，忽然听见有人在牡丹亭畔长吁短叹。走近一看，原来是家中的歌伎貂蝉。王允问道："深更半夜，你为什么来这里唉声叹气？"

貂蝉回答说："承蒙大人恩惠抚养，为我训习歌舞，并以礼相待。我即使粉身碎骨，也不能报答万一。近来见大人双眉紧锁，知道必定是为国事操心，所以心中忧伤，但不敢询问。今晚又见大人行坐不安，因此也长吁短叹起来，想不到被大人发现。如果大人有用我的地方，我一定效力，虽万死也决不推辞。"

王允听了貂蝉的话，忽然灵机一动，计上心来，马上朝貂蝉跪下，纳头便拜。貂蝉慌忙扶起。王允流着眼泪说："眼下朝廷危如累卵，贼臣董卓将要篡位，朝中文武无计可施。董卓有一个义子吕布，骁勇异常，天下无有敌手。方才听了你的话，我想出一条'连环计'来。先把你许配给吕布，然后再暗中献给董卓。你去离间他们父子两人，让他们因为想得到你而互相仇恨，最后挑拨吕布去杀死董卓。如此方能除掉大害，为国效忠。不知你意下如何？"

貂蝉缓缓站起，态度坚决地说："我已许下大人虽万死也决不推辞，如果不能遵计杀死董卓，以报国恩，愿意死在万刃之下！"王允和貂蝉共同谋划，实现了"连环计"，最终除掉了奸臣董卓。

望梅止渴

【拼音】wàng méi zhǐ kě

【解释】原意是梅子酸，人想吃梅子就会流涎，因而止渴。后比喻愿望无法实现，用空想或假象安慰自己。

【成语故事】

有一次曹操带兵在外行军，一时找不到取水的地方，士兵都渴极了，曹操就骗他们说："前面有个大梅林，梅子又甜又酸，可以解渴。"士兵听了，一个个都流出了口水，暂时止住了口渴。

望洋兴叹

【拼音】wàng yáng xīng tàn

【解释】望洋：抬头向上看的样子。原指在伟大事物面前感叹自己的渺小。现多指做一件事时因力不胜任或没有条件而感到无可奈何。

【成语故事】

秋天的大水按着时令到了，无数支流的水都灌进了黄河。河面十分宽阔，水雾蒸腾，不论是河的两岸，还是河心的沙洲，隔岸望去，简直分不清岸上的是牛还是马。这时，河伯欣欣然自我陶醉起来，认为天下的美景，全都集中在自己身上了。

河伯顺着水势向东前行，到了北海，朝东一看，只见一片汪洋，无边无际。到这时，河伯才开始改变他那扬扬自得的神态，仰起头来对着北海神无限感叹地说："俗话说：'有的人懂得了一点道理，便以为没有谁能比得上自己。'这正是批评我这种人的啊。我曾经听人说过，孔子的见闻学识不算多，伯夷的德行也没有什么了不起。以前我不信这话，现在我见到了你的广阔无边，才知道这话是真的啊。我如果不到你这里来，那就糟了。我将永远被道德高尚、学问渊博的人耻笑。"

危如累卵

【拼音】wēi rú lěi luǎn

【解释】形容形势非常危险，如同堆起来的蛋，随时都有倒塌打碎的可能。

【成语故事】

晋灵公为了个人的享乐，竟动用了大批的百姓和钱财，来建设九层琼台。他怕臣子们反对，就下令不准任何人来规劝。大臣荀息知道以后，跑去见灵公。灵公为了防止他的规劝和阻止，就叫人准备弓箭，只要他一开口规劝，就立刻把他射死。这时，荀息明知道情势紧张，仍故作轻松地说："大王！我学到了一种好玩的小技艺，特地进宫来表演给大王看！”灵公一听，就立刻撤了弓箭。荀息便认真地把九颗棋子堆起来，然后再把鸡蛋一个一个地加上去。旁边的人都害怕得屏住呼吸，而灵公自己也惊慌地说：“危险！危险！”荀息慢条斯理地说：“这有什么危险？还有比这个更危险的呢！”灵公禁不住问：“快说给我听听。”这时，荀息直起了身子，沉痛地说：“为了建造高台，弄得国库空虚，邻国将要侵略我们，这样下去，国家迟早是要灭亡的。”灵公听后方才醒悟，立即下令停止造台。

威武不屈

【拼音】 wēi wǔ bù qū

【解释】 威武：权势，武力。屈：屈服。强暴的压力不能使之屈服。表示坚贞顽强。

【成语故事】

战国时期儒家代表人物孟子说：“真正的大丈夫是实行仁义的人。‘仁’者爱人，‘义’者帮助人，扶危济困，让自己的行为使别人受益。他不必名震四海。当他有机会施展抱负时，就会使天下人受益；即使不得志也不会埋怨命运不公，仍坚持自我的完善。真正的英雄不会因为富贵而胡作非为，也不会因贫贱而改变思想，更不会在暴力面前屈服。”孟子的思想影响了许多历史上的大英雄。

为富不仁

【拼音】wéi fù bù rén

【解释】为：做，引申为谋求。靠不正当手段发财致富的人没有好心肠。

【成语故事】

战国时，滕国很弱小。当时各国诸侯都为开疆拓土而不断发动战争，尤其是大国诸侯随便制造一个事端就向小国兴兵。战胜之后，小国轻则割地赔款，重则国家从此消失。大国诸侯尝到了甜头，发动战争的积极性也越来越高，喊杀之声在华夏大地上回荡，战争风云经年不散，因此人们把这个时期称为战国。

滕国本来就国势衰微，到了滕文公继位时，面临的局面更为严峻：府库空虚，民生凋敝，四周列强环伺，虎视眈眈，随时都有亡国的可能。滕文公决心收拾残局，振兴滕国。他首先征询朝中文武官员的意见，让官员们拿出治国兴邦的办法。滕国官员觉得这个问题难度太大，一个个都像锯掉了嘴的葫芦，开口不得，闷闷不语。滕文公一气之下，命令散朝。滕文公回到宫中凭栏远眺，默默沉思。他忽然想到，大学问家孟子现今正旅居滕国，为什么不请教他呢？

于是，滕文公轻车简从，来到孟子的住处。孟子见国君亲自前来，觉得有些意外。滕文公落座之后，孟子首先问道："老朽不过是一介布衣，不敢劳驾国君，如有疑问，老朽乐于效力。”滕文公长叹一声说：“您是大学者，大贤人，所以特来请教。您知道，滕国兵微将寡，国家贫弱，依先生之见，怎样才能使滕国早日富强起来不受邻国欺侮呢？”

孟子见滕文公态度诚恳，便直言相告说：“人民是国家的本源，把一个国家比喻为大树，那么人民就是树根，树根发达粗壮，才能使枝干强健，树叶茂密，大树才能茁壮生长呀。”滕文公问：“怎样才能使树根健壮呢？”孟子说：“当然要施仁政。孔子说：‘仁者爱人。’要珍惜民力，不要做劳民伤财的事情，更不要随意增加人民的赋税。人民安居乐业了，还愁国家不富吗？阳虎说的‘想发财就不能讲仁义’这句话十分荒谬。对一国之君来说，只有讲仁义才能使人民爱国，人民才肯为国家效力。如果国君横征暴敛，弄得人民怨声载道，人民当然不愿为国君效力了。”滕文公听后面露喜色，决心在国内推行仁政。

围魏救赵

【拼音】wéi wèi jiù zhào

【解释】原指战国时齐军用围攻魏国的方法，迫使魏国撤回攻赵部队而使赵国得救。后指袭击敌人后方的据点以迫使进攻之敌撤退的战术。

【成语故事】

战国时，魏国大将庞涓率军包围了赵国都城邯郸。赵国急忙向齐国求救。齐威王命田忌为大将、孙膑为军师，领兵救赵。田忌准备与魏军主力交锋，孙膑却说：“现在魏国的主力部队在攻打邯郸，魏国都城大梁内一定空虚。如果我们直接攻打大梁的话，魏国一定会撤兵回救大梁的，这样既可解救赵国，又可给魏国较大打击。”于是，田忌采纳了孙膑的建议。庞涓果然中计，在撤军回去救大梁的途中遭到齐军的伏击。

唯命是从

【拼音】wéi mìng shì cóng

【解释】犹言唯命是听。指绝对服从。

【成语故事】

公元前 597 年，楚庄王亲自率领大军讨伐郑国。三个月后便攻破了郑国都城。郑襄公出于无奈，只好裸露上身，牵着一只羊向楚庄王求饶说：“我不能很好地服侍君王，令大王生气，这都是我的罪过。今后，大王让我做什么我就做什么。只要大王不灭郑国，让郑国像您的众多属国一样进贡于您，这就是您的恩惠了，也是我的心愿。我大胆地说出心里话，请大王决定吧。”

楚王看到郑伯的态度诚恳，认为郑王可以取得百姓的信任，就下令退兵，允许郑国的求和，还与郑国订立了盟约。

未雨绸缪

【拼音】wèi yǔ chóu móu

【解释】趁着天还没有下雨，先把门窗房屋修缮好。比喻事先做好准备。

【成语故事】

《诗经》中有一篇标题为《鸱鸮》的诗，描写的是一只失去了幼鸟的母鸟，仍然在辛勤地筑巢，其中有这样几句诗："迨天之未阴雨，彻彼桑土，绸缪牖户。今女下民，或敢侮予！"意思是说：趁着天还没有下雨的时候，赶快用桑根的皮把鸟巢的空隙缠紧，只有把巢弄坚固了，才不怕人的侵害。

卧薪尝胆

【拼音】wò xīn cháng dǎn

【解释】薪：柴草。睡在柴草上，吃饭睡觉前都要尝一尝苦胆。形容人刻苦自励，立志雪耻图强。

【成语故事】

春秋时期，吴王夫差凭着国力强大，领兵攻打越国。结果越国战败，越王勾践被抓到吴国。吴王为了羞辱越王，因此派他看墓与喂马——这些是奴仆才做的工作。吴王出门时，让他走在前面牵着马；吴王生病时，让他在床前尽力照顾，吴王看他这样尽心伺候自己，觉得他对自己非常忠心，最后就允许他返回越国。

越王回国后，决心洗刷自己在吴国当囚徒的耻辱。为了告诫自己不要忘记复仇雪恨，他每天睡在坚硬的木柴上，还在门上吊一颗苦胆，吃饭和睡觉前都要尝一下，为的就是要让自己记住教训。除此之外，他还经常到民间视察民情，替百姓解决问题，让人民安居乐业，同时加强军队的训练。

经过十年的艰苦奋斗，越国变得国富兵强。于是越王亲自率领军队进攻吴国，终于取得胜利。后来，越国又乘胜进军中原，成为春秋末期的一大强国。

乌合之众

【拼音】wū hé zhī zhòng

【解释】像乌鸦那样聚焦在一起的一群人。指临时杂凑的、无组织、无纪律的一群人。

【成语故事】

西汉末年，王莽篡位，改制失败后，刘玄称帝。扶风茂陵（今陕西省）人耿弇随其父耿况投奔了刘玄。没过多久，邯郸人王郎自称汉成帝之子刘子舆，在西汉宗室刘休和大富豪李育等的支持下，自立为帝，建都邯郸。这时，耿弇手下的孙仓、卫包便劝耿弇投归刘子舆（王郎）。耿弇闻听大怒，按剑说道：“刘子舆这个反贼，我和他势不两立！等我到长安请皇上调动渔阳、上谷的兵马，从太原、代郡出击，来回几十天，便能以轻骑兵袭击那些‘乌合之众’，势如摧枯拉朽，定能获胜。谁不识大局，去投奔那些反贼，定遭灭族杀身之祸！”

无价之宝

【拼音】wú jià zhī bǎo

【解释】无法估价的宝物。指极珍贵的东西。

【成语故事】

战国时，魏国有个农夫在耕地时拾到了一块圆形的、直径约一尺的白色玉石，玉石在夜里闪闪发光。他不知拾到的是玉石，就拿给邻居看。邻居为了骗取这块玉石，对他说："这是一块不吉利的石头，应该赶快扔掉。"农夫把石头扔到野外，邻居赶快捡回来献给魏王。魏王叫宫廷里有经验的老玉匠来鉴定，玉匠告诉魏王："这是一块宝玉，无法估价，即使让出五座城池，也只能看一下。"

无可奈何

【拼音】wú kě nài hé

【解释】奈何：如何，怎么办。指感到没有办法，只有这样了。

【成语故事】

汉武帝时，由于统治阶级对内以严酷的手段进行治理，对外又不断地进行扩张，对百姓强征暴敛，使百姓怨声载道，苦不堪言。尤其是广大农民，到了忍无可忍的地步，他们纷纷举行起义。

起义队伍大的数千人，小的几百人，自立旗号，攻打城池，夺取武库，释放死囚，杀官员，在乡里抢劫富豪，救济贫民，响应者不计其数。起义震惊了当时的皇帝和朝中大臣，他们都很害怕，急忙调兵遣将，派重兵前去武力镇压。然而，起义的队伍却越战越勇，有不可阻挡之势。皇帝和大臣们恐慌了，只得调集了更多的军队，执行残酷的杀戮政策，一下子杀了一万多人，还杀了给起义军运送粮食的几千人。这样，几年后才捕获了一些起义军首领。但是那些被打散的起义者和没被杀死的人又重新聚集起来，占领山岭和水乡，使水陆交通阻塞。他们常常成帮结伙地袭击官军，闹得声势很大。统治者心中既恨又怕，但又对起义军毫无办法。于是朝廷又制定了《沉命法》，规定：对于成伙的盗贼没有发觉的，或者已经发觉应捕获而没有捕获的，凡年俸禄在二千石以下的官吏，主要责任者一律处死。打那以后，小官吏怕杀头，虽有农民起义者也不敢揭发，怕揭发了抓不住人，自己触法并牵连郡太守，而郡太守也不愿意他们揭发，以致农民起义军队伍越来越壮大。

“无可奈何”这个成语，在这个故事中是用来形容统治者对农民起义恨之入骨，千方百计想消灭他们，但起义军却越战越勇，声势越来越大，统治者对此只能怀恨在心，却毫无办法。

吴下阿蒙

【拼音】 wú xià ā méng

【解释】 吴下：现江苏长江以南。阿蒙：指吕蒙。居处吴下一隅的吕蒙。比喻人学识尚浅。

【成语故事】

三国时，据有江东六郡的孙权，手下有位名将叫吕蒙。他身居要职，但因小时候依靠姐夫生活，没有机会读书，学识浅薄，见识不广。

有一次，孙权对吕蒙和另一位将领蒋钦说："你们现在身负重任，得好好读书，增长自己的见识才是。"吕蒙不以为然地说："军中事务繁忙，恐怕没有时间读书了。"孙权开导说："我的军务比你们要繁忙得多。我年轻时读过许多书，掌管军政以来，读了许多史书和兵书，感到大有益处。当年汉光武帝在军务紧急时仍然手不释卷，如今曹操也老而好学。希望你们不要借故推托，不愿读书。"孙权的开导使吕蒙很受教育，从此他抓紧时间大量读书，很快，超过了一般儒生读过的书。一次，士族出身的名将鲁肃和吕蒙谈论政事，交谈中鲁肃常常理屈词穷，被吕蒙难倒。鲁肃不由得轻轻地拍拍吕蒙的背说："以前我以为老弟不过有些军事方面的谋略罢了，现在才知道你学问渊博、见解高明，再也不是以前吴下的那个阿蒙了！"吕蒙笑笑："离别三天，就要用新的眼光看待。今天老兄的反应为什么如此迟钝呢？"接着，吕蒙透彻地分析了当前的军事形势，还秘密地为鲁肃提供了三条对策。鲁肃非常重视这些对策，也未泄露出去。后来，孙权赞扬吕蒙等人说：“人到了老年还能像吕蒙那样自强不息，一般人是做不到的。一个人有了富贵荣华之后，更要放下架子，认真学习，轻视财富，看重节义。这种行为可以成为别人的榜样。”

五十步笑百步

【拼音】wǔ shí bù xiào bǎi bù

【解释】作战时后退了五十步的人讥笑后退了百步的人。比喻自己跟别人有同样的缺点错误，只是程度上轻一些，却毫无自知之明地去讥笑别人。

【成语故事】

梁惠王对孟子说：“我对管理国家大事，一向尽心尽力，对百姓的照顾也非常周到，可是为什么我国的人民并没有增多，而邻国的人民也没有减少呢？”孟子说：“您是怎么照顾人民的呢？”梁惠王说：“河内有了灾荒，我就把他们移到河东去；要是河东的收成不好，我也照样办理。放眼天下，有哪一国的国君像我这样的呢？”孟子笑着说：“让我来举一个战争的例子吧！如果一方战败，士兵纷纷逃走，有的逃了五十步，有的逃了一百步，逃了五十步的就笑别人‘贪生怕死’，这样的情形，您认为如何呢？”梁惠王说：“不对的，那士兵只不过是因为自己跑得慢而落后了五十步罢了。”孟子接着说：“同样的道理，您虽然在小地方照顾了百姓，可是您喜欢打仗，而且一打起来，百姓成千成万地死去，这和邻国又有什么区别呢？不也像是五十步在笑百步那样的情形吗？”

物极必反

【拼音】wù jí bì fǎn

【解释】极：顶点。反：向反面转化。事物发展到极点，会向相反方向转化。

【成语故事】

武曌是唐高宗的皇后，她在高宗死后就临朝听政。不久，她废了她的儿子中宗，改立国号为周，还自称为则天皇帝，她就是我们一般称的武则天。

当她临朝听政的时候，太子中宗已经长大了，可以处理国家大事了，但是则天皇帝还是不肯放手。在当时，许多大臣都很不满，纷纷上书劝止。其中有一位叫苏安恒的大臣，也上了一本奏疏，劝谏则天皇帝。奏疏上说：“太子现在的年纪已经很大了，才德也不错，你却还贪恋着皇帝的宝座，而忘了母子的情分。时间已不能让你拖延下去，我以为上天和百姓们，都是倾向李家的，你现在虽然还平稳地坐在皇帝的位子上，但总要知道物极必反、器满则倾的道理吧！”

物以类聚

【拼音】wù yǐ lèi jù

【解释】同类的东西聚在一起。现多指坏人彼此臭味相投，勾结在一起。

【成语故事】

战国时期，齐国有一位著名的学者名叫淳于髡。他博学多才，能言善辩，被任命为齐国的大夫。他经常利用寓言故事、民间传说、山野逸闻来劝谏齐王，而不是通过讲大道理来说服他，但往往能收到意想不到的效果。

有一次，齐宣王想攻打魏国，于是调动军队，征集粮草，补充兵源，使得国库空虚、民间穷困，有的百姓已经逃到其他国家去了。淳于髡对此十分忧虑，他就去求见齐宣王。齐宣王爱听故事，淳于髡投其所好，说："臣最近听到一个故事，想讲给大王听。"齐宣王说："好啊，寡人好久没听先生讲故事了。"淳于髡说："有一条叫韩子卢的黑狗，是普天下跑得最快的狗。有一只叫东郭逡的兔子，是四海内最狡猾的兔子。有一天，韩子卢追逐东郭逡，绕着山跑了三圈，又翻山顶来回追了五趟，兔子在前面跑得筋疲力尽，狗在后面追得力尽筋疲，双双累死在山腰。一个农夫看见了，没花一点力气，就得到了狗和兔子。"齐宣王听出淳于髡话中有话，就笑着说："先生想告诉我什么呢？"淳于髡说："现在齐、魏两国相持不下，双方的军队都很疲惫，两国的百姓深受其害，恐怕秦、楚等强国正在后面等着像老农一样准备捡便宜呢。”齐宣王听了，认为很有道理，就下令停止进攻魏国。

齐宣王喜欢招贤纳士，于是让淳于髡举荐人才。淳于髡一天之内接连向齐宣王推荐了七位贤能之士。齐宣王很惊讶，就问淳于髡：“寡人听说，人才是很难得的，如果一千年之内能找到一位贤人，那贤人就多得好像肩并肩站着一样；如果一百年能出现一位圣人，那圣人就像脚跟挨着脚跟到来一样。现在，你一天之内就推荐了七个贤士，那贤士是不是太多了？”

淳于髡回答说：“不能这样说。要知道，同类的鸟儿总聚在一起飞翔，同类的野兽总是聚在一起行动。人们要寻找柴胡、桔梗这类药材，如果到水泽洼地去找，恐怕永远也找不到；要是到梁文山的背面去找，那就可以成车地找到。这是因为天下同类的事物总是要相聚在一起的。我淳于髡大概也算个贤士，所以让我举荐贤士，就如同在黄河里取水、在燧石中取火一样容易。我还要给您再推荐一些贤士，何止这七个！”

X

先发制人

【拼音】xiān fā zhì rén

【解释】发：开始行动。制：控制，制服。原指先动手以制服对方。后也泛指争取主动，先动手来制服对方。

【成语故事】

秦朝末年，为了反抗暴政，各地人民纷纷起义。其中又以陈胜和吴广率领的百姓起义声势最为浩大。当时有个叫殷通的会稽郡守也想趁机推翻秦朝，所以就请来当时在吴国避难的项梁和项羽叔侄两人共商大事。

项梁和项羽在当地广结了许多知名人士和有才智的人，加上两人本身熟悉兵法，因此很受当地百姓的敬仰。项梁对殷通说："现在各地纷纷组织起义，所以正是消灭秦国的最好机会，当然先起义发动的人就可以得到先机，我们应该早点起义才是。"项梁看出殷通性格怯懦，难成大事，于是就叫项羽把他杀死，并收服了他的部下。另一方面，他又不断征集人马，壮大军队，并且打出灭秦的旗号。项羽就是后来历史上赫赫有名的西楚霸王。

先声夺人

【拼音】xiān shēng duó rén

【解释】先张扬自己的声势以压倒对方。也比喻做事抢先一步。

【成语故事】

宋国的司马华费遂，有三个儿子，他们分别是华驱、华多僚和华登。华多僚得国君宋元公的信任，经常在元公面前说两个兄弟的坏话。华登被迫逃亡到国外后，华多僚又在元公面前诬陷华驱，说华驱打算接纳逃亡的人。宋元公经不住华多僚的一再挑拨，便派人通知华费遂，叫他驱逐华驱。

华费遂知道这件事是华多僚干的，恨不得杀了他，但又只得执行元公的命令，准备叫华驱去打猎，然后打发他走。华驱了解了这是华多僚干的坏事，本想杀了他，但又怕父亲伤心，于是决定逃亡。临行时，华驱打算与父亲告别。不料，在朝廷上遇见了华多僚。他一时激愤，与侍从杀死了华多僚，并召集逃亡的人一起反叛宋国。元公请齐国的乌枝鸣帮助守卫城池。

这年冬天，逃亡在外的华登带领吴国的一支军队前来支持华驱攻打宋国。眼看华登的队伍快要来到，有位名叫濮的大夫对乌枝鸣说："兵书《军志》上有这样的话：'先向敌人进攻可以摧毁敌人的士气；后向敌人进攻要等待他们士气衰竭。'何不趁华登的军队疲劳和还没有安定时进攻？如果敌人已经来到而且稳住，他们的人就多了，到那时我们就后悔莫及了。”乌枝鸣听从了濮的建议。结果，宋国和齐国的联军击败了吴军，俘虏了两个将领。但是，华登率领余部又击败了宋军。

宋元公想逃，濮拦住他说：“我是小人，可以为君王战死，但不能护送您逃跑。请君王等待一下。”濮说完这话，一面巡行，一面向军士们喊道：“是国君的战士，就挥舞旗帜。”军士们按照他的话挥舞旗帜。宋元公也壮着胆下城巡视，对军士们说：“国家败亡，国君死去，这是大家的耻辱，不仅是我一个人的罪过，大家拼死一战吧！”乌枝鸣命军士们用剑与叛军拼搏。齐军和宋军一起攻打华登，华登支持不住，节节败退。濮冲到前面刺死华登，将他的头砍下，裹在战袍里，一边奔跑一边喊道：“我杀了华登了！我杀了华登了！”

相敬如宾

【拼音】xiāng jìng rú bīn

【解释】形容夫妻互相尊敬，像对待宾客一样。

【成语故事】

春秋时期，晋国大臣郤芮获罪被杀，他的儿子郤缺也被贬为平民，务农为生。郤缺并没有因为生活环境和个人际遇的巨大变化而怨天尤人、自暴自弃，而是一边勤恳耕作谋生，一边以古今圣贤为刻苦修身的榜样。这样，他的品格德行日益完善，他的妻子越来越仰慕他，就连刚刚结识的人也对他赞叹不已。

一次，郤缺在田间锄草，快要到中午吃饭的时候，他的妻子将饭送到了田里，然后十分恭敬地跪在丈夫的面前，将饭递给他。郤缺连忙接住，也频致谢意。夫妻俩互相尊重，饭虽粗陋，倒也吃得有滋有味。

此情此景，正好被路过此地的晋国大夫臼季看到了。一番攀谈过后，大夫臼季认为郤缺是不可多得的治国之才。于是，就力荐郤缺为下军大夫。后来郤缺立了大功，被升为卿大夫。

项庄舞剑，意在沛公

【拼音】xiàng zhuāng wǔ jiàn，yì zài pèi gōng

【解释】项庄席间舞剑，企图刺杀刘邦。后用来比喻说话或行动虽然表面上另有名目，其真实意图却在于对某人某事进行威胁或攻击。

【成语故事】

秦朝末年，各路起义军中有两支最大的力量——刘邦队伍和项羽队伍。他们曾经约定，谁先攻下秦朝首都咸阳，谁就在关中一带为王。结果，刘邦先攻破了咸阳，控制了函谷关。

项羽因此非常生气。他想：我有四十万大军还没称王，你十万人马居然称王啦！于是要找刘邦决战。

项羽的一个远房叔叔项伯与刘邦的谋士张良很要好。听到这消息，他连夜告诉张良，劝他赶紧离开。张良不愿背叛刘邦，经张良介绍，刘邦热情地接待了项伯，并与项伯结为儿女亲家。项伯劝刘邦亲自去向项羽解释、道歉，以避免这场大战。

第二天，刘邦带着一百多人亲自去鸿门向项羽赔礼道歉。项羽的谋士范增劝项羽在酒宴上除掉刘邦。宴会上埋伏了一批武士，约定项羽一举杯，就立即动手。

在宴会上，刘邦对项羽态度谦卑，处处赔着小心。那项羽是个直性子，被刘邦哄得渐渐高兴起来，不再想杀他了。所以对范增的几次示意提醒，都没有反应。

范增眼看没按计划进行，就把项羽的堂兄弟项庄找出来说："项王太仁慈了。你快进去借舞剑为名，趁机杀了刘邦。"

项庄回来便到宴会上敬酒，并请求让他舞剑助兴。只见剑光闪闪，项庄越来越靠近刘邦。项伯担心出事，对项羽说："一人独舞，兴致不高，让我和他对舞吧！"项伯也拔剑起舞，暗暗地用自己的身体挡着刘邦，使项庄找不到下手的机会。

张良看到这种情况，赶忙出去对刘邦的武将樊哙说："现在项庄舞剑，他的用意就是要杀沛公啊！"樊哙一听，立即拿起武器，闯到宴会上。

在张良、樊哙的保护下，刘邦终于借机离开宴会，安全地回到自己的军营。

这就是历史上有名的"鸿门宴"的故事。

削足适履

【拼音】 xuē zú shì lǚ

【解释】 适：适应。履：鞋。因为鞋小脚大，就把脚削去一块来将就鞋的大小。比喻不合理地迁就现成条件，或不顾具体条件而生搬硬套。

【成语故事】

春秋时，有一次楚灵王亲自率领战车千乘，雄兵十万，征伐蔡国。这次出征非常顺利。楚灵王看大功告成，便派自己的弟弟弃疾留守蔡国，全权处理那里的军政要务，然后点齐十万大军继续推进，准备一举灭掉徐国。

楚灵王的这个弟弟弃疾，不但品质不端，而且野心极大，不甘心仅仅充当蔡国这个小小地方的首脑，常常为此而闷闷不乐。弃疾手下有个叫朝吴的谋士，这个人工于心计。有一天，他试探道："现在灵王率军出征在外，国内一定空虚，你不妨在此时引兵回国，杀掉灵王的儿子，另立新君，然后由你裁决朝政，将来当上国君还成什么问题吗！"弃疾听了朝吴的话，引兵返回楚国，杀死了灵王的儿子，立哥哥的另一个儿子子午为国君。楚灵王在征讨途中闻知国内有变，儿子被弟弟杀死，顿时心寒，想想活在世上没有意思，就上吊自杀了。在国内的弃疾知道楚灵王死了，马上威逼子午自杀，自立为王，他就是臭名昭著的楚平王。

听信坏人的话，使父子、兄弟自相残杀就像砍去脚指头去适应鞋的大小一样，太不明智了。

小题大做

【拼音】xiǎo tí dà zuò

【解释】小题：明清科举考试时，以"四书"文句命题称为小题。现泛指拿小题目做大文章。比喻把小事当作大事来办，有不值得这样做或有意扩大事态的意思。

【成语故事】

战国时期，赵国孝成王很不争气。他目光短浅，喜欢独断专行，听不进大臣的建议；他贪心十足，经常贪小利而受大害。

有一年，赵国和燕国发生了冲突。燕国国君一怒之下任命高阳为统帅，令其领兵十万征讨赵国。赵孝成王看到燕国大军前来征讨的军报，吓得不知所措。他自认为赵国没有一个大将能带兵与燕国高阳率领的军队抗衡，于是派人去齐国请大将田单担任赵军统帅，统领三军与燕国军队作战。齐王听完赵国使者的话，提出条件：要求赵国把济水以东的三座城池和高唐平原一带的五十七座城邑、集市作为酬谢全部送给齐国。

使者返回赵国传达齐王的条件，孝成王觉得齐国这是趁火打劫，要价太高。但是他又担心不答应齐王的条件，齐王不让田单来赵国领兵作战，那样燕王会一举灭了赵国。他思前想后，最后决定答应齐国苛刻的条件。

孝成王的决定让满朝大臣大为震惊，他们没想到孝成王会有这样荒谬的想法，做这样荒唐的决定，大臣在私底下议论纷纷。

朝中大臣中最为不满的是马服君赵奢，但他不敢公开反对孝成王的决定。于是他找到平原君商议，说：“我们赵国并不是没有能统领军队、抵御外敌的大将。如今为了聘请齐国的田单，居然要割让那么多座城池给齐国，这不是小题大做吗？”平原君劝慰他说：“这是大王决定了的事情，再谈有什么用呢？”赵奢非常气愤地说：“我们赵国士兵强悍，大将勇猛，经常上战场作战的不少于万人。如果让我领兵迎敌，不出一百天就能把燕军消灭干净。”赵奢看着平原君，见他无动于衷，接着说："田单算什么，如果他没本事，一定会败给燕国；如果他真有领兵作战的本领，也不会为赵国卖命的。用田单领军，有害而无利，道理清楚明白，大王怎么就看不透啊！"

赵奢慷慨陈词一番后，见平原君态度冷漠，无动于衷，就叹了口气走了。

小心翼翼

【拼音】 xiǎo xīn yì yì

【解释】 翼翼：严肃谨慎。本是严肃恭敬的意思。现形容谨慎小心，一点不敢疏忽。

【成语故事】

宋朝时有个很有学问的人，名叫贾黄中，他五岁起跟父亲读书。

由于父亲的严格要求，贾黄中十五岁就考中进士，当了校书郎。贾黄中为官清廉正直。他在任宣州太守时，有一年闹灾荒，百姓饿死不少。贾黄中就用自家的米做饭，救活了几千人。他在金陵任职的时候，发现府库内藏有几十匣金银宝贝，价值连城，马上清理上报朝廷。

宋太宗十分高兴，夸奖他说，若不是他廉洁奉公，这些前朝的宝贝一定会丢失；此外还特地召见了贾黄中的母亲，赞扬她教子有方，可以与孟子的母亲相比。

但是，贾黄中办事过分认真、慎重，所以遇到大事往往不能当机立断。后来他被派往外地任职，在向太宗辞行时，太宗告诫他说："做事恭谦，小心谨慎，不论是做君的还是做臣的都应该这样，但是如果做得太过分了，就失去了大臣的身份。”贾黄中死时，家中很穷，皇帝特地赐钱三十万，又给他老母亲白银三百两，以表彰他为官廉洁无私，他母亲教子有方。

笑里藏刀

【拼音】xiào lǐ cáng dāo

【解释】形容对人表面和气，却阴险毒辣。

【成语故事】

唐太宗时，有个叫李义府的人，因善写文章，被推荐当了监察御史。李义府还善于奉承拍马，他曾写文章颂扬过唐太宗，因此，博得太宗的赏识。唐高宗时，李义府又得到高宗的信任，任中书令。从此，更加飞黄腾达。李义府外表温和谦恭，同人说话总面带微笑，但大臣们知道，他内心极其阴险，因此都说他笑里藏刀。李义府在朝中为所欲为，培植亲信，让妻儿任意向人索取钱财，还随意封官许愿。

高宗知道这些以后，曾委婉地告诫过他，但李义府并不放在心上。

有一次，李义府在宫中看到一份任职名单，回家后，让儿子把即将任职的人找来，对他说：“你不是想做官吗？几天内诏书即可下来，你该怎样谢我？”那人见有官做，立刻奉上厚礼。之后，高宗得知了此事，不能再容忍了，就以“泄露机密”为名，将李义府父子发配边疆了。

心旷神怡

【拼音】xīn kuàng shén yí

【解释】旷：开阔。怡：愉快。心境开阔，精神愉快。

【成语故事】

《岳阳楼记》是北宋著名政治家、文学家范仲淹所写的一篇传诵千古的文章。文中写到了在不同的时令、气候条件下，登上岳阳楼所看到的不同景色和感受。

“至若春和景明……登斯楼也，则有心旷神怡，宠辱偕忘，把酒临风，其喜洋洋者矣。”写的就是在春风和暖、阳光明媚的时候登上岳阳楼所看到的景色。这时，你就会觉得心胸开阔、豁然开朗，精神十分愉快，一切荣辱得失都会忘得一干二净，你在阳光的沐浴下、清风的吹拂下，举杯畅饮，这乐趣真是无穷无尽啊！

心有灵犀一点通

【拼音】xīn yǒu líng xī yī diǎn tōng

【解释】比喻恋爱着的男女双方心心相印。现多比喻双方对彼此的心思都能心领神会。

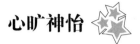

【成语故事】

李商隐，字义山，是唐朝晚期诗坛的一颗明星，也是对后代有着深远影响的一位诗人。李商隐十七岁开始当幕僚，二十五岁中进士，但一生仕途坎坷蹇滞，大部分时间过着寄人篱下的幕僚生活，一直没有担任过重要官职。他年轻时在政治上是有抱负的，但由于“运与愿违”，因此他写了许多诗来含蓄地表达内心的苦闷。

李商隐所写的一组《无题》诗流传较广，在我国文学史上产生了深远的影响。公元842年（唐武宗会昌二年），李商隐任秘书省正字（官职名）时写的一首《无题》诗中有这样两句：“身无彩凤双飞翼，心有灵犀一点通。”从字面上讲，这两句诗的意思是说：我们没有凤凰的翅膀，不能一同飞向遥远的地方；我们只有犀牛角似的心，通过那条极细的白纹，彼此心心相印。

旧说犀牛是一种灵异的兽，它的角上有条白纹，从角端通向头脑，感应灵敏，故称灵犀。后来，人们引用“心有灵犀一点通”这个成语，来比喻彼此心意相通。

欣欣向荣

【拼音】xīn xīn xiàng róng

【解释】欣欣：形容草木生长旺盛。荣：茂盛。形容草木长得茂盛。比喻事业蓬勃发展，兴旺昌盛。

【成语故事】

陶渊明是魏晋南北朝时期的诗人、辞赋家、散文家，任过江州祭酒、镇军参军、彭泽县令等职，后来由于对黑暗现实不满，毅然辞官回乡。

回到家里，他一边饮酒，一边观赏院子里茂盛的树木，心中十分高兴。

酒足饭饱之后，他来到田园，满眼春景使他生出感慨："木欣欣以向荣，泉涓涓而始流。"意思是，春天来了，树木小草长得十分茂盛，山泉小溪里的水正在细细长流。

信誓旦旦

【拼音】xìn shì dàn dàn

【解释】信誓：表示诚意的誓言。旦旦：诚恳的样子。誓言说得真实可信。

【成语故事】

《诗经·卫风·氓》中有这样一个故事：一位美丽、温和而多情的女子，跟一个男子（诗中的"氓"）从小就相识，他虚情假意，甜言蜜语，骗取了姑娘纯真的爱情。可是在姑娘带着她的嫁妆，满怀对未来幸福生活的憧憬嫁到他家之后，"氓"却变了心。虽然妻子温顺贤惠，为他早起晚睡，操持家务，他却冷漠无情，凶狠残暴。她悔恨万分，无处诉说自己的苦痛，得不到任何同情和理解，连自己的兄弟也嘲笑她。经过一番深刻的反思之后，这位女子变得坚强起来，她不顾未来将会遭到的歧视和冷落，毅然决定结束眼前这不堪忍受的痛苦生活，离开了那个负心汉。

这首诗一共六节，它的第一节写道："氓之蚩蚩，抱布贸丝。匪来贸丝，来即我谋。送子涉淇，至于顿丘。匪我愆期，子无良媒。将子无怒，秋以为期。"大意是说：那个小子笑嘻嘻，抱着布匹来换丝。其实根本不是来换丝，实是找我谈婚事。我呀，送你过淇水，一直陪你到顿丘。并非我要拖婚期，你无媒人来提亲。请你不要发脾气，约好秋天结良缘。第五节写道："三岁为妇，靡室劳矣。夙兴夜寐，靡有朝矣。言既遂矣，至于暴矣。兄弟不知，咥其笑矣。静言思之，躬自悼矣。"大意是说：多年在你家当媳妇，所有家务我担当。早起也不嫌苦，天天这样无休闲。小家日子好起来，你却变凶暴不应该。兄弟不知我心苦，反倒张口笑哈哈。静思默想今和昔，独自伤心苦难言。诗的结尾几句写道："总角之宴，言笑晏晏。信誓旦旦，不思其反。反是不思，亦已焉哉！"大意是说：回想儿时欢乐多，你有说有笑多温和。对我发誓表诚意，谁料翻脸变恶魔。违反誓言不思量，从此也就算了吧。

胸有成竹

【拼音】xiōng yǒu chéng zhú

【解释】原指画竹子要在心里有竹子的形象。后比喻在做事之前已经拿定主意。

【成语故事】

北宋时有一位学问好、品格高尚的人叫文同。他很喜欢竹子，经常在竹林中散步，仔细观察竹子生长的情况、枝叶伸展的姿态、竹笋生长的细节以及在四季中的变化。他对竹子非常熟悉，闭上眼都能想出竹子的样子，一有时间就在家里画竹。他画的竹子栩栩如生，远近闻名，许多人千里迢迢地赶来请他画竹。

大文学家晁补之是文同的知心朋友，常和文同喝酒赏竹，最爱看他画竹。有一位年轻人想和文同学习画竹，先向晁补之请教文同画竹的秘诀。晁补之说："当他画竹时，心里面已经有竹的影子了，这就是他独到的地方。"

栩栩如生

【拼音】xǔ xǔ rú shēng

【解释】栩栩：活泼生动的样子。指艺术形象生动逼真，如同活的一样。

【成语故事】

战国时期的思想家、哲学家庄子曾经写过这样一个故事："昔者庄周梦为蝴蝶，栩栩然蝴蝶也，自喻适忘与！"意思是说，庄周做了一场梦，梦见自己变成一只美丽的蝴蝶，比真的蝴蝶还美，活灵活现，在空中翩翩起舞。他觉得非常快活得意，简直忘记了世上还有庄周这么一个人。

悬梁刺股

【拼音】xuán liáng cì gǔ

【解释】形容刻苦学习。

【成语故事】

汉朝的孙敬刻苦好学，每天一早就起来读书，直至深夜。因为疲劳，会不知不觉地打起盹儿来，这时他就把绳子的一头拴在屋梁上，一头系在自己的头发上。这样一来，如果打盹儿，头皮就会被扯疼。

另外，战国时的苏秦在游说秦国失败后，回到家里发愤学习，每当晚上读书读得疲倦打瞌睡时，他便用锥子刺自己的大腿，直至鲜血淋漓。他后来终于成了有名的政治家。

Y

言不由衷

【拼音】yán bù yóu zhōng

【解释】由：从。衷：内心。话不是打心眼儿里说出来的，即说的不是真心话。指心口不一。

【成语故事】

公元前 806 年，周宣王的弟弟姬友被封于郑（今陕西华县东），也就是郑桓公。他在郑地很受百姓爱戴。周幽王即位后，任他为司徒。周幽王荒淫残暴，郑桓公预计西周王朝将要垮台，便听了太史伯的话，把部族、财产及其家属等迁移到东虢和郐之间的地带。不久，周幽王被申侯联合西部的犬戎族杀死，桓公也在这次动乱中被杀。后来，郑桓公的儿子郑武公攻灭了东虢和郐，建立了郑国，国都在新郑（今河南境内）。郑国在春秋初年是一个新兴的强国，后来逐渐衰弱，公元前 375 年为韩国所灭。

公元前 761 年，郑武公娶了申侯的女儿武姜为夫人，生了太子寤生和叔段。郑武公死后，寤生继位，他就是郑庄公。

郑武公和郑庄公父子俩先后都担任过东周周平王朝廷的卿士，很有权势。当郑庄公任卿士的时候，周平王同时又信任另一个贵族虢公，让他分掌一部分权力。郑庄公对此十分不满，怨恨周平王。这时周室衰微，郑国又正处于鼎盛时期，周平王不敢得罪郑庄公，便对他说："没有这回事！"想以此平息郑庄公的怨恨。但空口说白话不行，所以周、郑互相交换人质。周平王的儿子狐到郑国当人质，郑庄公的太子忽在周朝做人质。

公元前720年，周平王死后，因为太子换父早就死了，所以平王的孙子姬林继位，就是周桓王。周桓王准备把大权交给虢公，郑国人一气之下，便肆意挑衅，借故向周人发泄怨恨。这年夏天，郑国的祭足（郑国大夫，即祭仲）带兵把周朝京都地区内温地（约在今河南温县）的麦子抢割一空。秋天，郑国人又收割了成周一带的谷子，周朝和郑国从此结下了仇怨。

《左传·隐公三年》在记述了这件事情以后，评论道："信不由中，质无益也。明恕而行，要之以礼，虽无有质，谁能间之。"这段话的意思是，言语不发自内心，即使互相派了人质也是没有用处的。双方如能设身处地、相互谅解，然后做事，又用礼仪来加以约束的话，就是没有人质，又有谁能破坏得了他们之间的关系？

"信不由中"的"信"，指人的言语；"中"同"衷"，是"内心"的意思。成语"言不由衷"就由此而来。

言过其实

【拼音】yán guò qí shí

【解释】实：实际。原指言语浮夸，超过实际才能。后也指话说得过分，超过了实际情况。

【成语故事】

三国时，孙权使诈杀害了关羽；刘备悲愤不已，出兵伐吴，想替关羽报仇，不幸失败，退到了白帝城，最后刘备又忧愤而病倒。刘备临终的时候，将复国的重任和辅佐幼主的事托付给了诸葛亮，并且告诉他说："马谡是虚浮不实的人，他所说的话，往往夸大，言过其实，今后丞相任用他时，要格外谨慎。"后来，司马懿出兵攻打街亭，马谡向诸葛亮请求自愿去镇守街亭，结果因为自作主张，战术错误，导致街亭失守。诸葛亮以马谡不听军令，将他处死。这时候，诸葛亮想起了刘备临终的遗言，很后悔没有谨守嘱咐，大哭了一场。

偃旗息鼓

【拼音】yǎn qí xī gǔ

【解释】偃：仰卧，引申为倒下。放倒旗子，停止敲鼓。原指行军时隐蔽行踪，不让敌人觉察。现比喻事情终止或声势减弱。

【成语故事】

《三国志·蜀书·赵云传》中记载着这样一件事：在一次战斗中，蜀将黄忠杀死了曹将夏侯渊，并夺取了战略要地。曹操非常恼火，把米仓移到汉水旁的北山脚下，亲率二十万大军向阳平关大举进攻。黄忠、张著商议趁夜烧劫魏军粮草。临行前赵云和他们约定了返回时间，过期不归就带兵出寨接应。赵云前去接应时，正好与曹操亲自统率的部队相遇，赵军同曹军厮杀起来，把曹军打得丢盔弃甲，救回了黄忠和张著。

曹操没有善罢甘休，指挥大队人马追杀赵云，直扑蜀营。赵云的副将张翼见赵云已退回本寨，后面追兵来势凶猛，便要关闭寨门拒守。赵云一面下令大开营门，偃旗息鼓，准备放曹军进来；一面又命令弓弩手埋伏在寨内外，然后自己单枪匹马站在门口等候敌人。

生性多疑的曹操追到寨门口，心想，寨门大开，必有伏兵，随即匆忙下令撤退。就在曹操掉头后退的时候，蜀军营里金鼓齐鸣，杀声震天，飞箭如雨般向曹军射击。曹军惊慌失措，夺路逃命，自相践踏。赵云趁势夺了曹军的粮草，杀死了曹军大批兵马，得胜回营。

阳春白雪，下里巴人

【拼音】yáng chūn bái xuě，xià lǐ bā rén

【解释】阳春白雪，原指战国时代楚国的一种较高级的歌曲，比喻高深的文学艺术。下里巴人，原指战国时代楚国民间流行的一种较通俗的歌曲，比喻浅显易懂的文学艺术。

【成语故事】

宋玉是战国后期楚国的一位文人。楚王听别人说了关于他的一些坏话，就把宋玉找来，问道："先生的行为恐怕有些不检点的地方吧！为什么许多人都对你不满意呢？"

宋玉答道："先让我说件事吧！有一个歌唱家在京城歌唱，开始唱的是楚国最流行的民间歌曲《下里》《巴人》，这时有好几千人跟着唱。后来他又唱起比较高深的《阳阿》《薤露》，跟着唱的就只有几百人了。当他再唱起高雅的歌曲《阳春》《白雪》时，跟着唱的就仅有几十人了。最后他唱起五音六律特别和谐的最高级的歌曲，能跟着一块儿唱的就只有几个人了。可见歌曲越高深，能跟着唱的人就越少啊！"接着，宋玉又说："文人之间也是一样。那些杰出的人物志向远大，行为高尚，怎能被一般人理解呢？我的情况正是这样啊！"

楚王听了宋玉这番申辩，就没有再追问下去。

扬扬得意

【拼音】yáng yáng dé yì

【解释】形容得意时神气十足的姿态。

【成语故事】

晏婴，字平仲，人称晏子，春秋时齐国人。他是齐灵公、齐庄公、齐景公三朝的相国，也是当时一位著名的政治家和外交家。

晏婴有一个车夫，他为自己能替晏子驾车而骄傲。他每次替晏婴驾着有华丽的车盖并有四匹马拉着的车外出时，都神气活现，得意扬扬。

一次，他驾着车正好从自己家门前经过，他的妻子从门缝中看到了丈夫那种扬扬得意的样子，心中很不高兴。这天，当车夫回家的时候，他的妻子绷着脸说她要回娘家去，再也不回来了。车夫很惊讶，问："你今天怎么啦？发生了什么事？"他的妻子哀怨地对他说："你今天驾车路过家门口，那副扬扬自得的样子简直令人作呕。你看人家晏婴，他是一个相国，德高望重，虽然他身长只有六尺，但坐在车子里，看上去又稳重又谦恭。可你呢？虽然身长八尺，仅仅做了一个车夫，就那样神气十足，好像你比晏婴还了不起似的。所以我不想跟你这样的人一起生活了，宁愿回娘家去。"车夫听了妻子的话后，觉得妻子的话很有道理，就向妻子认了错，保证以后改正。他的妻子也就原谅了他。

仰人鼻息

【拼音】yǎng rén bí xī

【解释】仰：依赖。息：呼吸时进出的气。依赖别人的呼吸来生活。比喻依赖别人，不能自主。

【成语故事】

东汉末年，一些州、郡的官吏各占地盘，互相攻伐，形成军阀割据的局面。

汉献帝时，渤海太守袁绍想攻占冀州，谋士逢纪向他献计：一面写信给北平太守公孙瓒，鼓动他引兵南下，进攻冀州；一面派荀谌、高干等人去冀州对刺史韩馥说：“公孙瓒南下，袁绍也有所行动，看来你已经处在十分危险的境地了！为你着想，不如主动把冀州让给袁绍，这样，既可以获得让贤的美名，又可以保住自家性命，实在是两全之策。”无能的韩馥竟然同意了。可是韩馥的部下极力反对，劝韩馥说：“冀州有强兵百万，粮草充足，而袁绍不过是穷军孤客，依赖我们的鼻息而活着，就像吃奶的孩子，断了奶汁，立刻就会饿死，我们凭什么把冀州让给他呢？”但韩馥不听，派自己的儿子将冀州牧的印绶送给了袁绍。

叶公好龙

【拼音】yè gōng hào lóng

【解释】叶公：春秋时楚国贵族，名子高，封于叶（古邑名，今河南叶县）。比喻口头上说爱好某事物，实际上并不是真爱好。

【成语故事】

春秋时期，有位人称叶公的人非常喜欢龙。他家的屋梁上、柱子上和门窗上都雕刻着龙的图案，墙上也绘着龙。传说天上的真龙知道此事后很受感动，专程到叶公家里来，把头从窗口伸进屋子里，把尾巴横在客堂上。叶公看到后，吓得面无血色，魂不附体，抱头就跑。原来他并不是真正喜欢龙。他爱的是假龙，怕的是真龙。

夜郎自大

【拼音】yè láng zì dà

【解释】夜郎：汉代西南地区的一个小国。比喻人无知而又狂妄自大。

【成语故事】

汉朝的时候，在西南方有个名叫夜郎的小国家，它虽然是一个独立的国家，可是国土面积很小，百姓也少，物产更是少得可怜。但是由于邻近地区以夜郎这个国家最大，从没离开过国家的夜郎国国王就以为自己统治的国家是全天下最大的国家。

有一天，夜郎国国王与部下巡视国境的时候，他指着前方问："这里哪个国家最大呀？"臣子们为了迎合国王的心意，于是就说："当然是夜郎国最大啰！"走着走着，国王又抬起头来，望着前方的高山问道："天底下还有比这座山更高的山吗？"臣子们回答说："天底下没有比这座山更高的山了。"后来，他们来到河边，国王又问："我认为这可是世界上最长的河川了。"臣子们仍然异口同声回答说："大王说得一点都没错。"从此以后，无知的国王就更相信夜郎是天底下最大的国家了。

有一次，汉朝派使者来到夜郎，骄傲又无知的国王因为不知道自己统治的国家只和汉朝的一个县差不多大，竟然不知天高地厚地问使者："汉朝和我的国家哪个大？"

一败涂地

【拼音】yī bài tú dì

【解释】形容失败到了不可收拾的地步。

【成语故事】

汉高祖刘邦年轻时在沛县当亭长。由于他豪爽热情，善于结交朋友，在当地很有威望。

公元前209年，陈胜和吴广在大泽乡起义，各地农民闻讯纷纷响应。当时刘邦已聚集了百十多人的小队伍反抗秦朝暴政，沛县县令见起义队伍迅速扩大，就想拉拢刘邦，以壮大自己的声威，便派人请刘邦前来共商大计。

刘邦带着自己一百多人的队伍赶到沛县，沛县县令一见刘邦人手众多，怕自己难以领导，便关了城门拒绝刘邦等人入内。

刘邦于是写了一封告百姓书，用箭射入城内。

城里人知道了原委，积极响应刘邦，杀了县令，打开城门迎接刘邦入城。

城中百姓都熟悉刘邦的为人，就请他做县令。刘邦则推辞说："今置将不善，则一败涂地。"

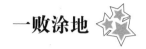

一筹莫展

【拼音】yī chóu mò zhǎn

【解释】筹：筹划，计谋。展：施展。一点计策也施展不出，一点办法也想不出来。

【成语故事】

南宋孝宗十年（公元 1173 年），温州瑞安年仅十八岁的蔡幼学便一举夺取朝廷礼部会试的第一名，成为当时最年轻的进士。

当时的宰相张说是宋孝宗的亲戚。朝中的政务全被张说一人独揽，政治腐败已到了不堪收拾的地步。蔡幼学上书宋孝宗，慷慨陈词，直率地批评朝政的失误。认为宰相张说权势太大，不识大体，有些做法近乎胡作非为，应该受到严厉惩处。奏章之言传到宰相张说的耳中，他气恼得大叫不止，非要将蔡幼学降职不可。

时光如梭，这一年宋孝宗驾崩。即位的宋宁宗决心重振朝纲，在自己当政时有所作为。于是，宁宗下令朝臣和地方官广开言路，放言为朝廷提意见，批评朝政。

一直受到压制的蔡幼学看到皇帝要有所作为，心中万分高兴，便连夜草拟奏章，呈给宁宗。蔡幼学在奏章中写道：“陛下打算当一名贤明、有作为的君主，必须抓住三个方面：一是要孝敬父母；二是要注意选拔品质高尚、才能超群的人担任重要职务；三是要减轻赋税，立法宽厚，使老百姓体会到朝廷的仁爱。”“要想抓好这三方面的事情，最根本的一条是抓住宣传教化这一重要环节。近些年来，一些心术不正的人大量制造舆论，目的在于排挤品德优秀而又有杰出才能的人。众大臣有人一心想为朝廷和陛下效力，但又怕招惹是非，身遭不幸。亲近的人有意为朝廷办事，常常担心与皇帝的意见不符。‘多士盈廷而一筹不吐’，朝中有学问的人不少，但他们不敢坦诚地说出自己的意见，使您一点办法都没有。在这种情况下，不抓紧兴办教育，广泛地选拔人才，怎么能使天下的仁人志士振奋精神呢？”

宁宗将蔡幼学的奏章反反复复地阅读了许多遍，对蔡幼学的学识、人品、对朝廷的忠心十分欣赏。于是，准备提升蔡幼学的官职。但是宰相韩侂胄却极力反对。

韩侂胄这个人也是个不学无术之徒，极力排斥与自己政见不合的官员。刚直的蔡幼学不得已只好离开京城，到外地做官去了。

后来，人们把蔡幼学奏章中的“一筹不吐”引申成了“一筹莫展”。

一鼓作气

【拼音】yī gǔ zuò qì

【解释】一鼓：第一次击鼓。作：振作。气：勇气。第一次击鼓时士气振奋。比喻趁劲头大的时候鼓起干劲儿，一口气把工作做完。

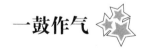

【成语故事】

春秋时，有一次齐国和鲁国交战。当齐军打过第一通鼓的时候，鲁庄公也要下令擂鼓，准备进攻，但被曹刿阻止了。一直等到齐军擂过第三通鼓后，曹刿才让庄公下令击鼓，后来曹刿对鲁庄公说："打仗靠的是勇气，第一次击鼓时，士兵的勇气大大振作，第二次就要差一些，到第三次击鼓时，士兵几乎没有勇气了。当敌人没有勇气，而我军士气正高涨，这才是取胜的最好时机。"在曹刿的帮助下，鲁庄公打胜了这一仗。

一箭双雕

【拼音】yī jiàn shuāng diāo

【解释】原指射箭技术高超，一箭射中两只雕。后比喻做一件事达到两个目的。

【成语故事】

南北朝时，北周有个叫长孙晟的武将，善于射箭，又智谋超人。他曾被派遣护送公主到西北突厥去成婚。突厥国王摄图很器重他，把他留了下来，常让他随自己一起去打猎。一次，摄图看见两只大雕在空中争夺一块肉，便交给长孙晟两支箭，请他将雕射下来。长孙晟跨马前奔，拉开弓，只听"嗖"的一声，一箭竟穿过两只大雕的胸脯，雕顿时双双落下。

一毛不拔

【拼音】yī máo bù bá

【解释】一根汗毛也不肯拔。原指杨朱的极端为我主义。后形容非常吝啬。

【成语故事】

墨子，名翟，是战国时期的大思想家、墨家学派的创始人。他主张“兼爱”，反对战争。

差不多与墨子同一时期，有一位叫杨朱的哲学家，他反对墨子的“兼爱”，主张“贵生”“重己”，重视个人生命的保护，反对他人对自己的侵夺，也反对自己对他人的侵夺。

有一次，墨子的学生禽滑厘问杨朱：“如果拔你身上一根汗毛，能使天下人得到好处，你干不干？”“天下人的问题，绝不是拔一根汗毛所能解决得了的！”禽滑厘又说：“假使能的话，你愿意吗？”杨朱听完，默不作声。

当时的另一位大思想家、儒家学派代表孟子就此对杨朱和墨子作了评论：“杨子主张的是‘为我’，即使拔他身上一根汗毛，能使天下人得利，他也是不干的；而墨子主张‘兼爱’，只要对天下人有利，即使自己磨光了头顶，走破了脚板，他也是心甘情愿的。”

一鸣惊人

【拼音】yī míng jīng rén

【解释】鸣：鸟叫。一叫就使人震惊。比喻平时没有突出的表现，一干就有惊人的成绩。

【成语故事】

战国时代的齐威王在很年轻的时候就当上了皇帝，年轻的他因此骄傲自满，每天饮酒作乐，不但不处理国家大事，更不准大臣劝阻，如果有人不听他的话或是违反他的规定，就会受到死刑的处罚。

就这样过了三年，国家政治混乱，邻近的魏国也常派兵攻打。大臣们对国家的安危很担心，却又不敢提出劝告。大夫淳于髡知道齐威王喜欢表现自己的聪明，就故意对他说："宫中有一只大鸟，三年来都不飞不叫，大王知道这是什么鸟吗？"聪明的齐威王一听就明白淳于髡的用意，就回答他说："这只鸟不是普通的鸟，虽然平时不飞不叫，但只要一飞就能直往上冲，一鸣叫也一定能够惊人。"于是，齐威王开始整顿国家，惩治贪官，奖赏提升清廉有才能的官员，加强军队力量，国家日渐强大。齐威王还出兵反击魏国的侵略，使魏国割地求和。其他国家都很害怕，不敢再来侵犯，从此齐国保持了二十多年的和平生活。

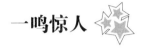

一目十行

【拼音】yī mù shí háng

【解释】一眼能看十行文字。形容阅读的速度极快。

【成语故事】

南朝梁武帝萧衍的三儿子萧纲聪明过人，从小记忆力就很强。他四岁开始认字读书,到六岁时就已经会写文章了,而且语句流畅,辞采华美。

萧纲非常喜欢读书，而且看得极快，一眼可以看完十行文字。别人需要逐字逐句细嚼慢咽地消化时，他却能够通篇扫一眼就抓住要害。

随着年龄的增长，萧纲读的书越来越多，阅读的能力也越来越强，读书的速度也愈发惊人了。

一诺千金

【拼音】yī nuò qiān jīn

【解释】诺：许诺。许下的一个诺言有千金的价值。比喻说话算数，极有信用。

【成语故事】

秦朝末年，楚国有一个叫季布的人，他这个人个性耿直，而且非常讲信用，只要他答应的事，就一定会努力做到，也因此受到许多人的称赞，大家都很尊敬他。

他曾经在项羽的军中当过将领，而且率兵多次打败刘邦。所以当刘邦建立汉朝，当上皇帝的时候，便下令捉拿季布，并且宣布：凡是抓到季布的人，赏黄金千两，藏匿他的人则遭到诛灭三族的惩罚。可是，季布为人正直而且时常行侠仗义，所以大家都想保护他。起初季布躲在好友的家中，过了一段时间，捉拿他的风声更紧了，他的朋友就把他的头发剃光，化装成奴隶和几十个家仆一起卖给了鲁国的朱家当劳工。

朱家很欣赏季布，于是专程去洛阳请刘邦的好朋友汝阴侯滕公向刘邦说情，希望能撤销追杀季布的通缉令。后来刘邦果真赦免了季布，而且还给了他一个官职。有一个和季布同乡、名叫曹丘生的人，他一向喜欢和有权有势的朋友来往，于是就托人写介绍信给季布，希望能和季布认识、交朋友。可是季布一见到他就很反感，根本不想理会曹丘生。但是曹丘生面对季布讨厌的神色，像是什么都没发生似的继续说："您也知道我们都是楚国人，人们常说的'得黄金百，不如得季布一诺'这句话是我到处替您宣扬的结果，可是您为什么总是拒绝见我呢？"季布听完曹丘生的话，非常高兴，顿时改变了态度，将他当作上宾来招待。

一钱不值

【拼音】yī qián bù zhí

【解释】一个铜钱都不值。比喻毫无价值。

【成语故事】

灌夫，字仲孺，西汉人。他性情刚直，讲究信义，说出的话一定做到。他常侮慢地位比他高的官员，而对地位比他低的，越是贫贱，他越敬重。因此，当时很多有才能而无地位的人都喜欢与他结交。

灌夫喜欢喝酒，并且常因喝醉了使性子。有一天，丞相田蚡结婚，灌夫喝了不少酒。过了一会儿，他走到田蚡面前敬酒，田蚡说："我不能喝满杯。"灌夫见他不肯痛快喝酒，便语带讽刺地说："你虽是一个贵人，但也应喝完我敬的这杯酒。"田蚡还是没有干杯。灌夫讨了没趣，就走到临汝侯灌贤面前敬酒。这时，灌贤正对程不识（曾任边境太守，后改任太中大夫）说话，没有对他表示出欢迎的样子。灌夫心里本来有气，看见这情形，再也忍不住了，立即骂灌贤说："我一向说程不识不值一钱，今天在这里你竟和他学妇人们的样子咬耳根子！……"

一窍不通

【拼音】yī qiào bù tōng

【解释】窍：洞，指心窍。没有一窍是贯通的。比喻一点儿也不懂。常用来讥笑人的愚蠢和糊涂，同时也可以比喻人对某种技艺学术的一无所知。

【成语故事】

纣王，是商朝时一位昏庸暴戾的君主，他十分宠爱他的妃子妲己。一天到晚只知道和妲己饮酒作乐，既不理会朝政，也不管老百姓的痛苦；

同时，他还听信宠妃妲己的话，杀害了不少忠臣和无辜的老百姓。因此，各地的诸侯都想推翻他。纣王的叔父比干看见他这样昏庸，便费尽心机地苦谏，劝他不可沉迷酒色，不要屈害忠良、枉杀无辜，应该振作起来，为国家和百姓做点有益的事情。妲己知道之后，十分气愤，心中想道："比干不除，我的地位终将不能稳固。"于是，她便对纣王说："比干成天干涉我们俩的生活，谁知道他是不是另有目的？如果他真是忠良的话，为什么不叫他自己把胸膛剖开，取出心肝来看看呢？"纣王被妲己迷住了，竟不分是非好坏，赐比干剖胸而死。

这则故事，记载在《吕氏春秋》中。高诱作注，这样写道："纣性不仁，心不通，安于为恶，杀比干，故孔子言其一窍通，则比干不见杀矣！"

一丘之貉

【拼音】yī qiū zhī hé

【解释】丘：土山。貉：一种形似狐狸的野兽。一座土山里的貉。比喻彼此相同，同为坏人。

【成语故事】

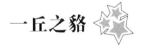

汉宣帝时，有个很有名的人叫杨恽，他的父亲是汉昭帝时的丞相，母亲是史学家司马迁的女儿。他从小受到良好的教育，少年时在朝廷中的名气就很大，因为向汉宣帝揭发大将霍光谋反，被封为平通侯。汉朝当时的社会贿赂风气很严重，有钱人用钱行贿，可以到处玩乐，没钱贿赂的人就要一年到头辛苦地工作。因此他大力革除了这些弊病，整顿了朝廷的不良风气，获得人们的称赞。他自认为功劳很高，有时目中无人，得罪了太仆戴长乐。

有一次，杨恽听说匈奴的首领单于被人杀了，便说：“这是不明是非的君王，忠心的臣子提议的治国策略不用，却听信小人的谗言，杀害忠良，结果性命不保，国家灭亡。秦朝如果不是因为这样，也许现在还存在，而不会被汉朝代替。自古以来，各朝代的君王都是如此，喜欢听信小人的谗言，就像从同一个山丘里出产的貉，没有什么差别。”这话传到戴长乐的耳里，他连忙向汉宣帝报告，宣帝听到杨恽把自己和历代君王比作一丘之貉，非常震怒，再加上戴长乐又说了许多杨恽对宣帝不满的坏话，因此就下令革去了杨恽的官职。

一日千里

【拼音】yī rì qiān lǐ

【解释】原形容马跑得很快，后比喻进展极快。

【成语故事】

战国时期，燕国太子丹在赵国做人质时，与同在赵国、尚未做秦王的嬴政相处颇好。

后来，嬴政回国做了秦王，太子丹又在秦国做人质。嬴政不但没有顾念旧情加以特别照顾，反而处处冷待、刁难他，太子丹见此状况，便找了个机会，逃回了燕国。回国后，太子丹一直耿耿于怀，想报复嬴政。

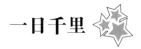

但由于国家小，力量薄弱，难以实现自己的复仇愿望。

不久，秦国出兵攻打齐、楚、韩、魏、赵等国家，渐渐逼近了燕国。燕国国君害怕极了，太子丹也忧愁万分，就向他的老师鞠武求教能够阻挡秦国侵吞的好办法。鞠武说：“我有一个好朋友，名叫田光，他很机智，有谋略，你可跟他商讨一下。”田光请来了，太子丹非常恭敬地招待了他，并说：“希望先生能替我们想个办法，抵挡秦国的侵吞。”田光听了，一言不发，拉着太子丹的手走到门外，指着拴在大树旁的马说：“这是一匹良种马。在壮年时，一天可以跑千里以上，等到它衰老时，劣马都可以跑在它的前面。您说这是为什么呢？”太子丹说：“那是因为它精力不行了。”“对呀！现在您听说的关于我的情况，都还是我壮年的事，您不知道我已年老了，精力不行了。”田光停了停又接着说，“当然，虽然有关国家的大事我已无能为力，但我愿向您推荐一个人——我的好朋友荆轲，他能够承担这个重任。”

后来，太子丹结交了荆轲，并派荆轲去行刺秦王，但最后行刺以失败告终。

一网打尽

【拼音】yī wǎng dǎ jìn

【解释】比喻一个不漏地全部抓住或彻底肃清。

【成语故事】

晋公子夷吾和公子重耳是两兄弟。夷吾得秦国和齐国的帮忙，登上王位，就是晋惠公。

可是惠公的大臣分作两派，拥护惠公的一派以郤芮和吕省为首，暗地里拥护重耳的一派以里克和丕郑为首。

当丕郑到秦国去公干的时候，惠公借故杀了里克。丕郑回来后，心里很恐惧，生怕自己也被惠公杀掉。可是事情倒没什么对他不利的，他就安下心来。当然，他心里很恨惠公，便暗地里召集同党，商量赶走夷吾，迎公子重耳登位。有一天，屠岸夷要来见丕郑。他从午间等到深夜，才见着丕郑。丕郑问他有什么事情，屠岸夷告诉丕郑，惠公要杀他，所以请丕郑相救。

丕郑说："你去叫吕省救你吧！"屠岸夷说："吕省不是好人！"丕郑不大相信。屠岸夷还献了推翻惠公的办法。丕郑听了，大声喝道："是谁教你来说的！"屠岸夷见他不信，只好咬破了指头，鲜血直流，对天发誓。这么一来，丕郑就相信了，接着丕郑这一伙人就密谋起来。他们写了一封信给重耳，请他准备回来。丕郑、共华、屠岸夷等十位大臣都签了字。

屠岸夷把信贴胸放着带走了。第二天，他们上朝，惠公问丕郑："你们为什么要迎公子重耳？"丕郑这一班人都吃了一惊，心知不妙。结果他们都被砍了头，这九位反对夷吾的大臣都被一网打尽了。

一言九鼎

【拼音】yī yán jiǔ dǐng

【解释】九鼎：古代国家的宝器，相传为夏禹所铸。一句话抵得上九鼎重。形容所说的话分量很重，作用很大。

【成语故事】

战国时，秦国的军队团团包围了赵国的都城邯郸，形势十分危急，赵国国君孝成王派平原君到楚国求援。平原君打算带领二十名门客前去完成这项使命，已挑了十九名，还有一个定不下来。这时，毛遂自告奋勇提出要去，平原君半信半疑，勉强带着他一起前往楚国。

平原君到了楚国后，立即与楚王谈及援赵之事，谈了半天也毫无结果。这时，毛遂对楚王说："我们今天来请你派援兵，你一言不发，可你别忘了，楚国虽然兵多地大，却连连吃败仗，连国都也丢掉了。依我看，楚国比赵国更需要联合起来抗秦呀！"毛遂的一席话说得楚王口服心服，立即答应出兵援赵。

平原君回到赵国后感慨地说："毛先生一至楚，而使楚重于九鼎大吕（大吕为钟名，与九鼎同为古代国家的宝器）。"

一言为定

【拼音】yī yán wéi dìng

【解释】一句话说定了，不再更改。比喻说话算数，决不反悔。

【成语故事】

战国时，商鞅在秦国变法革新。当新法令制定好后，商鞅为了树立新法的威信，就在国都咸阳的南门立了根木头，说："谁能把这根木头搬到北门，就赏给他十两金子。"大家都感到奇怪，没人敢动。商鞅又把赏金提高到五十两。有个人将信将疑地去搬了，果然得到了赏金。人们这才相信商鞅说话是算数的。

商鞅随后就颁布了新法令。

一叶障目，不见泰山

【拼音】yī yè zhàng mù，bù jiàn tài shān

【解释】障：遮蔽。一片树叶挡住了眼睛，连面前高大的泰山都看不见。比喻被局部现象迷惑，看不到全局或整体。

【成语故事】

楚国有个书生，由于生活贫穷，很想找到一条发财的门路。

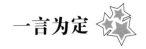

他读到一本书，书上说：谁若得到螳螂捕蝉时遮身的那片树叶，别人就看不见他了。他信以为真，整天在树下抬头望着。嘿！他终于看到了一只螳螂躲在一片树叶后面，正准备捕捉知了呢！他连忙把那片树叶摘下来。不料那片树叶掉下来，混在地上的落叶里，再也辨认不出了。他只好把所有的树叶扫回家来，一片一片地试。他用树叶遮住自己的眼睛，问妻子："你看得见我吗？"妻子总是说："看得见！"后来，妻子被他问得厌烦了，随口答了一声："看不见！"他马上带着这片树叶去偷别人家的东西，结果被人家扭送到衙门去了。县官经过审问，忍住笑，说："你真是一叶障目，不见泰山呀！"

一衣带水

【拼音】yī yī dài shuǐ

【解释】像一条衣带那样窄的水面。形容一水之隔，往来方便。

【成语故事】

南北朝的时候，北方的北周和南方的陈国以长江为界。

北周的宰相杨坚，废了周静帝，自己当皇帝，建立了隋朝。

他决心要灭掉陈国，曾说："我是全国老百姓的父母，难道就因为有一条像衣带那样窄的长江隔着，就看着南方百姓受苦而不拯救他们吗？"

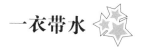

一意孤行

【拼音】yī yì gū xíng

【解释】原意是摒绝请托，坚持自己的主张。后用作贬意，指不接受别人的劝告，顽固地按照自己的主观想法行事。

【成语故事】

西汉时期，有个叫赵禹的人，是太尉周亚夫的属官司。一个偶然的机会，汉武帝刘彻看到了他写的文章，文笔犀利、寓意深刻，认为在当时很少有人比得上他。

汉武帝大为赏识，便让赵禹担任御史，后又升至太中大夫，让他同太中大夫张汤一同负责制定国家法律。为了用严密的法律条文来约束办事的官吏，他们根据汉武帝的旨意，对原有的法律条文重新进行了补充和修订。

当时许多官员都希望赵禹能手下留情，把法律条文修订得有个回旋的余地，便纷纷请他和张汤一起做客赴宴。但赵禹从来不答谢回请，几次以后，不少人说他官架子大，看不起人。

过了一些时候，赵禹和张汤经过周密的考虑和研究，决定制定“知罪不举发”和“官吏犯罪上下连坐”等律法，用来限制在职官吏，不让他们胡作非为。

消息一传出，官员们纷纷请公卿们去劝说一下赵禹，不要把律法定得太苛刻了。公卿们带了重礼来到赵禹家，谁知赵禹见了他们，只是天南海北地闲聊，丝毫不理会公卿们请他修改律法的暗示。过了一会儿，公卿们见实在说不下去了，便起身告辞了。谁知临走前，赵禹硬是让他们把带来的重礼带走。

自此，人们才真正感到赵禹是个极为廉洁正直的人。有人问赵禹，难道不考虑周围的人因此对你有什么看法吗？他说："我这样断绝好友或宾客的请托，就是为了自己能独立地决定、处理事情，按自己的意志办事，而不受他人的干扰。"

一字千金

【拼音】 yī zì qiān jīn

【解释】 增损一字，赏予千金。称赞文辞精妙，不可更改。

【成语故事】

战国末期，大商人吕不韦做了一笔中外历史上最大的投机生意。他不惜巨资，把作为人质的异人立为秦国国君。异人当了秦王之后，为报答吕不韦的恩德，封吕不韦为丞相，让其成为一人之下、万人之上的显赫人物。由一个商人摇身一变成了进退百官的权威，朝中的大小官员嘴上不说，心里却很不服气。吕不韦也知道他的政治资历太浅，人们可能在私下议论，他觉得提高声望是让人们服气的最好办法。但怎样才能迅速提高声望呢？他一时竟想不出什么好办法来。吕不韦为这件事大伤脑筋，召集门客进行商议。

有的门客建议吕不韦统兵出征，灭掉几个国家，立下赫赫战功，以此来树立威信。有人立即反对说，这办法有百害无一利，即使把仗打胜了，回来也升不了官，因为没有比丞相还高的职务了。重要的是战争风险太大，谁也没有必胜的把握，万一战争失利，结果会适得其反。

有人说："我们知道孔子的学问很好，那是因为他写了部叫《春秋》的书；孙武能当上吴国的大将，是因为吴王看了他写的《孙子兵法》。我们为什么不能写部书，既能扬名当世，又能垂范后代呢？"

吕不韦认为这个办法很好，立即命令门客组织人员撰写。

吕不韦当时有三千门客，很快写出二十六卷一百六十篇文章，书名为《吕氏春秋》。书写成后，吕不韦命令把全文抄出，贴在咸阳城门上，并发出布告：谁能把书中的文字增加一个或减少一个，甚至改动一个，赏黄金千两。

布告贴出许久，人们畏惧吕不韦的权势，无人来自讨没趣。于是一字千金便流传至今。

一字之师

【拼音】yī zì zhī shī

【解释】改正一个字的老师。有些好诗文，经旁人改换一个字后更为完美，往往称改字的人为"一字师"或"一字之师"。

【成语故事】

唐朝是我国封建社会发展中一个非常繁荣的时期，文学艺术也很发达，其中以诗最具有代表性。当时，不仅诗人多、创作的诗多，而且在艺术上、内容水平上都很高。

在当时众多的诗人中，有一个诗人叫齐己。某年冬天，他在大雪后的原野上，看到傲雪开放的梅花，诗兴大发，创作了一首《早梅》诗，咏诵在冬天里早开的梅花。诗中有两句这样写道："前村深雪里，昨夜数枝开。"写好后，他觉得非常满意。

有一个叫郑谷的人，看到齐己写的这首诗后，认为这首诗的意味未尽。于是，他经过反复思考推敲，将这两句诗改为："前村深雪里，昨夜一枝开。"因为他认为既然数枝梅花开了，就不能算是早梅了。

郑谷的这一改动，虽然只将"数"字改为"一"字，只有一字之改，却使《早梅》更贴合题意了，诗的意境也更完美了。齐己对郑谷的这一改动非常佩服，当时即称郑谷为自己的"一字之师"。

以貌取人

【拼音】yǐ mào qǔ rén

【解释】根据外貌来判别一个人的品质或能力。

【成语故事】

孔子有许许多多弟子，其中有一个名叫宰予的，能说会道，利口善辩。他开始给孔子的印象不错，但后来渐渐地露出了真面貌：既无仁德又十分懒惰；大白天不读书听讲，躺在床上睡大觉。为此，孔子骂他是"朽木不可雕"。

孔子的另一个弟子，叫澹台灭明，字子羽，是鲁国人，比孔子小三十九岁。子羽的体态和相貌很丑陋，想要师从孔子。孔子开始认为他资质低下，不会成才。但他从师学习后，回去就致力于修身实践，处事光明正大，不走邪路；不是为了公事，从不去会见公卿大夫。后来，子羽游历到长江，跟随他的弟子有三百人，声誉很高，各诸侯国都传诵他的名字。

孔子听说了这件事后，感慨地说："我只凭言辞判断人品质能力的好坏，结果对宰予的判断就错了；我只凭相貌判断人品质能力的好坏，结果对子羽的判断又错了。"

以身试法

【拼音】 yǐ shēn shì fǎ

【解释】 身：亲身，亲自。试：尝试。试着亲身去做触犯法律的事。指明知故犯。

【成语故事】

王尊，西汉高阳人，从小丧父，依靠伯父为生。他很爱读书，每天外出放羊时总要带上一本书。王尊十三岁那年，伯父介绍他到郡典狱长身边当一名听差。王尊在这期间，认真刻苦地学习了许多刑法方面的知识。

一次，王尊到太守府办事，太守很赏识他的才能，就留他做了文书副官。过了几年，王尊专攻儒学经典，后升为安定太守。安定郡十分混乱，官僚作威作福，百姓怨声载道。王尊一上任就发出告示：官员要忠于职守，贪赃枉法要立即改正，不要以身试法。

张辅是个心狠手辣的贪官，王尊把他逮捕法办，抄出赃银百万。王尊还惩办了一些罪行严重的豪强，安定郡逐渐出现了安定的局面。王尊疾恶如仇、执法如山，受到了百姓的尊敬和爱戴。

以小人之心，度君子之腹

【拼音】yǐ xiǎo rén zhī xīn，duó jūn zǐ zhī fù

【解释】用卑劣的心意去猜测品行高尚的人。

【成语故事】

春秋时，有一年冬天，晋国有个梗阳人到官府告状，梗阳大夫魏戊无法判决，便把案子上报给了相国魏献子。这时，诉讼的一方把一些财物送给魏献子，魏献子打算收下来。魏戊对阎没和叔宽说："魏献子以不受贿赂闻名于诸侯，如果收下梗阳人的财物，就没有比这再大的贿赂了，您二位一定要劝谏。"阎没和叔宽答应了。

退朝以后，阎没和叔宽等候在庭院里。开饭的时候，魏献子让他们吃饭。等到摆上饭菜，这俩人却连连叹气。饭罢，魏献子请他们坐下，说："我听我伯父说过'吃饭的时候忘记忧愁'，您二位在摆上饭菜的时候三次叹气，这是为什么？"阎没和叔宽异口同声地说："有人把酒赐给我们两个小人，昨天没有吃晚饭，刚见到饭菜时，恐怕不够吃，所以叹气。菜上了一半，我们就责备自己说：‘难道将军（魏献子兼中军元帅）让我们吃饭，饭菜会不够吗？’因此再次叹气。等到饭菜上齐了，‘愿以小人之腹，为君子之心’，刚刚满足就行了。”魏献子听了，明白阎没和叔宽是用这些话来劝自己不要受贿，就辞谢了梗阳人的贿赂。

以逸待劳

【拼音】yǐ yì dài láo

【解释】逸：安闲。劳：疲劳。指在战争中做好充分准备，养精蓄锐，等疲乏的敌人来犯时给以迎头痛击。

【成语故事】

西汉末年，陇甘军阀隗嚣脱离刘秀，去投靠在四川称帝的公孙述。刘秀大怒，派兵去攻打隗嚣，结果反被隗嚣打败。

刘秀又派征西大将军冯异前去占领栒邑。隗嚣得到消息，命令部将行巡立刻去栒邑抢占有利地形。冯异的部将们知道后，都劝冯异不要和行巡大军作战。冯异斩钉截铁地说：“我们必须抢占栒邑，以逸待劳。”冯异命令部队急行军，抢在行巡之前，占领了栒邑。然后严密封锁消息，紧闭城门，偃旗息鼓，让将士们休整。行巡的部队急匆匆地刚赶到城下时，城楼上突然鼓声大作，亮出了冯异的帅旗。行巡的军队毫无防备，吓得四下逃窜。冯异大开城门，领兵冲出城来，大败敌军。

让自己的军队养精蓄锐，以等候从远方赶来的敌军，达到消灭敌人的目的，称为以逸待劳。

义不容辞

【拼音】yì bù róng cí

【解释】容：允许。辞：推托。道义上不允许推辞。

【成语故事】

东汉末年，曹操率三十万大军直取江南。东吴孙权听到这个消息后，急忙召集将领们商议对策。谋士张昭建议："立即发信给荆州的刘备，让他和我们联合起来抗击曹操。因为刘备的妻子是孙权的妹妹，他是我们东吴的女婿，援助我们抗曹是他义不容辞的责任。"刘备见信后找诸葛亮商量。诸葛亮说："曹操新近杀了西凉太守马腾，所以只要派人去联络马腾的儿子马超，让他带兵入关，就能叫曹操无法再来进攻江南了。"

义无反顾

【拼音】yì wú fǎn gù

【解释】义：道义。反顾：向后看。从道义上只有勇往直前，不能犹豫回顾。

【成语故事】

司马相如是位才子，会击剑抚琴，但最擅长的是写诗作赋。因此汉武帝很赏识他，让他在自己身边做官。这时正赶上唐蒙在修治西南蜀道。由于他征集民工过多，又杀了他们的首领，引起了巴蜀人民的惊恐和不安，以致发生了骚乱。汉武帝知道了这件事情后，便让司马相如去责备唐蒙，并且让他写一篇文告，向巴蜀人民做一番解释。

司马相如在文告中说："调集民夫、士兵修筑道路是应该的，但是惊扰了长老、子弟并不是陛下的意思。有人不晓得国家的法令制度，惊恐逃亡或自相残杀是不对的。士兵作战的时候，应该迎着刀刃和箭镐而上，绝不容许回头看，宁可战死也不能转过脚跟逃跑。你应该从长计议，急国家之难，尽人臣之道……"

司马相如将这件事完成得很好，修路的工程也顺利地进行了。汉武帝非常高兴，又拜司马相如为中郎将。

亦步亦趋

【拼音】yì bù yì qū

【解释】原意是说，你慢走我也慢走，你快走我也快走，你跑我也跑。比喻由于缺乏主张，或为了讨好，事事模仿或追随别人。

【成语故事】

春秋时，孔子的学生颜回对老师十分崇拜，事事追随模仿，连走路的姿态、说话的腔调，都要学孔子的样子。有一回，颜回对孔子说："夫子步亦步，夫子趋亦趋，夫子驰亦驰；夫子奔逸绝尘，而回瞠若乎后矣！"

意思是说，“老师慢步走，我也跟着慢步走；老师快步走，我也跟着快步走；老师跑，我也跟着跑；老师飞奔，我只能惊异地瞪着眼睛，从老师脚步扬起的灰尘中看着您的背影了！”

异军突起

【拼音】yì jūn tū qǐ

【解释】异军：另外一支军队。比喻一支新生力量突然出现。

【成语故事】

秦朝末年，秦二世荒淫无道，天下百姓怨声载道，陈胜、吴广率先揭竿而起，各地纷纷响应。这时，东阳县有个狱吏名叫陈婴，他一向在县中很有威信，东阳的百姓都很尊敬他。东阳县的年轻人见到全国起义浪潮风起云涌，也杀了东阳县令，聚集了几千人，宣布起义。他们一致请陈婴做他们的首领。县中的老百姓听说陈婴做了起义军的首领，纷纷前来投军。没多少时间，东阳的义军便壮大到二万多人。东阳的年轻人又想拥戴陈婴为王，并独树一帜；所有士兵一律用青色头巾裹头，显示他们是一支新起的与众不同的军队。但是，陈婴的母亲对陈婴说：“自我嫁到陈家，从没听到你家的祖先有什么大贵的人，现在你的名气一下子这么大，不是什么好兆头。你不如率众归顺于什么人，将来起义成功，还可获得封侯。万一起义失败，也没有人会责怪你。”于是，陈婴便不敢称王，他对部下说：“项梁是楚将项燕的儿子，很有名声，将来带兵灭亡秦国的，一定是项氏。我决定率兵归附他。”这时，正好项梁率兵过江，陈婴便归顺了项梁。

异曲同工

【拼音】yì qǔ tóng gōng

【解释】异：不同的。工：细致，巧妙。不同的曲调演得同样好。比喻不同的人的辞章或言论同样精彩，或者不同的做法收到同样好的效果。

【成语故事】

西汉著名的辞赋家司马相如，字长卿，蜀郡成都人。汉景帝时，他为武骑常侍。文学上，他工辞赋，作品有《子虚赋》《上林赋》《大人赋》等，都以辞藻瑰丽、气韵排宕见称，人们认为他是“汉赋”的代表作家。

距司马相如七八十年后，又出了一位著名的文学家——扬雄，字子云，蜀郡郫县人。扬雄很钦佩司马相如的文采，他的《甘泉赋》《长扬赋》《羽猎赋》，虽然受到司马相如深刻的影响，但也是独具风格的。

司马相如和扬雄，同是西汉时人，是同乡，两人又都以辞赋见长，文笔同样高妙，但又各有特点，所以唐代的文学家韩愈在《进学解》中说他们是“同工异曲”。意思是说，他们两人的作品，犹如音乐，虽然曲调不同，却同样美妙。

“同工异曲”现在一般作“异曲同工”。

易如反掌

【拼音】yì rú fǎn zhǎng

【解释】像翻一下手掌那样容易。形容事情极容易办。

【成语故事】

有一次唐太宗听说高丽大臣墨黎元杀死国王，宣告独立的事，就打算亲自率领大军，前往讨伐。于是，太宗便和亲近的大臣们商量这件事。褚遂良认为不能这样做，但尚书李绩却十分赞成，许多大臣也力主出兵。褚遂良看了，就正式上书规劝，其中有这样几句话："……你趁机讨伐，并收复失地，自然是应该的。……但只要派两三个勇敢老练的将领，带领四五百士兵去，收回高丽就有如反掌……"

后来，人们便根据褚遂良上书中的"有如反掌"这句话，引申出"易如反掌"。

因势利导

【拼音】yīn shì lì dǎo

【解释】因：顺着。势：趋势。利导：引导。顺着事情发展的趋势，加以引导。

【成语故事】

战国时期的孙膑是有名的军事家，他曾经与庞涓一起学过兵法。后来庞涓在魏国当了将军，很受信任，但是他深知自己的才干不如孙膑，就假意邀请孙膑来到魏国，设毒计挖掉了孙膑两腿的膝盖骨。后来，孙膑在齐国使者的帮助下秘密逃到了齐国，受到了齐王的信任。

有一次，魏国派庞涓与赵国一起进攻韩国，韩国向齐国求救。齐王派田忌为将军、孙膑为军师，带着军队前去帮助韩国。孙膑和田忌一进军，就直指魏国的都城大梁，迫使庞涓撤兵回国。

孙膑见庞涓被引诱回来，就对田忌说："魏国军队强悍，看不起齐国，总以为咱们的士兵胆子小。善于指挥作战的人就要顺着这一趋势往有利的方面来引导（原话是"善战者因其势而利导之"）。现在我们可以假装败退，采用逐日减灶的计策，好让敌人产生误解。"于是田忌命令部队修灶做饭，第一天修十万个灶，第二天修五万个灶，第三天减少到三万个灶。

庞涓看到齐军的柴灶一天天减少，以为齐军士兵胆小，逃跑了大半，便只带一部分轻骑兵去追击。

孙膑估计追兵夜晚可以赶到地势险要的马陵，就选定一棵大树，刮去树皮，写上"庞涓死于此树下"几个大字，并且让一些射手埋伏在大树周围的乱草丛中，约定见到火光时，一齐放箭。

果然，庞涓在夜里赶到了马陵。当他派人点着火把辨认树上的字迹时，无数飞箭一起朝火光射来。顿时，魏军大乱。庞涓这时才知自己中了圈套。

这就是历史上“孙庞斗智”的故事。成语“因势利导”就是由孙膑所说的“善战者因其势而利导之”简化来的。

饮鸩止渴

【拼音】yǐn zhèn zhǐ kě

【解释】鸩：传说中的毒鸟，用它的羽毛浸的酒喝了能毒死人。喝毒酒解渴。比喻用错误的办法来解决眼前的困难而不顾严重后果。

【成语故事】

东汉时，担任过廷尉的霍谞，从小勤奋好学，少年时代就读了大量儒家经书，在当地出了名。霍谞有个舅舅名叫宋光，在郡里当官。由于他秉公执法，得罪了一些权贵，被他们诬告篡改诏书，因而被押到京都洛阳，关进监狱。

宋光下狱后，霍谞的心情一直不平静。当时霍谞虽然只有十五岁，但各方面都已经比较成熟。他从小常和宋光在一起，对舅舅的为人非常清楚，知道舅舅不可能干这种弄虚作假的事。

他日思夜想怎样为舅父申冤，最后决定给大将军梁商写一封信，为舅舅辩白。信中有这样一段话：“宋光作为州郡的长官，一向奉公守法，以便得到朝廷的任用。怎么会冒触犯死罪的险去篡改诏书呢？这就好比为了充饥而去吃附子，为了解渴而去饮鸩。如果这样的话，还没有进入肠胃，到了咽喉处就已经断气了。他怎么可能这样做呢？”

梁商读了这封信，觉得很有道理，对霍谞的才学和胆识也很赏识，便请求顺帝宽恕宋光。不久，宋光被免罪释放，霍谞的名声也很快传遍了洛阳。

有备无患

【拼音】yǒu bèi wú huàn

【解释】患：祸患，灾难。事先有准备，就可以避免祸患。

【成语故事】

有一次，宋、齐等十二个国家联合攻打郑国，眼看自己国家的兵力不足，郑国的国君急忙请晋国调停。晋国也很爽快地答应了，于是赶紧与十二个国家商量，请他们停止攻打郑国。十二个国家因为惧怕强大的晋国，虽然心里非常不愿意，但是也只好乖乖退兵。

为了答谢晋国，郑国的国君派使者送给晋国许多美女、乐器、乐师等。收到这些礼物，晋悼公十分高兴，并且将一半的美女赏给功臣魏绛。没想到魏绛不但一口拒绝，而且还劝晋悼公在国家强盛时不能大意，忘了自己也身处于危险之中，在享乐时应该想到国家可能碰到的困难和危险，这样才能随时做好应付的准备。晋悼公一听觉得非常有道理，也就接受了他的意见。

有名无实

【拼音】yǒu míng wú shí

【解释】光有空名，实际上并不是那样。

【成语故事】

晋国的大夫叔向去拜访老朋友韩宣子。韩宣子是当时晋国的六卿之一，职位很高。但他见了叔向，不住地唉声叹气，说自己很穷。不料叔向听他这样说，便站起身拱手向他祝贺。韩宣子不解地问道："我是有卿的名，而没有卿的实际，无法跟大夫们相比。我正为此犯愁，你为什么要祝贺我呢？"叔向正色道："我就是因为您贫穷才道贺的呀！穷，不一定是坏事；您只要回忆一下栾武子三代的遭遇，就知道了！"叔向知道韩宣子很清楚栾武子三代的不同遭遇，所以特地提起了这件事。最后他又说："我看您像栾武子一样贫困，就想到您已经有了他那样的德行，所以才表示祝贺。不然，我只会担心，哪会再向您表示祝贺呢？"韩宣子听了叔向的话，顿时愁云消散，向叔向行礼说："多谢您对我的指教，要不我连自己将走向灭亡也不知道呢。"

有志者，事竟成

【拼音】yǒu zhì zhě，shì jìng chéng

【解释】只要有决心，有毅力，事情终究会成功。

【成语故事】

东汉时，光武帝刘秀手下有一员大将，名叫耿弇。他功劳很大，而且深得刘秀信任。

有一回，刘秀派他去攻打地方豪强张步，战斗非常激烈。突然，他的大腿被一支箭射中了，他想都没想，当即抽出佩剑把箭砍断后，又继续战斗。最终，在耿弇的带领下，取得了战斗的胜利。

光武帝表扬了耿弇，并且不无感慨地对他说："以前在南阳时，将军就有攻打张步、平定山东一带的想法，当初还觉得计划难以实现。现在我才知道，对于有志气的人，事情终归是能成功的。"

与虎谋皮

【拼音】yǔ hǔ móu pí

【解释】谋：商量。跟老虎商量要剥它的皮。比喻所商量的事跟对方（多指坏人）利害冲突，绝对办不到。

【成语故事】

古时候，东周地方有一个人，特别爱穿皮衣、爱吃珍异的美味。

有一次，他想弄一点美味的羊肉作祭品，于是便跑到山上，跟一只又肥又大的绵羊商量："我想借你身上的肉去祭神，你肯吗？"这只绵羊一听，吓得咩咩叫着跑进密林深处躲藏了起来。这个人只好两手空空地回家去了。

又过了些时候，他又想做一件价值千金的狐狸皮袍子，就跑进深山老林里，找到一只狐狸，跟它商量："你能不能把皮剥下来，给我做一件皮袍子呢？"这只狐狸一听，吓得掉了魂，一溜烟跑得无影无踪。这个人只好叹口气，又无可奈何地回家去了。

欲盖弥彰

【拼音】yù gài mí zhāng

【解释】欲：希望。盖：遮掩。弥：更加。彰：明显。想掩盖坏事的真相，结果反而更明显地暴露出来。

【成语故事】

春秋时期，邾国的大夫黑肱，悄悄地将滥邑送给了鲁国，希望鲁国能给予他政治上的庇护。鲁国答应了，便在史册上将黑肱投奔鲁国的事，直接用邾黑肱的名义记载了下来。鲁国的正人君子看到了，就批评说："一个人应该好好保护自己的名字，不要使它受到污辱，叛国者，罪状永远出现在历史上，成为不义之人，万世万代都无法磨灭……有人想求名，但史册却不写他的名字；有人想隐藏自己的名字，史册反而将他的名字大书特书一番……”

上面这个故事的最后一节，原文是：“或求名而不得，或欲盖而名彰。”后来便引申出“欲盖弥彰”这个成语。

鹬蚌相争，渔翁得利

【拼音】yù bàng xiāng zhēng，yú wēng dé lì

【解释】鹬：长嘴水鸟。蚌：有贝壳的软体动物。比喻双方争执不下，两败俱伤，让第三方占了便宜。

【成语故事】

战国时候，赵国要去攻打燕国，燕国派谋士苏代去劝说赵王。苏代就给赵王讲了这样一个故事：一只大蚌在河滩上晒太阳，它刚刚张开贝壳，水鸟鹬就伸出长嘴去啄蚌肉，蚌连忙收紧贝壳，将鹬的长嘴夹住了。鹬鸟生气地说：“今天不下雨，明天不下雨，我看你怎么活下去？”蚌也毫不让步地说：“今天不放你，明天不放你，我瞧你也活不成！”正当鹬和蚌闹得不可开交的时候，它们被一位渔翁发现，他毫不费力地就把它们捉住了。

苏代告诉赵王，赵国攻打燕国就如同鹬蚌相争，两国都得不到好处，而强大的秦国就会像渔翁一样得到便宜。

缘木求鱼

【拼音】yuán mù qiú yú

【解释】缘木：爬树。爬到树上去找鱼。比喻方向或办法不对，不可能达到目的。

【成语故事】

战国时，齐宣王想称霸天下。孟子劝他放弃武力，用仁政征服天下。

孟子说："大王动员全国军队攻打别国，这是为什么？"齐宣王回答说："为了满足我最大的欲望。"孟子问："您最大的欲望是什么？"齐宣王却笑了笑，不答。孟子接着问："是因为好东西不够吃吗？是因为好东西不够用吗？是因为没有好艺术品看吗？还是因为侍候您的人太少？"齐宣王连忙说："不，不，我不是为了这些。"孟子说："那么，我明白了。您是想征服天下，是不是？如果是，我看好比爬树捉鱼，是不能达到您的目的的。"齐宣王说："会这样严重吗？"孟子说："恐怕比这还严重。爬树捉鱼，最多是捉不到，不至于有什么祸害。可如果以武力满足自己独霸天下的欲望，不但达不到目的，其后果还不堪设想啊！"

约法三章

【拼音】yuē fǎ sān zhāng

【解释】原指订立法律与人民相约遵守，后泛指订立简单的共同遵守的条款。

【成语故事】

秦二世是个无能的皇帝，他不但信任奸臣赵高，而且还杀了许多忠心的大臣。老百姓都过得很不好，因此，到处都有人起来反抗。而刘邦和项羽就归属于楚怀王的军队。

有一天，楚怀王对刘邦和项羽说："你们谁要是先进入关中，谁就可以称王。"于是，刘邦和项羽分别带着军队向西路和北路出发。

一路上，刘邦没有受到什么阻力，还打了几场胜仗，顺利进了关中。不过，刘邦一进入咸阳城后，也表现出贪图享受的一面，一直待在宫里不肯出来，完全忘了自己的目的。等到张良去劝他，他才恍然大悟，赶快召集关中父老、英雄们开会，和他们做了三个约定——杀人者死，伤人及盗抵罪，剩下的秦朝法律都废除。

所有的官吏和以前一样平安无事，百姓们得知后也都很高兴，四处宣传："如果沛公可以留在关中，那么我们老百姓就有好日子过了。"因此，刘邦很顺利地收买了关中的人心。

越俎代庖

【拼音】yuè zǔ dài páo

【解释】越：跨过。俎：古代祭祀时摆祭品的礼器。庖：厨师。主祭的人跨过礼器去代替厨师办席。比喻超出自己业务范围，去处理别人所管的事。

【成语故事】

尧让位给舜之前，曾找许由，想把帝位让给他，但许由坚辞不受。他说："您已经把天下治理得很好了，我再来代替您，这不是让我接受您的名声吗？鹪鹩在森林里筑巢，占一根树枝的地方就行了；鼹鼠在河边饮水，顶多喝满一肚子也就够了。算了吧，我的君主！我要天下干什么用呢？厨师在祭祀的时候，又做菜，又备酒，忙得不可开交，可是掌管祭祀的人，并不能因为厨师很忙，就忘记自己的本职工作，丢下手中的祭祀用具，去代替厨师做菜、备酒啊！所以您就是丢开天下不管，我也决不会代替您的职务。"

运筹帷幄

【拼音】yùn chóu wéi wò

【解释】筹：计谋，谋划。帷幄：古代军中帐幕。指拟定作战策略。引申为筹划、指挥。

【成语故事】

楚汉战争时，刘邦手下的张良是个足智多谋的人。他精通《太公兵法》，常为刘邦出谋划策，在刘邦和项羽争夺天下中发挥了很大作用。后来，刘邦做了皇帝，在洛阳大摆酒席，宴请各位大臣。酒席上，刘邦分析自己为什么取胜，而项羽为什么失败时，特别赞扬张良说："在帷幕后面出谋划策，就能够决定千里以外的战斗取得胜利，这一点我比不上张良。"

Z

朝三暮四

【拼音】zhāo sān mù sì

【解释】原指玩弄手法欺骗人。后用来比喻常常变卦，反复无常。

【成语故事】

宋朝有一个人在家养了一大批的猴子，因此大家都叫他狙公。

狙公懂得猴子的心理，猴子也听得懂他的话。因此，他更加地疼爱这些能通人语的小动物，经常缩减家中的口粮，来满足猴子的食欲。

有一年，村子里闹了饥荒，狙公不得不缩减猴子的食粮，但他怕猴子们不高兴，就先和猴子们商量，他说："从明天开始，我每天早上给你们三颗果子，晚上再给你们四颗，好吗？"猴子们听说它们的食粮减少，都龇牙咧嘴地站了起来，表现出非常生气的样子。狙公看了，马上改口说："这样好了，我每天早上给你们四颗，晚上再给你们三颗，够吃了吧！"猴子们听说早上从三颗变成了四颗，以为食粮已经增加了，都高兴地一起趴在地上，不再闹了。

后来，人们就把狙公所说的话加以引申，凡是见到有人反复不定，刚才说过的话不算数，或是做事的时候常变更，刚决定的事情不一会儿又改变了，就说他是"朝三暮四"。

郑人买履

【拼音】zhèng rén mǎi lǚ

【解释】用来讽刺只信教条、不顾实际的人。

【成语故事】

郑国有一个人，打算到集市买双鞋，去之前他先把自己的脚长量了一下。走到集市，他才发现自己忘了带量好的尺码，于是匆忙跑回家拿尺码，回到集上时，集市已经散了。他白跑了两趟，却没买到鞋子。有人问他为什么不用自己的脚去试鞋，他说："我宁肯相信尺码，也不相信自己的脚。"

知己知彼

【拼音】zhī jǐ zhī bǐ

【解释】原意是如果对敌我双方的情况都有透彻的了解，打起仗来就可以立于不败之地。泛指对双方情况都很了解。

【成语故事】

孙武是我国春秋时期著名的军事家，字长卿，齐国人。他的著作《孙子兵法》是中国现存最早的兵书，也是最杰出的兵书之一。吴王阖闾在读了孙武的兵书以后，对孙武的军事才能很赞赏，便任孙武为将，带领吴军攻破了楚国。孙武积极主张改革图强。他在兵法书中提出了许多有关军事方面的卓越见解。如《计篇》中说，军事是国家的大事。他还指出战争的形势千变万化，强调在战略战术上应该“奇正相生”，灵活运用，指挥者应根据敌军形势的变化巧妙决策，以取得胜利。《谋攻篇》里写道：“知彼知己，百战不殆。不知彼而知己，一胜一负。不知彼不知己，每战必殆。”大意是说：熟悉自己又熟悉对方的情况，身经百战而不会失败；不熟悉对方而只熟悉自己的情况，胜负的可能性各占一半；既不熟悉对方，又不熟悉自己的情况，每打一仗都必然要失败。

纸上谈兵

【拼音】zhǐ shàng tán bīng

【解释】在纸面上谈论打仗。比喻空谈理论，不能解决实际问题。也比喻空谈不能成为现实。

【成语故事】

赵括从小学习兵法，自以为天下没有人能够与其匹敌。他的父亲赵奢曾经评论说：“打仗是非常危险的事情，而赵括把它说得太容易了，假使将来赵国不任命他为将军，那也就算了，如果一定要拜他为将军，导致赵军大败的人必定是赵括无疑。”后来赵括果然代替廉颇做了大将军，长平一战中被秦将白起打败，四十万赵军全部阵亡，赵括自己也战死沙场。

指鹿为马

【拼音】zhǐ lù wéi mǎ

【解释】指着鹿，说是马。比喻故意颠倒黑白，混淆是非。

【成语故事】

秦二世的时候，丞相赵高掌握了朝政大权。他因为害怕群臣中有人不服，就想了一个主意。有一天上朝时，他牵着一只梅花鹿对秦二世说："陛下，这是我献的名马，它一天能跑一千里，一夜能跑八百里。"秦二世听了，大笑着说："丞相啊，这明明是一只鹿，你却说是马，真是错得太离谱了！"赵高说："这确实是一匹马，陛下怎么说是鹿呢？"秦二世觉得纳闷，就让群臣百官来评判。大家心想，说实话会得罪丞相，说假话又怕欺骗陛下，于是就都不出声。这时赵高盯着群臣，指着鹿大声问："大家看，这样身圆腿瘦、耳尖尾粗，不是马是什么？"大家都害怕赵高的势力，知道不说不行，就都说是马。赵高非常得意。秦二世被弄糊涂了，明明是鹿，怎么大家都说是马呢？他以为自己疯了，从此越来越糊涂，朝政上的事完全由赵高来操纵。

趾高气扬

【拼音】zhǐ gāo qì yáng

【解释】趾高：走路时脚抬得很高。气扬：意气扬扬。走路时脚抬得很高，神气十足。形容骄傲自满、得意忘形的样子。

【成语故事】

春秋时，楚国有个叫屈瑕的将军，是个只重视外貌、不学无术的人，只要稍有点成就，就骄傲自满。有一次，他打败了剽悍的绞国，从此骄傲自得，不把其他的朝臣放在眼中。第二年，屈瑕又奉命要去攻打罗国，有一个叫斗伯比的将军前往送行。当斗伯比回来时，悄悄地对车夫说："屈将军这次一定会打败仗；因为我看他走路的样子，脚步一昂一翘的，便知道他的心并没有真正地用在作战上，而是去吓唬敌人的，这样子怎么能打胜仗呢？"斗伯比说完，沉思了一下，就进宫去见楚王，要楚王立刻派兵去接应。楚王不相信，回到后宫将这件事告诉了宠妃邓曼，邓曼认为斗伯比的见解很对，应该派兵救援。楚王听了，立即派大军前去，希望能够挽回局势。但是，战事已经发生，屈瑕因为轻敌而不设防，被罗国和卢国两面夹攻，最终一败涂地，只好自杀谢罪。

炙手可热

【拼音】zhì shǒu kě rè

【解释】手摸上去感到热得烫人。比喻权势大、气焰盛，使人不敢接近。

【成语故事】

唐玄宗李隆基年轻时是一个很有作为的皇帝，但是唐玄宗后来任用李林甫为丞相，政治开始腐败。公元 745 年，他封杨玉环为贵妃，纵情声色，奢侈荒淫，政治越来越腐败。杨贵妃有个堂兄叫杨钊，由于杨贵妃得宠，杨钊也平步青云，做了御史，唐玄宗还赐名国忠。不久，李林甫死了，唐玄宗便任命杨国忠做丞相，把朝廷政事全部交杨国忠处理。一时之间，杨家兄妹权势滔天。他们结党营私，把整个朝廷搞得乌烟瘴气，以致不久后就爆发了安禄山、史思明的叛乱。可当时，杨家兄妹却过着花天酒地、穷奢极欲的生活。

公元 753 年 3 月 3 日，杨贵妃等到曲江江边游春野宴，轰动一时。诗人杜甫对杨家兄妹这种只顾自己享乐，不管人民死活的行为极为愤慨，写出了著名的《丽人行》一诗，大胆揭露和深刻讽刺了杨家兄妹生活的奢侈和权势的显赫。“炙手可热势绝伦，慎莫近前丞相嗔！”便是诗中的两句，意思是：杨家权重位高势焰大，没有人能与之相比；你千万不要走近前去，以免惹得丞相发怒生气。

智者千虑，必有一失

【拼音】zhì zhě qiān lǜ，bì yǒu yī shī

【解释】不管多聪明的人，在很多次的考虑中，也一定会出现个别错误。

【成语故事】

刘邦派韩信去攻打赵国。韩信用计杀退了赵兵，杀死了赵军统帅陈餘，还活捉了赵国出名的谋士李左车。韩信知道李左车是一位有才能的人，便亲自为他解下绑绳，并且十分客气地向他请教说："我打算向北攻打燕国，向东边讨伐齐，什么办法能成功呢？"李左车感到很羞愧，说："败军之将，不可以言勇；亡国之大夫，不可以图存。我是一个吃了败仗的俘虏，哪有资格谈论这样的事情呢？"韩信说："百里奚在虞国而虞国灭亡，在秦国而秦国称霸。这并非是百里奚在虞国就愚蠢，到了秦国就变得聪明了，而在于国君是不是信任他，能不能听他的谋划。陈餘失败的原因，是他没能听取你的计谋。如果他按照你的意见作战，我也要被你们俘虏了。今天我是诚心诚意地想听听你的高见，请你别推辞了。"李左车见韩信态度诚恳，便讲出了自己的看法。他说："聪明的人考虑千次，可能有一次是错的；愚蠢的人考虑千次，也可能有一次是对的。俗话说：'狂人的话，至贤也可以选择。'只恐怕我的计策不值得您采用，但我愿意献愚忠，为您效劳。您背水作战，不到一个上午便打垮赵军二十万，杀死陈餘，名闻海内，威震天下，这是将军在战略上的长处。然而，农民遭受兵灾，非常贫苦，士卒经过激战，非常疲惫。如果您现在用这样疲惫的军队，去攻打燕国的牢固城池，恐怕难以攻下。而且，战事如果拖得久了，士卒们会更疲惫。再说，军粮的供给也会发生困难。因此，我认为，您如果马上用兵，这便是您的战略的短处。善于用兵的人不会用自己的短处去攻击敌人的长处，而是用自己的长处去攻击敌人的短处。”

韩信问：“那么，我目前应该怎样做呢？”李左车说：“现在应该按兵不动，先安定赵国的秩序，抚恤赵国阵亡将士的遗孤。这样做，人们就会拥护您。方圆百里之内，就可能有人送来牛肉和酒，犒劳您的将士。到那时，您可以一面摆出向北进攻燕国的姿态，一面派遣说客，拿着您的亲笔信到燕国去，把自己战略上的长处显示给燕国看，那样，十有八九燕国会自行投降的。燕国投降后，再派遣说客到齐国去，把燕国投降的事告诉齐国，齐国也会像草随风倒一样，很快降服。这样，夺取天下就不难了。用兵向来讲究先虚后实，我说的就是这个道理。”韩信按着李左车的策略去做，果然获得了成功。

置之度外

【拼音】zhì zhī dù wài

【解释】度：考虑。放在考虑之外。指不把个人的生死、利害等放在心上。

【成语故事】

西汉末年，刘秀起兵打败了王莽的新朝，又镇压和收编了河北、山东一带的农民起义军，在洛阳建立东汉王朝，自己做了皇帝（即光武帝）。

在东汉建立之初，国内尚未统一，许多地方势力占据某些州郡和东汉抗争。有的虽然表示臣服东汉，实际上都仍旧保留地盘，并不甘心臣服；部分比较强大的农民军也相当活跃。刘秀花了五年多时间，才算打下了一个基本统一的局面，只剩甘肃的隗嚣和四川的公孙述两大军阀。这时，隗嚣表面上已向刘秀称臣，并且把儿子送到洛阳任官，表示归顺。而公孙述自称蜀王，拥兵数十万，盘踞四川山区。因交通困难，刘秀对这两个人，暂不想征战，企图把连续苦战多年的部队好好整顿和休养一下再说。当时刘秀就对将领们说："且当置此两子于度外耳！"意思是姑且把这两人丢在一边，暂不考虑吧！后来，刘秀终于发兵，先消灭了隗嚣，接着又把公孙述的独立王国攻破。

忠言逆耳

【拼音】zhōng yán nì ěr

【解释】逆耳：不顺耳。正直的劝告听起来不顺耳，但有利于改正缺点错误。

【成语故事】

公元前 207 年，刘邦率大军到咸阳后，进入秦宫探看。但见宫室华丽，各处器物不计其数，都是他从未见过的。每到一处，许多美丽的宫人向他跪拜。他越看越感到新奇，兴味也越来越浓。于是，就打算住在宫内享受一番。刘邦的部将樊哙发现刘邦要住在宫中，问他："沛公（指刘邦）是想拥有天下呢，还是只想当一个富家翁呢？"刘邦回答说："我当然想拥有天下。"樊哙真诚地说："臣进入秦宫，见到里面的珍奇财宝不可胜数，后宫中美人数以千计，这些都是导致秦朝灭亡的东西啊。望沛公迅速返回霸上，千万不要留在宫中。"刘邦对樊哙的劝谏不以为然，还是准备住在宫中。谋士张良知道这件事后，对刘邦说："秦王无道，百姓造反，打败了秦军，沛公才能来到这里。您为天下除掉害民的暴君，理应克勤克俭。如今刚入秦地，就想享乐。俗语说：'忠诚正直的劝告往往不顺耳，但有利于行为；好药吃的时候很苦，但有利于治病。'望沛公听从樊哙的忠告。"刘邦听了，终于醒悟过来，马上下令把府库封起来，关掉宫门，随即率军返回霸上。

众口铄金

【拼音】zhòng kǒu shuò jīn

【解释】铄：熔化。形容舆论力量大，连金属都能熔化。比喻众口一词可以混淆是非。

【成语故事】

屈原，名平，战国时楚国人，是我国古代伟大的爱国诗人。他当时担任"左徒"的官职，但是不得楚怀王的信任。他主张联合东方的大国齐国，共同抗秦。

昏庸的楚怀王，不听忠告，反而偏信谗言，疏远屈原，并向秦国妥协。结果连连上了秦国的当，怀王最后终于死在秦国。怀王死后，他的儿子横继位为顷襄王。顷襄王像他父亲一样糊涂，竟把屈原赶出郢都，放逐到长江以南的沅、湘和洞庭湖一带。

但屈原始终热爱他的祖国，在被疏远、遭打击，以至被流放的苦痛年月中，无时无刻不关心着楚国人民的生活，无时无刻不怀念着国都郢都。他写的《九章》等不朽诗篇，充满了悲愤和热烈的爱国之情。《九章》包括九篇，其中的《惜诵》，一般列为第一篇。

《惜诵》，据专家考证，是屈原劝楚怀王联齐抗秦而被谗去职时写的。“惜诵”二字，据说是“不愿随便歌颂”的意思。诗中有一节假托在梦中和大神谈话来表达自己始终不变的忠诚。诗的大意是说：“我曾在梦里企图登天，无奈既没有路也找不到船。请大神帮帮忙吧。可是他说，理想虽好，实行困难！难道我的理想将永远被认为是危险的而无法实现？”大神说：

君可思而不可恃。

故众口其铄金兮，初若是而逢殆。

惩于羹而吹齑兮，何不变此志也？

欲释阶而登天兮，犹有曩之态也！

大神说的这几句话，大意是说：“对于君王，你可以怀念却不必寄托希望。他身边那群人的嘴连金属都熔化得了，你当初一片天真当然要遭殃。上过当的人总该特别小心了，为什么不能改一改你的直心肠？你想登天偏又放弃了往上爬的梯子，看来你从前的老脾气，还是照样！”

这一节中，“惩于羹而吹齑兮”这一句，也是成语“惩羹吹齑”的出处。羹，就是羹汤；齑，是切碎的蒜韭之类。在喝热汤的时候烫了嘴，于是怀着戒心，见了蒜韭之类的凉菜，也撮口去吹吹它。人在某件事情上受过打击、吃过亏，以后变得过分谨慎和警惕，就叫作“惩羹吹齑”。《新唐书·傅奕传》说：“惩沸羹者吹冷齑，伤弓之鸟惊曲木。”

众叛亲离

【拼音】 zhòng pàn qīn lí

【解释】叛：背叛。离：离开。众人反对，亲信背离。形容完全孤立。

【成语故事】

春秋时，卫国第十三代君主卫桓公有两个兄弟，一个是公子晋，另一个是公子州吁。州吁有些武艺，喜欢打仗。他见哥哥桓公是个老实人，便阴谋篡位。就在公元前 719 年，卫桓公动身上洛阳去参加周天子平王的丧礼，州吁在西门外摆下酒席，给他送行。他端着一杯酒，对桓公说：“今天哥哥出门，兄弟敬你一杯。”“我很快就会回来，兄弟太费心了！”卫桓公说。接着，卫桓公也斟了一杯酒回敬。州吁趁卫桓公不备突然拔出匕首，把卫桓公杀了。州吁杀了卫桓公，做了卫国国君。他害怕国内人民反对，便借对外打仗的办法转移国内人民的视线。他拉拢陈国、宋国、蔡国，一起去攻打郑国。但由于郑国严密防守，进攻以失败告终。

鲁国的国君隐公听到这些情况后，问大夫众仲："州吁这样干，能长久得了吗？"众仲回答说："州吁只知道依仗武力，到处兴风作乱，老百姓是不会拥护他的；他为人十分残忍，杀戮无辜，谁还敢去亲近他呢？这样，老百姓反对他，亲信的人也会逐渐离开他，他的政权怎么会长久呢？"果然，不到一年，卫国的老臣石碏借助陈国的力量，把州吁杀了。

众志成城

【拼音】zhòng zhì chéng chéng

【解释】万众一心，像坚固的城墙一样不可摧毁。比喻团结一致，力量无比强大。

【成语故事】

周朝末年，周景王即位以后，为了个人行乐，下令把全国的好铜收集起来铸造两口大钟。单穆公劝谏说："大王，你两年前铸大钱废小钱，使百姓损失很大，现在又要造大钟，这不仅劳民伤财，而且用大钟配乐，声音也不会和谐的。"但周景王不听，仍下令继续铸造。过了一年，两口大钟铸成了，一口叫"无射"，一口叫"大神"。一个敲钟的人为了奉承景王，谄媚地说："新铸的大钟，声音非常好听。"于是，周景王就命他敲击，周景王听了后，对司乐官州鸠说："你听，这钟声多和谐呀！"州鸠深知景王铸钟给百姓带来的苦难，便回答说："这算不得和谐。如果大王铸钟，天下的老百姓都为这件事高兴，那才算得上和谐。可是，您为了造钟，弄得民穷财尽，老百姓人人怨恨，所以我不知道这钟好在什么地方。俗话说：‘众志成城，众口铄金。’大家万众一心，什么事情都能办成；相反，如果大家都反对，就是金子，也会在大家口中熔化。”

专心致志

【拼音】zhuān xīn zhì zhì

【解释】致：尽，极。志：意志。把心思全放在某一事上面。形容一心一意，聚精会神。

【成语故事】

古代，有一个下围棋的人名叫秋，棋艺精湛。有两个学生跟他学下棋。一个学生非常专心，集中精力听从教师的指导。另一个学生认为学下棋很容易，人虽坐在那里，心却飞走了，所以秋讲的知识他一点也没有听进去。结果虽然这两个学生在一起学习，又是同一个名师传授，但一个成了棋艺高超的名手，另一个却没有学到什么本事。

捉襟见肘

【拼音】zhuō jīn jiàn zhǒu

【解释】拉一下衣襟，就露出臂肘。形容衣服破烂。比喻顾此失彼，应付不过来。

【成语故事】

春秋时，鲁国有一个叫曾参的人。他是孔子的得意弟子，以孝著称。曾参生活很贫困，他住在卫国的时候，没做一件新衣，有时一连三天灶中无火。他穿的衣服，整一下衣襟，就会露出胳膊肘；他穿的鞋子，往上一提，就露出了脚后跟。但曾参并不以此为苦，他穿着破衣烂鞋，整天唱着歌，自由自在地生活，天子不能召他为臣，诸侯不能攀他为友。

自惭形秽

【拼音】zì cán xíng huì

【解释】形秽：形态丑陋，引申为缺点。因为自己不如别人而感到惭愧。

【成语故事】

晋朝时候，骠骑将军王济相貌英俊，待人接物也很有风度。

他虽然是个提刀弄枪的军人，但平时读书论经，才学很好，在城里也颇有名声。有一年，王济的外甥卫玠母子前来投靠王济。王济一见卫玠如此眉清目秀、风度翩翩，简直惊呆了。他对卫母说："人家都说我漂亮过人，现在与外甥一比，就像把石块与明珠宝玉放在一起，我真是太难看了！"过了几天，王济带着卫玠，骑着马去拜见亲朋好友。走到街上，看见卫玠的人都以为他是白玉雕成的，大家都争着围观，你挤我拥，几乎轰动了全城。好不容易到了亲戚家，亲友们想了解一下卫玠除外貌漂亮外，学问是否出众，便坚持要他讲解玄理。卫玠推辞不了，便讲了起来。讲的时间不长，听的人却没有一个不称赞他讲得精深透彻的。人们嬉笑着说："看来，你们三王（当时有名的玄理三王，即王澄、王玄和王济）抵不上卫家的一个儿郎啊！"王济说："是啊，和我这外甥一起走，就像有明珠在我身旁，熠熠发光。"

自食其果

【拼音】zì shí qí guǒ

【解释】指自己做了坏事而受到损害或惩罚。

【成语故事】

宋朝时期，有位名叫丘濬的大官去拜访一位和尚，但和尚看见丘濬的打扮不像是做官的人，于是对他不理不睬，态度非常不礼貌。这个时候，来了位高级军官的儿子，那位和尚看他穿着打扮非常气派，便立刻满脸笑容、毕恭毕敬地走上前招待。丘濬看到这一幕很生气，等到那个军官的儿子离开后，愤怒地问和尚："你为什么对我这样不客气，而对他又那么好呢？"

和尚口才很好，说："你误会了！我表面上对他客气，但内心未必对他客气；而内心对他客气的，就没必要表面客气。"

这时丘濬手中刚好有根拐杖，一怒之下，向和尚的头打去，说道："按照你的逻辑，打你就是爱你，不打你就是恨你，那么我只好打你了。"

纵虎归山

【拼音】zòng hǔ guī shān

【解释】把老虎放回山去。比喻把坏人放回老巢，留下祸根。

【成语故事】

曹操亲率大军战胜吕布后，刘备跟随曹操到都城许昌。曹操表面上对刘备非常尊重，实际上很不放心；常派人察看刘备的动静。当时，被曹操硬逼到许昌的汉献帝，正下密诏组织一些人，准备诛杀曹操。

刘备是汉朝的宗室，也参与了这一秘密活动。为了避免曹操的怀疑，他常常关着大门，躲在院子里种菜，装出胸无大志的样子。谋士程昱看出刘备不是一般人，对曹操说："我看刘备此人志向不小，颇有点英雄气概。如果现在不杀他，将来必成祸患。"曹操拿不定主意，便征求另一谋士郭嘉的意见。郭嘉认为，现在正是用人之时，刘备是英雄，失败了才投奔曹操，如果杀了他，会落得个害贤的坏名声，没有什么好处。曹操认为他说得有道理。

不久，袁术因被曹军打败，想去投奔袁绍。曹操不愿让袁术、袁绍两股势力联合，准备派兵去拦截袁术。一心想脱身的刘备见机会来了，便对曹操说："袁术投奔袁绍必经徐州，请将军拨给我一些兵马，在半路上截杀，保证能捉住袁术。"曹操不疑有他，奏明献帝，让刘备带领五万人马前往徐州。刘备立即率军匆忙出发。关羽、张飞看到他慌忙的样子，很不理解，问道："哥哥此次出征，为何如此急急忙忙？"刘备解释说："我在曹操手下好像是笼中的鸟、网中的鱼，很不安全，也无法施展自己的本事。这次出征，就好比鱼儿回到了大海，鸟儿飞上了天空，可以任意畅游翱翔，再也不会受人家牵制了。"

刘备刚走，郭嘉、程昱从外地赶回许昌。他们听说曹操放走了刘备，急忙去见曹操。程昱说："从前刘备做豫州牧时，我等曾请求您把他杀掉，丞相没有听从；如今您又给了他许多兵马，这等于把蛟龙放回大海、把猛虎放归深山啊。以后再想制服他，能够办得到吗？"郭嘉接着说："即使丞相不把他杀掉，也不该轻易放他离去。有人说得好，一旦放跑了敌人，就会带来无穷的后患。"

走马看花

【拼音】zǒu mǎ kàn huā

【解释】走马：骑着马跑。骑在奔跑的马上看花。原形容事情如意，心情愉快，后多指粗略地观察事物。

【成语故事】

唐朝中期，有位著名的诗人孟郊。他出身贫苦，从小勤奋好学，很有才华。但是，他的仕途却一直很不顺利，从青年到壮年，好几次参加进士考试都落第了。他虽然穷困潦倒，甚至连自己的家属都养不起，但性情耿直，不肯走权贵之门。他决心刻苦攻读，用自己的真才实学，叩开仕途的大门。

唐德宗贞元十三年（公元 797 年），孟郊又赴京参加了一次进士考试。这次，他进士及第，自然高兴极了。他穿上崭新的衣服，扎上彩带红花，骑着高头大马，在长安城里尽情地游览。京城美丽的景色让他赞叹，高中进士的喜悦又使他万分得意，于是，他写下了这首著名的《登科后》：

昔日龌龊不足夸，

今朝放荡思无涯。

春风得意马蹄疾，

一日看尽长安花。

醉翁之意不在酒

【拼音】 zuì wēng zhī yì bù zài jiǔ

【解释】 原是作者自说在亭子里的情趣不在喝酒，而在于欣赏山里的风景，后用来表示本意不在此而在别的方面。

【成语故事】

北宋杰出文学家欧阳修有一部得意之作《醉翁亭记》，写的是安徽滁县城西的秀丽风景。那里有一座亭子，据说是山里的一个和尚建的，欧阳修给这座亭取名为“醉翁亭”。因为欧阳修常和朋友来这里喝酒。

欧阳修酒量小，很容易醉，但他为什么还爱喝酒呢？文章说：醉翁的本意不在酒，而在于欣赏那里的山水风光。他是借喝酒的兴致，以获得欣赏山水的乐趣。

作壁上观

【拼音】zuò bì shàng guān

【解释】壁：壁垒。原指双方交战，自己站在壁垒上旁观。后多比喻站在一旁看着，不出手帮助。

【成语故事】

秦朝末年，项羽与叔父项梁起兵反秦，推举楚怀王之孙为楚王，军威大震。已被秦朝灭亡的赵、魏、燕、韩诸国，也伺机复国，与楚王结盟反秦。项梁率军接连取胜，秦二世胡亥急遣大将章邯统领大军镇压。定陶一战，楚军大败，项梁战死。章邯遂挥师攻赵，围困赵王于巨鹿。赵王向楚王紧急求救，楚王以宋义为主将、项羽为副将，率师援赵。宋义力图避开秦军锋芒，保存实力。楚军开抵安阳，竟一驻四十六天，只待秦赵厮杀两败俱伤，才挥戈出击。这就急煞了项羽，他几番催促宋义渡河作战，都被拒绝。宋义甚至说："冲锋陷阵，我不如你；筹谋划策，则你不如我。"项羽一怒之下，杀了宋义，号令全军，并报告楚王。楚王命项羽为主将。项羽亲率全军渡过漳水，旋即破釜沉舟，每人只发三天干粮，与秦军决一死战。此时，已有十几支各地援赵部队集结在前线。各路援军见秦军势大，都固守营寨，不敢轻易出战。楚军一到，立即发动猛攻。一场恶战，杀声震天。楚军将士似出山猛虎，以一当十，直杀得秦军落花流水、溃不成军，楚军大捷。各路援军在自己营垒上看到了这一壮观场面。项羽从此成为各路反秦部队的领袖。

作威作福

【拼音】zuò wēi zuò fú

【解释】原意是只有君王才能独揽权威，行赏行罚，后泛指凭借职位，滥用权力。

【成语故事】

东汉少帝刘懿死后，中常侍（宦官官职名）孙程趁机联络了十八个宦官，迎立济阴王刘保做了皇帝，这就是汉顺帝。

汉顺帝十八岁时，举行京中会考，南郑人李固在会考中名列第一，被汉顺帝封为“议郎”。

李固为人正直、疾恶如仇、敢于直言，他看不惯宦官们争权夺利、贪赃枉法的丑恶行径，多次上书汉顺帝。由于李固说得有理有据，得到了皇后梁氏的支持，因此一百多名宦官被撤了职。

孙程等宦官因此对李固恨之入骨，欲置之死地而后快。于是，他们在顺帝的大舅子、大将军梁冀的支持下，联名向汉顺帝告状，说李固排斥皇上的亲信大臣，使这些臣子不能尽心侍奉皇上，还说李固平时狂妄自大，依仗权势，作威作福，罪该杀头。

汉顺帝知道后，征询了梁皇后的意见，幸亏皇后很信任李固，才使他幸免于难。

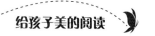

坐享其成

【拼音】zuò xiǎng qí chéng

【解释】享：享受。成：成果。自己不出力而享受别人取得的成果。

【成语故事】

战国时期，各诸侯国之间经常互相攻打。有一年，魏国攻打中山国，魏文侯要向赵国借路。赵国国王赵烈侯（即赵籍）想拒绝魏文侯借路的要求，大臣赵利得知，便赶忙劝说："魏国攻打中山国，如果不能取胜，也必然消耗重大，造成国力疲惫。魏军如果消灭了中山国，由于我们赵国居中间，他们想保留中山国的土地，势必困难。"赵利见赵烈侯还在犹豫，便进一步说道："大王还犹豫什么？这件事动刀动枪费军力的是魏国，到头来，获得中山国，坐享其成的是我们赵国，所以借路一事，必须答应，这对我们有利无害。"赵利见赵王面带喜悦之色，便又急忙补充说："答应是答应，但不要高兴地答应，如果魏国觉察出我们的用心，就会把攻打中山国的计划取消。所以要装作无可奈何的样子，说魏赵两国是友邦，能不借路吗？"